老科学家学术成长资料采集工程

中国科学院院士传记丛书

远古生命的守望者

1917年
出生于湖南省郴县

1938年
入重庆大学地质系

1951年
调入中科院古生物所

1980年
当选中科院学部委员

1983年
任中国古植物学会理事长

1996年
被授予"萨尼国际古植物协会奖章"

老科学家学术成长资料采集工程

中国科学院院士传记丛书

远古生命的守望者

李星学传

何琦◎著

上海交通大学出版社

中国科学技术出版社

图书在版编目(CIP)数据

远古生命的守望者:李星学传/何琦著. —上海:上海交通大学出版社,2016

(老科学家学术成长资料采集工程丛书)

ISBN 978 - 7 - 313 - 13891 - 0

Ⅰ.①远⋯ Ⅱ.①何⋯ Ⅲ.①李星学一传记 Ⅳ.①K826.14

中国版本图书馆 CIP 数据核字(2015)第 239854 号

出 版 人	韩建民　秦德继
责任编辑	张文静
责任营销	陈　鑫
版式设计	中文天地

出　　版	上海交通大学出版社　中国科学技术出版社
发　　行	上海交通大学出版社
地　　址	上海市番禺路 951 号
邮　　编	200030
发行电话	021 - 64071208
传　　真	021 - 64073126
网　　址	http://www.jiaodapress.com.cn

开　　本	787mm×1092mm　1/16
字　　数	265 千字
印　　张	18.25
彩　　插	3
版　　次	2016 年 7 月第 1 版
印　　次	2016 年 7 月第 1 次印刷
印　　刷	上海景条印刷有限公司
书　　号	ISBN 978 - 7 - 313 - 13891 - 0/K
定　　价	56.00 元

老科学家学术成长资料采集工程
领导小组专家委员会

主　任：杜祥琬

委　员：（以姓氏拼音为序）

巴德年　　陈佳洱　　胡启恒　　李振声

王礼恒　　王春法　　张　勤

老科学家学术成长资料采集工程
丛书组织机构

特邀顾问（以姓氏拼音为序）

樊洪业　　方　新　　齐　让　　谢克昌

编 委 会

主　编：王春法　　张　藜

编　委：（以姓氏拼音为序）

艾素珍　　董庆九　　胡化凯　　黄竞跃　　韩建民

廖育群　　吕瑞花　　刘晓勘　　林兆谦　　秦德继

任福君　　苏　青　　王扬宗　　夏　强　　杨建荣

张柏春　　张大庆　　张　剑　　张九辰　　周德进

编委会办公室

主　任：许向阳　　张利洁

副主任：许　慧　　刘佩英

成　员：（以姓氏拼音为序）

崔宇红　　董亚峥　　冯　勤　　何素兴　　韩　颖

李　梅　　罗兴波　　刘　洋　　刘如溪　　沈林芑

王晓琴　　王传超　　徐　捷　　肖　潇　　言　挺

余　君　　张海新　　张佳静

老科学家学术成长资料采集工程简介

老科学家学术成长资料采集工程（以下简称"采集工程"）是根据国务院领导同志的指示精神，由国家科教领导小组于 2010 年正式启动，中国科协牵头，联合中组部、教育部、科技部、工信部、财政部、文化部、国资委、解放军总政治部、中国科学院、中国工程院、国家自然科学基金委员会等 11 部委共同实施的一项抢救性工程，旨在通过实物采集、口述访谈、录音录像等方法，把反映老科学家学术成长历程的关键事件、重要节点、师承关系等各方面的资料保存下来，为深入研究科技人才成长规律，宣传优秀科技人物提供第一手资料和原始素材。按照国务院批准的《老科学家学术成长资料采集工程实施方案》，采集工程一期拟完成 300 位老科学家学术成长资料的采集工作。

采集工程是一项开创性工作。为确保采集工作规范科学，启动之初即成立了由中国科协主要领导任组长、12 个部委分管领导任成员的领导小组，负责采集工程的宏观指导和重要政策措施制定，同时成立领导小组专家委员会负责采集原则确定、采集名单审定和学术咨询，委托中国科学技术史学会承担具体组织和业务指导工作，建立专门的馆藏基地确保采集资料的永久性收藏和提供使用，并研究制定了《采集工作流程》、《采集工作规范》等一系列基础文件，作为采集人员的工作指南。截至 2014 年底，已启动304位老科学家的学术成长资料采集工作，获得手稿、书信等实物原件资料 52 093 件，数字化资料 137 471 件，视频资料 183 878 分钟，音频资料 224 828 分钟，具有重要的史料价值。

采集工程的成果目前主要有三种体现形式，一是建设一套系统的"老科学家学术成长资料数据库"（本丛书简称"采集工程数据库"），提供学术研究和弘扬科学精神、宣传科学家之用；二是编辑制作科学家专题资料片系列，以视频形式播出；三是研究撰写客观反映老科学家学术成长经历的研究报告，以学术传记的形式，与中国科学院、中国工程院联合出版。随着采集工程的不断拓展和深入，将有更多形式的采集成果问世，为社会公众了解老科学家的感人事迹，探索科技人才成长规律，研究中国科技事业的发展历程提供客观翔实的史料支撑。

总序一

中国科学技术协会主席　韩启德

　　老科学家是共和国建设的重要参与者，也是新中国科技发展历史的亲历者和见证者，他们的学术成长历程生动反映了近现代中国科技事业与科技教育的进展，本身就是新中国科技发展历史的重要组成部分。针对近年来老科学家相继辞世、学术成长资料大量散失的突出问题，中国科协于2009年向国务院提出抢救老科学家学术成长资料的建议，受到国务院领导同志的高度重视和充分肯定，并明确责成中国科协牵头，联合相关部门共同组织实施。根据国务院批复的《老科学家学术成长资料采集工程实施方案》，中国科协联合中组部、教育部、科技部、工业和信息化部、财政部、文化部、国资委、解放军总政治部、中国科学院、中国工程院、国家自然科学基金委员会等11部委共同组成领导小组，从2010年开始组织实施老科学家学术成长资料采集工程。

　　老科学家学术成长资料采集是一项系统工程，通过文献与口述资料的搜集和整理、录音录像、实物采集等形式，把反映老科学家求学历程、师承关系、科研活动、学术成就等学术成长中关键节点和重要事件的口述资料、实物资料和音像资料完整系统地保存下来，对于充实新中国科技发展的历史文献，理清我国科技界学术传承脉络，探索我国科技发展规律和科技人才成长规律，弘扬我国科技工作者求真务实、无私奉献的精神，在全社会营造爱科学、学科学、用科学的良好氛围，是一件很有意义的事情。采集工程把重点放在年龄在 80 岁以上、学术成长经历丰富的两院院士，以及虽然不是两院院士、但在我国科技事业发展中作出突出贡献的老科技工作者，充分体现了党和国家对老科学家的关心和爱护。

自 2010 年启动实施以来，采集工程以对历史负责、对国家负责、对科技事业负责的精神，开展了一系列工作，获得大量反映老科学家学术成长历程的文字资料、实物资料和音视频资料，其中有一些资料具有很高的史料价值和学术价值，弥足珍贵。

以传记丛书的形式把采集工程的成果展现给社会公众，是采集工程的目标之一，也是社会各界的共同期待。在我看来，这些传记丛书大都是在充分挖掘档案和书信等各种文献资料、与口述访谈相互印证校核、严密考证的基础之上形成的，内中还有许多很有价值的照片、手稿影印件等珍贵图片，基本做到了图文并茂，语言生动，既体现了历史的鲜活，又立体化地刻画了人物，较好地实现了真实性、专业性、可读性的有机统一。通过这套传记丛书，学者能够获得更加丰富扎实的文献依据，公众能够更加系统深入地了解老一辈科学家的成就、贡献、经历和品格，青少年可以更真实地了解科学家、了解科技活动，进而充分激发对科学家职业的浓厚兴趣。

借此机会，向所有接受采集的老科学家及其亲属朋友，向参与采集工程的工作人员和单位，表示衷心感谢。真诚希望这套丛书能够得到学术界的认可和读者的喜爱，希望采集工程能够得到更广泛的关注和支持。我期待并相信，随着时间的流逝，采集工程的成果将以更加丰富多样的形式呈现给社会公众，采集工程的意义也将越来越彰显于天下。

是为序。

总序二

中国科学院院长　白春礼

　　由国家科教领导小组直接启动，中国科学技术协会和中国科学院等 12 个部门和单位共同组织实施的老科学家学术成长资料采集工程，是国务院交办的一项重要任务，也是中国科技界的一件大事。值此采集工程传记丛书出版之际，我向采集工程的顺利实施表示热烈祝贺，向参与采集工程的老科学家和工作人员表示衷心感谢！

　　按照国务院批准实施的《老科学家学术成长资料采集工程实施方案》，开展这一工作的主要目的就是要通过录音录像、实物采集等多种方式，把反映老科学家学术成长历史的重要资料保存下来，丰富新中国科技发展的历史资料，推动形成新中国的学术传统，激发科技工作者的创新热情和创造活力，在全社会营造爱科学、学科学、用科学的良好氛围。通过实施采集工程，系统搜集、整理反映这些老科学家学术成长历程的关键事件、重要节点、学术传承关系等的各类文献、实物和音视频资料，并结合不同时期的社会发展和国际相关学科领域的发展背景加以梳理和研究，不仅有利于深入了解新中国科学发展的进程特别是老科学家所在学科的发展脉络，而且有利于发现老科学家成长成才中的关键人物、关键事件、关键因素，探索和把握高层次人才培养规律和创新人才成长规律，更有利于理清我国科技界学术传承脉络，深入了解我国科学传统的形成过程，在全社会范围内宣传弘扬老科学家的科学思想、卓越贡献和高尚品质，推动社会主义科学文化和创新文化建设。从这个意义上说，采集工程不仅是一项文化工程，更是一项严肃认真的学术建设工作。

中国科学院是科技事业的国家队，也是凝聚和团结广大院士的大家庭。早在1955年，中国科学院选举产生了第一批学部委员，1993年国务院决定中国科学院学部委员改称中国科学院院士。半个多世纪以来，从学部委员到院士，经历了一个艰难的制度化进程，在我国科学事业发展史上书写了浓墨重彩的一笔。在目前已接受采集的老科学家中，有很大一部分即是上个世纪80、90年代当选的中国科学院学部委员、院士，其中既有学科领域的奠基人和开拓者，也有作出过重大科学成就的著名科学家，更有毕生在专门学科领域默默耕耘的一流学者。作为声誉卓著的学术带头人，他们以发展科技、服务国家、造福人民为己任，求真务实、开拓创新，为我国经济建设、社会发展、科技进步和国家安全作出了重要贡献；作为杰出的科学教育家，他们着力培养、大力提携青年人才，在弘扬科学精神、倡树科学理念方面书写了可歌可泣的光辉篇章。他们的学术成就和成长经历既是新中国科技发展的一个缩影，也是国家和社会的宝贵财富。通过采集工程为老科学家树碑立传，不仅对老科学家们的成就和贡献是一份肯定和安慰，也使我们多年的夙愿得偿！

鲁迅说过，"跨过那站着的前人"。过去的辉煌历史是老一辈科学家铸就的，新的历史篇章需要我们来谱写。衷心希望广大科技工作者能够通过"采集工程"的这套老科学家传记丛书和院士丛书等类似著作，深入具体地了解和学习老一辈科学家学术成长历程中的感人事迹和优秀品质；继承和弘扬老一辈科学家求真务实、勇于创新的科学精神，不畏艰险、勇攀高峰的探索精神，团结协作、淡泊名利的团队精神，报效祖国、服务社会的奉献精神，在推动科技发展和创新型国家建设的广阔道路上取得更辉煌的成绩。

总序三

中国工程院院长　周　济

由中国科协联合相关部门共同组织实施的老科学家学术成长资料采集工程，是一项经国务院批准开展的弘扬老一辈科技专家崇高精神、加强科学道德建设的重要工作，也是我国科技界的共同责任。中国工程院作为采集工程领导小组的成员单位，能够直接参与此项工作，深感责任重大、意义非凡。

在新的历史时期，科学技术作为第一生产力，已经日益成为经济社会发展的主要驱动力。科技工作者作为先进生产力的开拓者和先进文化的传播者，在推动科学技术进步和科技事业发展方面发挥着关键的决定的作用。

新中国成立以来，特别是改革开放30多年来，我们国家的工程科技取得了伟大的历史性成就，为祖国的现代化事业作出了巨大的历史性贡献。两弹一星、三峡工程、高速铁路、载人航天、杂交水稻、载人深潜、超级计算机……一项项重大工程为社会主义事业的蓬勃发展和祖国富强书写了浓墨重彩的篇章。

这些伟大的重大工程成就，凝聚和倾注了以钱学森、朱光亚、周光召、侯祥麟、袁隆平等为代表的一代又一代科技专家们的心血和智慧。他们克服重重困难，攻克无数技术难关，潜心开展科技研究，致力推动创新发展，为实现我国工程科技水平大幅提升和国家综合实力显著增强作出了杰出贡献。他们热爱祖国，忠于人民，自觉把个人事业融入到国家建设大局之中，为实现国家富强而不断奋斗；他们求真务实，勇于创新，用科技为中华民族的伟大复兴铸就了辉煌；他们治学严谨，鞠躬尽瘁，具有崇高的科学精神和科学道德，是我们后代学习的楷模。科学家们的一生是一本珍贵的教科书，他们坚定的理想信念和淡泊名利的崇高品格是中华民族自强不息精神的宝贵财富，永远值得后人铭记和敬仰。

通过实施采集工程，把反映老科学家学术成长经历的重要文字资料、实物资料和音像资料保存下来，把他们卓越的技术成就和可贵的精神品质记录下来，并编辑出版他们的学术传记，对于进一步宣传他们为我国科技发展和民族进步作出的不朽功勋，引导青年科技工作者学习继承他们的可贵精神和优秀品质，不断攀登世界科技高峰，推动在全社会弘扬科学精神，营造爱科学、讲科学、学科学、用科学的良好氛围，无疑有着十分重要的意义。

中国工程院是我国工程科技界的最高荣誉性、咨询性学术机构，集中了一大批成就卓著、德高望重的老科技专家。以各种形式把他们的学术成长经历留存下来，为后人提供启迪，为社会提供借鉴，为共和国的科技发展留下一份珍贵资料。这是我们的愿望和责任，也是科技界和全社会的共同期待。

周济

序

　　自南京地质古生物研究所创建 60 多年来，经过几代科研人员坚持不懈的努力，在国际地质古生物学领域取得了辉煌成就，先后有李四光、斯行健等 13 位科学家当选为中国科学院院士，他们为我国地质古生物学的发展壮大倾注了毕生的心力。随着时间的推移，其中不少人已陆续离开了我们，而相关学术成长资料大量散失正成为日益突出的问题。抢救老科学家们的学术成长资料，完整地保存和他们的学术成就相关的各种音视频、实物资料成为当务之急。可以说，这项工作关乎我国地质古生物学领域的历史、发展和演进方向。

　　欣闻李星学院士的学术成长资料采集工程已经启动。李星学院士是国际知名地层古生物学家，他长期从事古植物学和非海相地层学方面的研究，特别是对华夏植物群组合序列的创立和东亚晚古生代煤田地层的划分，填补了晚古生代植物研究的新内容，突破了国际学术界关于这一研究领域的传统思路，极大地拓展了古植物学的研究空间，为我国的煤田勘探事业做出了重要贡献，也为后继者提供了一个更高的学术平台和更宽的研究视野。我们相信，通过李星学院士学术成长资料的采集，不仅为南京地质古生物研究所提供了一份宝贵的学术思想发展研究史料，它也将成为推动我国古植物学进一步发展的精神力量。

　　中国科学院南京地质古生物研究所王军研究员的课题小组负责"李星学院士学术成长资料采集工程"的全部工作。王军研究员是古生物所古植物学与孢粉学研究室室主任，同时他也是李星学院士指导的唯一一位博士后。他在百忙中抽出了大量的时间，拟定采访计划，多次和李星学的家属、学生、国内外同行进行沟通交流，实施外围访谈的音频、视频资料的采集，并亲自远赴重庆大学，对李星学院士早年的相关学术资料进行搜集、核实，力求使采集的各项工作全面落实。这是他对恩师的回报，更是身为研究室主任所肩负的重要责任。

　　老科学家学术成长资料的采集，需要档案室、图书馆、相关研究单位等多个部门的配合协作。通过李星学院士学术成长资料的采集，我们积累了一定经验，为采集本所其他院士的相关工作打下了良好的基础。借此机会，向参与"李星学院士学术成长资料采集工程"的所有单位和人员表示衷心的感谢！

沙金庚

2013 年 11 月 26 日①

---

① 序作者简介：沙金庚，男，1949 年 2 月生于江苏金坛。曾任中国科学院南京地质古生物研究所研究员、博士生导师、所长、中国古生物学会理事长、国际地球科学计划 IGCP 506 项目的首席科学家等职。德国洪堡奖学金、日本学术振兴会邀请学者基金(长期)、新西兰教育基金和加拿大自然科学和工程技术基金等的获得者或被资助者。

李星学院士

本书作者何琦

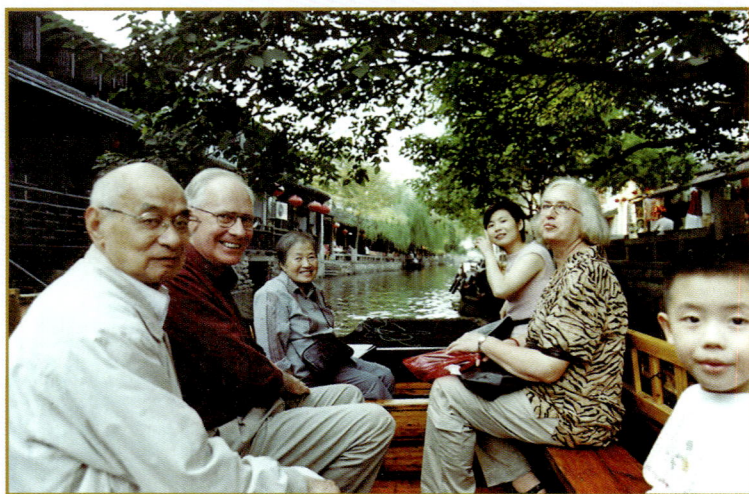

2003 年 10 月，何琦随同李星学夫妇、美国古植物学家H W Pfefferkorn 夫妇游览古镇周庄

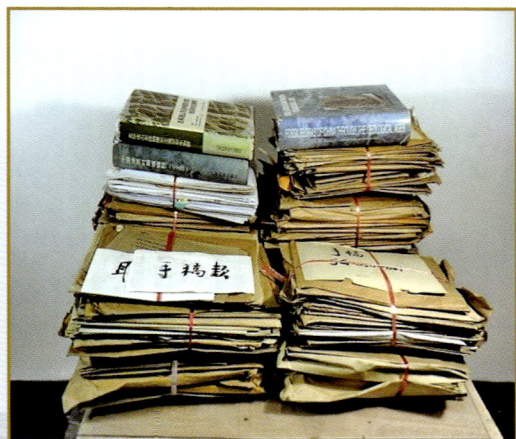

采集到的相关资料

目 录

老科学家学术成长资料采集工程简介

图片目录

导 言

　　李星学,1917 年 4 月出生于湖南,1942 年毕业于重庆大学地质系,1951 年起在中科院南京地质古生物研究所工作,直至 2010 年去世。他长期从事地质古生物学研究工作,特别以研究古植物学及非海相地层学见长,发表论著 140 余篇(本),在国际古生物学界具有重要影响。李星学 1980 年当选为中国科学院学部委员(院士);曾任国内数个学术组织负责人及学术刊物的主编或副主编,并在多个国际学术组织或合作项目任选举委员、科学顾问或中方代表等职。此外,他还获得过国内外地层古生物学领域的多种奖项。除了研究工作,李星学也十分关注全民科普教育工作,并有多部科普论著。2010 年 10 月 31 日,李星学病逝于南京,享年 94 岁。可以说,李星学亲身经历了我国古植物学的整个发展历史。李星学学术成长的历程,同时也是我国古植物学发展历史的缩影。

李星学的学术经历和主要学术贡献

著名地质学家朱森是李星学的二舅,在他的引荐下,李星学 1938 年进入重庆大学地质系学习,从此走上地质古生物学的研究道路。

新中国成立前,由于社会动荡,科学研究不受重视,我国的古植物学研究远远落后于西方国家,从事相关研究的不过数人而已,这一学科在十分艰难的环境中缓慢发展。中国古植物学研究的先行者斯行健与其德国导师 W. Gothan 教授合作的《评欣克关于东亚石炭二叠纪植物群》和《关于中国木化石》,以及后来发表的十几篇论文和一些专著、科普类文章及工具书,成为这一时期中国古植物学发展进程中的重要标志。从 1944 年起,李星学师从斯行健研习古植物学。斯行健的治学态度、学术思想对李星学的科研生涯具有重要影响。另外,朱森、李春昱、黄汲清等著名学者在治学与为人方面对他影响也很大。通过对李星学学术成长经历的梳理,或多或少可以看到在古植物学这一独特的学术领域里中国早期知识分子的时代烙印。

古生物学是地质学的分支学科,是生命科学和地球科学的交叉科学。根据研究对象的不同,古生物学分为古植物学和古动物学两大类。古植物学在应用上经常涉及地质学(特别是地层学)、古地理学和古气候学上的问题,有助于寻找矿产和研究含有煤炭、石油等矿产地层的分布、划分和对比。20 世纪 50 年代初期,我国地质人员很少,国家建设迫切需要矿产资源。李星学曾先后奔赴山西大同、太原西山、山东淄博、内蒙古大青山等地进行煤田地质、石膏矿、铝土矿、地下水和硫磺、铁矿资源等的调查勘探。常年风餐露宿,辗转跋涉,他不仅出色地完成了相关的勘察矿产任务,同时还积累了相当丰富的地质古生物学资料,搜集了大量的植物化石标本,为研究我国和东亚陆相地层,特别是晚古生代含煤地层的划分、对比及分布规律等,打下了坚实的基础。

1955 年,李星学回到南京地质古生物研究所工作。在著名古生物学家斯行健教授的指导下,继续更加深入地研习古植物学及有关地层学。1955年到"文革"前,李星学先后以中英文发表(出版)论文(著作)约27篇(部),达到了他学术生涯中的巅峰阶段。华夏植物群是世界四大植物群之一,李星学在这一重要研究领域取得了令人瞩目的成就。1963年完成的《华北月门沟群植物化石》是他最具代表性的论著之一,也是研究华夏植物群最重要的参考文献之一,获1978年中国科学院重大科技成果奖。在这部著作里,李星学首次勾勒出华夏植物群的演化阶段,系统描述了其中的37属88种,包括1新属13新种和1变种,对瑞典古生物学家赫勒(T. G. Halle)关于华夏植物群的经典性著作做了重要补充和修正。国际古植物学会编纂的综合性著作《古植物学总论》,收录了李星学在其论著中所创立的一些新属和新种。另外,他在泥盆纪植物群以及大羽羊齿类植物的系统分类研究方面也享有极高的国际声誉。

改革开放30多年来,中国的古植物学积累了一定的基础和较雄厚的科研力量,在许多领域都走到了国际学术前沿,并在国际权威期刊上发表了令人瞩目的研究成果。但由于原来的基础很不平衡,许多重要的分支如化石孢子花粉、新生代植物和藻类等实在很薄弱,有的甚至是零基础上发展起来的,所以许多分支学科还不能满足国家建设需要,离国际水平也有较大距离。尤其在研究技术与方法上,和世界先进水平相比,存在不小差距。且在实际研究工作中,研究工作者多保守地采用传统的研究方法或是国际上早已普遍采用的一些成熟方法,而缺乏创新。另外,很多门类的研究仍局限于简单的形态描述,缺乏对生态和环境以及埋藏学探讨。这些在一定程度上阻碍了我国古植物学研究的迅速发展。

李星学学术生涯的后期就是处于这样一个学科发展的历史背景下。在积累了大量野外实践经验和具备高水准的研究能力以后,李星学开始把目光投向中国古植物学发展的整体规划中,而不拘泥于个人研究的狭小空间。他的学术研究进入一个理性、成熟的阶段。这一时期,他把大量的精力用于思考科研队伍的培养和提高、国际水平学术刊物的创办、国外先进技术的引进和推广应用、各门类的填补空白和加强、基本材料的积累和描述,以及开展综合性基础理论的推进等方面。

鉴于李星学在地层古生物学领域的杰出贡献,他于 1980 年 11 月当选为中国科学院学部委员。除了担任南京地质古生物研究所学术委员会主任外,他还长期兼任南京大学地球科学系教授、中国古生物学会理事长、中国古植物学会理事长、全国地层委员会委员、《古生物学报》主编、《华夏古生物志》(英文版)第一副主编等。此外,李星学曾任国际古植物学协会的中国地区代表、国际植物命名委员会化石植物分会委员、联合国教科文组织国际地质对比计划 237 项目的科学顾问、国际地科联冈瓦纳地层委员会及石炭纪地层委员会的选举委员等重要职务。1992 年,他成为享有盛誉的美国植物学会的通讯委员,这一终身荣誉在全世界仅有 50 个名额。1996 年 7 月,在美国加州召开的第五次国际古植物学大会上被授予"萨尼国际古植物协会奖章"。

值得一提的是,长期以来李星学也非常重视古生物学的科学普及工作,尤其在退出一线研究岗位之后,他还不断著书立说,扩大古生物学的社会影响力,如《还我大自然——地球敲响了警钟》、《追寻"讨厌之谜"》等。

总的来说,李星学的研究领域涉及了古植物学、生物地层学、古人类学、科普等方面。从学术价值来说,李星学通过相关地层学的研究,理顺了中国北部甚至东亚地区晚古生代含煤地层划分混乱的局面,树立了泥盆纪至二叠纪相关地层的划分标准,并提供了可信的论证。特别是华夏植物群演化序列的划分,填补了晚古生代植物研究的新内容,突破了国际学术界关于这一研究领域的传统认识,极大地拓展了古植物学研究空间,为后继者提供了一个更高的学术平台和更宽的研究视野。从史学价值上来说,他的研究足迹,较全面地反映了其所处的历史背景下我国古植物学发展研究状况,对于推动我国古植物学的进一步发展,把握未来古植物学发展方向都具有重要的历史意义。从社会效益上来说,通过李星学学术成长采集工作,我们试图从各个视角走近李星学,反映他取得的伟大学术成就,更重要的是在成就的背后,体现了他执着的进取精神和强烈的民族责任感。

采集工作的进展情况

笔者供职于中科院南京地质古生物研究所(下称"南古所"),长期从事科普教育工作。认识李先生已很久,但仅限于必要的礼节性拜访和问候,直到2007年。那一年,为庆祝李星学院士九十华诞,南古所为李先生举办了隆重的学术研讨会,笔者借此机会对他进行了访谈,并撰写了《走近古生物学家李星学院士——写在〈李星学文集〉出版之际》一文。李先生虽已九旬高龄,但依然语言流畅,思路清晰,保持着一贯的认真严谨的作风。当我完成终稿,信心十足地请他过目时,他只是简单地说:"好的,我看看。"几天以后的一个上午,我在办公室突然接到了李先生的电话,他请我去他办公室一趟。后来我才知道,李先生为了这篇小短文专程从家里赶来,那时他已身患白血病。我急急忙忙赶到他办公室,李先生正安静地坐在那张陪伴了他几十年的木椅上,见我进来,微笑着说:"小何,辛苦你了。稿子我看过了,比较全面,但有几个地方和你商量商量。"我拿过稿子一看,上面写满了密密麻麻的注解,有关于事件的前因后果说明,有用词不妥,最多的是标点符号的纠正。当时我心里吃了一惊,我自以为是的认真在李先生面前变得不值一提。其实,细节最能体现一个人的学识修养。时隔多年,当我完成了李先生学术成长采集工作,才真正体会到这句话的含义。

2011年,在李先生去世后不久,我对他的科普著作进行了整理。李先生终身从事地质古生物学研究,可他一直重视博约兼顾,涉猎十分广泛,虽然是科普著作,但字里行间却体现出广博的人文情怀。我把这些所感所想撰写成文《科普路上的人文之光》,后发表在《科普研究》杂志上。

一切似乎水到渠成。2012年5月,我们接到中国科协"老科学家学术成长采集工程——李星学院士"的课题。本项目负责人王军是南古所研究员,1997—1999年在南古所博士后流动站工作,合作导师为李先生,多年来一直跟随李先生从事晚古生代植物的研究工作,对李先生的学术思想、治学作风等都有着比较全面的了解。另一主要参与者吴秀元研究员(已退休)在南古所长期从事石炭纪古植物学研究。他作为李先生的学生和多年的同事、助手,对李先生的学术成长经历有比较深入的了解。本项目还将李先生的儿子李克洪纳入其中。李克洪主要负责收集李先生的往来书信、媒体采访、日记、业余爱好作品等资料,除部分捐献给采集小组外,还配合采集工作的需要联系相关人员和机构接受访谈。另外我们还邀请了山东财经大学历史文献学专业的尹雁博士参与课题研究,从史学角度把握整个研究报告的方向性。

采集小组成立后,大家迅速分工协作。王军研究员主要负责联系访谈事宜;吴秀元研究员主要负责资料整理;笔者主要负责资料的汇总、记录和研究报告的撰写。

1. 访谈

根据采集工作的规范要求,课题组制定了系列访谈计划。立足于学术研究、科普思想、治学态度三个基本层面,提前预设访谈内容,经课题组讨论确定后,联系受访人实施访谈计划。

我们的访谈对象选取了和李先生工作、生活密切相关的同行、同事、助手、学生,共 15 位。受访者来自国内外各科研院所,年龄跨度为老、中、青,专业涉及地层古生物学、石油勘探等领域。这项工作持续了 7 个多月,大多数访谈是在专业会议的间歇时间进行的。2013 年 5 月,在兰州大学召开了中国古生物学会古植物学分会学术年会。与会期间,课题组利用会议间歇,对吉林大学的孙革教授、中国地质大学的黄其胜教授、中山大学的金建华教授等 9 位专家进行了采访。9 月,课题组负责人王军赴德国哥廷根大学参加中德古植物学研讨会期间,对来自明斯特大学的古植物学专家 H. Kerp 教授进行了访谈。最让课题组感动的是,各位受访人都给予了高度配合,使我们的采集工作能够顺利完成。

在所有受访人中,蔡重阳和吴秀元两位教授不得不提。蔡老师是李先生的第一位研究生,这是本课题研究中非常重要的一个学术关键点。蔡老师当时已是 80 岁高龄，并不是每天来所里上班。课题组负责人王军提前数周见过蔡老师，告诉他这个课题的要求和进展，并列出访谈问题，希望蔡老师先看看，有个思想准备，然后等机会合适再约时间访谈。终于，2013 年 3 月一个寒冷的清晨，课题组专程来到蔡老师家里进行 60 分钟的采访。遗憾的是，由于缺乏经验和技术原因，这次访谈成果不理想。当我们请求第二次约谈的时候，蔡老师毫不犹豫地点头同意。第二次的访谈非常成功，蔡老师思路清晰，按事先准备的提纲，不但回答了我们预设的所有问题，还做了大量的补充，话语间可以看出蔡老师与李先生深厚的师生情谊。

吴秀元老师也是本次采集工作的关键人物。吴老师 20 世纪 50 年代末就来到南古所工作，一直跟随李先生从事古植物学研究。而且他也是本课题重要成员之一，李先生留下的大批手稿、信件全部有赖于吴老师的仔细甄别和整理。2012 年的冬天特别寒冷，吴老师患有眼疾，视力每况愈下，可是他仍每天坚持按时上下班。70 多岁的老人经常趴在桌上，对着那些密密麻麻的资料，一看就是一整天，让我们这些年轻人汗颜不已。对吴老师的访谈非常顺利，尤其是他提供了许多细节，十分宝贵，极大地增强了本课题研究的逻辑性和严密性。

另外，课题组也利用国家自然科学基金资助下的外宾来访合作的机会，对他们进行了访谈，其中包括美国宾夕法尼亚大学地球科学系的 H. W. Pfefferkorn 教授。Pfefferkorn 教授与李先生相识 30 多年，算是故交，而且他与本课题负责人王军研究员也合作多年。来访前，王军就给他介绍了这个课题和采访要求，Pfefferkorn 教授欣然应允，刚下飞机就问起访谈的事情，并且建议第二天就可以开始。

2013 年 10 月一个秋高气爽的上午，我们一行人扛着摄像、录音等设备来到他下榻的宾馆，Pfefferkorn 教授夫妇早已迎接在门口。70 多岁的老人看上去神采奕奕，藏青色西装配米色西裤，黑亮的皮鞋，显然是精心着装，老人的脸上根本看不到前一天刚刚经过长途飞行的疲劳。他告诉我们，李先生是他非常敬重的人，所以必须十分认真地做好准备，包括谈话提纲、语速、着装、表情等细节都一一斟酌过。

整个访谈过程非常顺利，Pfefferkorn 教授侃侃而谈，讲述了一个中美科学家相识、相知、合作的故事，话语中包含着深情和怀念。我想，他讲的可能不止是李先生，还包括了许多和李先生一样的中国科学家。他的夫人 B. Pfefferkorn 手拿纸笔，在一边安静地记录着，偶尔会小声纠正一下教授的口误。

一周之后，我们收到了由他夫人整理、Pfefferkorn 教授本人校对过的访谈文字稿。认真、准确的表述让我们感受到了一个老科学家的仔细和严谨。

2. 资料采集

李先生一生勤耕不辍，即便是他退出一线研究岗位之后，仍然坚持阅读文献，每年都发表1—2篇文章。他的办公室里各种文献齐全，包括他自己的著作、期刊、日记、往来信件、属种卡片都分门别类，归档放置。随着年事渐高，他时常让王军帮助处理一些日常文件和电子信件，所有文献也由王军管理。所以在这次采集工作中，课题组得到的大部分资料都来源于李星学办公室，主要包括往来信件、手稿、专著、论文、新闻报道等。

其次，吴秀元老师长期跟随李先生从事科研工作，他的手里也保存了一些李先生的会议记录、日记和论文手稿。经过吴老师细心整理之后，以李星学的名义全部捐献给采集工程。

再次，经过多次沟通协调，李先生家属捐献了部分音频、视频资料和电子版照片。它们涉及李先生晚年的科普工作，还有庆祝李先生九十华诞之际，对其学生、同行的采访，从一个侧面对李先生60多年的科研人生进行了总结，具有一定的参考价值。

另外，南古所档案室也保存了部分李先生的资料。这些资料记录了新中国成立后李先生的岗位、工资、人事调整等。

最后，课题组专程奔赴李先生就读的重庆大学进行调研。遗憾的是，由于战乱原因，这一批老科学家的资料缺失严重，除了一些学籍方面的证明材料，重庆大学无法提供更多的关于李先生的信息。

在已有传记类资料方面，目前我们搜集到的资料散见于各种书籍、报纸、杂志。李先生在不同场合应不同刊物之邀，结合自身的治学经验，谈到非智力因素对成功的重要影响、方法论与科研的关系，以及对国家科技发展的展望等等，其中以 2007 年由中国科学院南京地质古生物研究所编辑，中国科学技术大学出版社出版的《李星学文集》为主要参考文献。这部文集选取了李先生 59 篇代表性文献，总计 1 280 千字，内容涵盖了李先生在古植物学和非海相生物地层学等学术领域的成果及李先生的治学人生、人物传记等方面，较全面地反映了他在不同历史时期的研究工作。更重要的是，这部文集为研究李星学院士学术成长提供了丰富的线索和信息，使我们在立足于大量史实的基础上，整合相关资料，奠定了撰写研究报告的基础。

总的来说，由于历史原因和现实条件所限，李星学学术成长资料的搜集呈不均衡分布。对于李先生大学期间和在原中央地质调查所期间的学习生活，获取的部分信息往往只有事件的结果，而缺乏详细过程。通过进一步查阅相关资料，走访相关人士，我们尽可能弥补这些细节缺失所导致的不足，以保证李星学院士学术成长轨迹的连续性和完整性。对于新中国成立后，特别是改革开放后的研究工作，从不同访谈对象的谈话和相对完整的记录（档案、日记等）中，我们获得了较全面和准确的细节信息。

重要采集成果简介

本次采集重要成果分列如下：

1. 手稿类

手稿类资料共 163 篇，包括会议纪要、野外记录、读书笔记、审稿意见、信件草稿等。其中有李先生 1963 年亲笔所提"以勤补拙，持之以恒，努力耕耘，必有收获"的座右铭；1955—1957 年间在南京大学地质系古生物专业的部分讲稿；早期关于内蒙古石拐子煤田地质初步勘探报告；出访印度、日本等国家的研究报告和代表性论著的部分手稿。

2. 信件类

共获得 220 封往来信件,其中外文信件 119 封,中文信件 101 封。主要是"文革"以后,李先生与国内外同行关于学术讨论的内容,遗憾的是,多数是对方写给李先生的信件,关于李先生的去信则较少。重要的有:

1983 年,日本古植物学者 K. Asama 来信,联系李先生查看大羽羊齿类繁殖器官化石的事宜。

1981 年,法国古植物学者 E. Boureau 来信,与李先生商讨关于泥盆纪植物的合作研究;李先生对其进行了回复,并邀请 E. Boureau 先生来华访问。

1980 年,英国古植物学者 P. Crane 邀请李先生在英国里丁大学举办的第一届国际古植物学大会做报告。

1980 年,李先生致信英国古植物学家 T. M. Harris,推荐周志炎前往里丁大学 Reading University 做访问学者,研究中生代植物群。

1963—1982 年期间,李先生与西班牙学者 R. H. Wagner 来往的信件,交流学术观点和国际大会事宜。R. H. Wagner 是李先生最重要的国际合作者。

1976—1985 年,黄汲清与李先生的通信。主要关于贵州发现舌羊齿的可靠层位及冈瓦纳植物群在中国的分布,还有讨论大地构造问题。

1976—1987 年,王仁农的来信,主要汇报工作情况,交流华北陆相石炭、二叠纪地层及古生物研究进展。

3. 照片类

选取了其中 50 张,包括李先生和家人、同事、同行,在家庭聚会、国际会议、工作单位、野外踏勘等不同场景、不同时期的照片,具有一定史料价值。每张照片都有时间、地点、人物、事由等注解。

4. 研究论文和专著

获得专著共 9 部,其中 5 部为原版书,另 4 部为复印件。其中包括了李先生的代表性著作《华北月门沟群植物化石》、《中国晚古生代陆相地层》、《北祁连山东段纳缪尔期地层和生物群》等。

研究论文 35 篇,其中包括 15 篇原件。

研究报告的思路与结构

本课题的主要研究方法是历史文献法和访谈调查法。通过查阅中科院南京地质古生物研究所档案馆、图书馆、重庆大学档案馆等地相关资料,和李星学遗留的日记、手稿、信件等,对他在新中国成立前后 60 多年里有关古植物学和陆相地层学的研究,以及涉及的学术成长中的关节点等历史文献资料逐一进行了梳理,运用分析、归纳、总结等方法,试图勾勒出李星学学术成长的道路,呈现其学术生涯中形成的研究特色和思想,从而还原中国古植物学发展的历史过程。其次,在我们的音频、视频外围访谈中,采访对象包括与李先生学术成长经历有关的国内外同行、学生、助手、家人等,力求涵盖影响其学术成长的方方面面。特别是对他的助手、学生(年龄大都在 75 岁以上)进行了采访,取得了李星学"文革"之前研究工作的第一手资料,为我们全面了解他的学术成长过程提供了史实依据。

基于以上大量统计资料和音视频访谈的基础上,我们编制了李星学院士年表,并走访、求证、征求有关专家和李星学院士学生的意见,几经修改补充,至此形成了一份较完整的关于李星学的学术成长年表。年表基本上能够客观真实地反映他一生的工作和生活,并在此基础上,完成了相关研究报告。

研究报告按照李星学学术成长经历的时间顺序,以不同时期的中国社会环境下古生物学科的发展历史为参照,共分为7个章节和结语部分。第一章主要介绍了李星学的家庭背景和他在长沙雅礼中学的求学经历,并对这一时期的关键人物陈仁烈、晏阳初,关键事件"民训"进行了重点描述。第二章讲述了李星学如何在二舅朱森的影响下走上地质古生物学的研究道路。1938—1942年是抗日战争的重要阶段,对青年李星学影响至深,因此这一段历史背景是本章的关键。第三章是关于李星学在原中央地质调查所的经历。导师斯行健、妻子刘艺珍等是对他一生的科研生涯都有重要影响的人物。第四章讲述了李星学新中国成立后到"文革"前,在南京地质古生物研究所的经历。这是他学术生涯的一个巅峰时期,以他的几部代表性论著为主体,对他的学术成长进行了阶段性梳理。第五章对李星学在"文革"期间的工作进行了小结。第六章是改革开放30多年来李星学的研究工作介绍。李星学在这一时期的工作全面展开,除了本职的科研任务,他还放眼国际合作,培养人才,提高实验技术手段、加强薄弱领域的投入等,他的科研道路逐步走向理性和成熟。第七章对李星学退休以后的工作进行了陈述,试图从不同的侧面反映他的科研人生历程。最后在结语部分,以"学贵有恒,业精于勤"、"爱国赤子心和民族责任感"、"个人志趣和国家需求"等几个小标题为支撑,分析、提炼、总结了李星学学术成长的重要特点和关键影响因素。

第一章
饱经战乱的中小学时代(1927—1938)

湘江边上的中医世家

　　湘江又称湘水,为长江主要支流之一,是湖南省境内最大的河流,发源于广西临桂县海洋圩的海洋河,注入洞庭湖。湘江作为长江的重要支流,其历史与长江一样古老,在中华文明演进的过程中,同样发挥了不可替代的重要作用,成为湖南省境内最重要的发展之源,是湖南的母亲河。

　　在不同的历史时期,湘江两岸产生了许多城市,郴州便是湘江上游重要的历史文化名城之一。史书记载,项羽曾屠义弟于郴,赵子龙曾大战桂阳郡,洪秀全曾屯兵郴州。另外,郴州也是历代文人墨客的荟萃之地,韩愈、杜甫、秦少游、周敦颐等均在此留下了千古名篇。由于郴县位于湖广交界五岭山脉的北坡,物产丰富,又是南北交通的要隘,所以历来为兵家必争之地。

　　李氏家族为唐朝宗室一支脉,长期驻守太原。清嘉庆年间因战乱频繁,李氏兄弟3人带着眷属辗转迁移至湘南,最后定居在郴县坳上建村。此地临近广东边界,山高林密,风景秀丽,依山傍水。祖先修建房屋,开荒种地,围河造田,数年后,已建良田千余亩,坳上村成为附近各乡的富裕村,从此生聚繁衍,人丁兴旺。根据家谱记载的家族字辈谱序为:大圣尊周孔嘉言启世儒弼教歌熙绩。1917 年 4 月,李星学出生在这个山清水秀的小村庄——坳上(今郴州市苏仙区坳上乡)。童年时代的李星学饱受战乱之苦,几乎没有受过正规的小学教育。"家乡于我虽有不少眷恋,也掺杂着一些噩梦般的战乱下颠沛流离的阴影"①。李星学出生时名为李兴学,兄弟四人,排行老三,为儒字辈,字礼儒,笔名行之,属相龙。上学后,因老师笔误写成李星学,故一直沿用至今。

李星学高祖父李嘉乐为各乡团总,曾祖父李言诗专长中医,生有三子二女。祖父名李启尧,号庚堂,晚清的秀才,继承家传中医,学官,省中医协会委员,多次赴京,参加中医研究会,是乡里颇有名气的小儿麻疹科中医,有多项治病专著,现存北京中医研究所,如《麻科活人》、《论伤寒症》、《麻科密史》等,在郴州志上均有记载。祖父娶同乡新丰村陈氏为妻,陈氏不识字,却是位操持家务的能手,生下五男三女。祖父晚年为儿女家室所累,辞去市中医学馆校长,居家为人送医送药,被人称为"李圣人",后虽经历年战乱,家中幸未被波及。

1917 年祖父临终前,获悉李星学的父亲李世銮考入天津北洋海军医科大学,李星学的二叔李世仰考入北平铁路管理学院,惊喜之余,嘱李星学的祖母在任何困难情况下,必须保证其父亲和二叔大学毕业。祖母再三承诺,祖父含笑逝世,享年 63 岁。当时祖父家有三女未嫁,三子尚幼,祖父遗留大洋约千元,每年收租谷不足 300 担(一担租谷 100 斤,折合粗米 70 斤,价值 2.50 元),全家十余人生活费,约需 150 担,而两个大学生年度费用约 700 元。祖母瘦弱的双肩挑起了全部生活重担,在经济和精神的巨大压力下,她排除各种干扰,日常开支精打细算,含辛茹苦,将门口良田雇工帮种,可增收 40 担谷子;又开辟菜园,自种自产;每年养猪 3 头,出售 2 头,可收入百余元。同时,李星学大舅公欧阳海霞做皮丝烟生意,每当学费周转不足时,他必主动垫付,全力支持两个外甥的学业,李星学父亲和二叔得以安心就学,顺利

---

① 李星学:《自述》。见:《李星学文集》编辑组:《李星学文集》。合肥:中国科学技术大学出版社,2007 年,第 617 页。

毕业。二叔李世仰因青年时代追随孙中山参加辛亥革命,后被国民政府委任为粤汉与平汉铁路局局长。

李星学父亲居长,名李飏廷(原名世銮),号少庚,1926年毕业于天津北洋海军医科大学。除毕业初期在北洋海军舰上实习外,他一生的大部分时间是在胶济、平汉、粤汉、叙昆及台北铁路局医疗单位度过的。1927年,北伐胜利后,李飏廷曾任粤汉与平汉铁路医院院长。南京解放前夕,被国民党海军部挟持去台湾,不久就脱离了伪海军部,转业于台北铁路管理局卫生科工作,并正式改用少庚,替代原名飏廷。在当时台海局面非常紧张的情况下,他还多次托人辗转从香港到南京,给李星学汇去数百元港币。1951年后与家人失去联系,后经李星学多方打听,得知其父于1952年4月病逝于台北任所。

父亲与李星学在一起生活的时间不算多,但他为人随和的性格,重技术,轻政治的言行对李星学产生了一定的影响。1927年,李飏廷在汉口铁路医院任职时,李星学随母亲离开家乡,来到父亲身边,进入汉口江岸铁路扶轮小学读书,由于父亲工作的变动,未能小学毕业。1932—1935年,又分别在汉口私立雨湖中学和武昌博文中学读书,1935年夏初中毕业。从1927年离开家乡,李星学在外完成了自己的小学、中学、大学教育,直至成家立业。

李星学童年时期,父亲在外求学,工作后也常年在外,母亲承担起大部分养育儿女的责任,李星学常常寄住在外祖父朱锦文家里。母亲名朱淑娴,生于郴县瑶林的大奎上一个地主家庭,缠着小脚,念过两年私塾,靠私塾与自学,约有高小的文化程度。她对李氏兄弟四人的管教非常严格,但从不轻易体罚。她虔诚佛教,对人和蔼,还乐于助人,她的严格管教和宽厚待人的态度对李星学一生影响很大。在李星学童年记忆中,最敬佩的人就是母亲。1952年以后,母亲随李星学生活在南京,1966年"文革"中被遣返回湖南老家,不久即病逝,终年78岁。

图1-1 李星学母亲(李克洪提供)

李星学大哥早年病逝于家乡；二哥名李兴万，就职于湖南衡阳铁路管理局；弟李兴汉，曾在大连市海军干校学习，后在沈阳农学院工作。李星学与两兄弟的感情一直很好，多年来一直保持着联系，每逢兄弟的生日或过年过节，他都要汇款或邮寄贺礼，表示庆贺。就在李星学病逝前夕，他还将自己的新呢帽送给兴汉弟作为纪念。

长沙雅礼中学

由于连年战乱，李星学 10 岁才开始接受正规的学校教育。1927—1938年，分别在汉口江岸的扶轮小学、武昌博文初中、长沙雅礼高中完成了中小学教育。

1901 年初，美国康涅狄克州（Connecticut）纽翰芬城（New Haven）的耶鲁大学（Yale University）少数毕业校友热衷于海外事业，倡议到中国创办教育科技事业，得到了时任校长哈德黎博士（President Hadley）及其他学校负责人和广大校友的支持。1902 年 6 月 22 日，专门主持到中国发展教育和医疗事业的"雅礼协会"（Yale-in-China Association）正式成立。1906 年 6 月，经多方努力，"雅礼大学堂"在长沙成立。"雅礼"二字既是"Yale"的译音，也取自《论语·述而》篇"子年雅言，诗书执礼"的词义。1920 年秋，学校又增设中学部，1926 年学校因政局动荡而停办。1928 年，雅礼中学恢复开学，并得到了各方教育名流和政府的大力支持，加强了师资力量，建立了严格的教育教学制度，尤其在课余时间，十分注重理论学习与社会实践并行的教育策略，通过学生自治会、青年会、雅礼周报社等团体组织，培养学生德智体全面发展的综合能力。

李星学于 1935 年考入雅礼中学，在这里他完成了 3 年高中学业。一流的教学设施，良好的师资条件，循循善诱的教学方法和对学生德智体并重的严格要求，使李星学受益匪浅，基本奠定了他一生为人处世和治学的基础。

图 1-2　1991 年,雅礼高中(南京区)同学聚会留影(左三为李星学,南古所古植物室提供)

物理教师陈仁烈

在雅礼中学就读期间,对李星学影响最大的就是物理课教师陈仁烈先生。陈仁烈 1911 年 2 月 25 日生于湖北省荆州县(今江陵县)的一个教员家庭。1925 年,陈仁烈 14 岁时,因父亲出任冯玉祥将军的随军牧师,有机会就读于冯将军所办的北京育德中学,在那里受到了爱国主义教育和严格的体育锻炼。1935 年,陈仁烈获燕京大学(今北京大学)硕士学位,并欣然接受了长沙雅礼中学之聘,将青春献于中学物理教育。随后长沙湘雅医学院又聘他兼任物理科讲师。

陈仁烈爱学生如子弟,在雅礼中学教书初期,特意住进学生宿舍,和同学们一起生活,以便更好地认识他们,帮助他们。结婚后,适逢抗日战争爆发,该校已搬迁至穷乡僻壤。学生们离家远了,思家心切,他经常在简陋的新居接待学生,分享家庭的温馨。他有时还叫夫人略备点心招待几个经常去他家、同他特别亲近的学生,为他们补充营养。因为抗战而导致交通阻滞,有的学生得不到家中接济而经济困难。除了设法帮助解决问题之外,陈仁烈又从自己微薄的工资中抽出一部分来资助他们。他讲课吸引人不仅是因为口齿流利、语言精练、条理分明,最主要的还在于他讲课内容精彩,这是他认真备课,一丝不苟的结果。每讲一堂课,他必先下功夫写出教案,即使是教过的课也仍然如此。为了教好课,他不管多忙,也要抽出时间到学生中间去征求意见,以便有针对性地改进教学。为了帮助学生学习,针对学生学习程度参差不齐的状况,他十分注意课外辅导,经常不辞辛苦地在晚间提着马扎亲临学生宿舍答疑。

陈仁烈认真的教学态度,精彩的讲课技巧,严密的思维逻辑,把青年李星学引进了知识殿堂,他不仅从中获得了知识,也对基础科学研究有了最初的认识和了解。

科学与爱国主义教育

雅礼中学非常重视科学与爱国主义教育。在进入校门的右侧,有一栋三层楼的科学馆,是高年级数理化的主要教室和实验室。在上二楼扶梯左侧的墙上,挂着许多外国著名科学家的巨幅头像,如哥白尼、牛顿、爱迪生、达尔文等等。除了科学馆本身的涵义外,显然是让学生们经常面对这些大科学家,以激发大家的科学兴趣,并以这些大师为楷模,少年时代就勤学苦练,立大志,以备将来为国家,为人类做出较大的贡献。老师讲课中,凡涉及有关科学家创造发明的内容时,常常着重介绍他们的生平事迹和重大贡献。

大约在1936年1月上旬的某天上午,学生们忽然发现在这些外国大科学家头像之中,出现了一位面容清瘦,戴副金边眼镜,留着八字胡,神采奕奕的中国人的头像,正在大家惊讶之际,陈仁烈先生来了。他简单地介绍了这位中国人的生平事迹和他在地质学上的重要贡献,特别是对矿物宝藏探测的贡献,蜚声国际。头像人物叫丁文江,中国地质学事业最早创建者之一,是位地地道道的中国大科学家,不幸最近于湘雅医院去世,特将他的头像挂出。他是很值得敬重的、我们自己的大科学家。

后来李星学了解到,丁文江1936年初在湖南调查煤矿时,因煤气中毒致病而死,去世时年仅49岁。在满目疮痍的旧中国,几乎没有任何一门自然科学可以与外国人抗衡,而地质学则由于一批杰出的先行者的奋斗,已露出一丝曙光。李星学开始憧憬着、思索着自己的未来。70年后,李星学对当时的情景仍然记忆犹新。他说:"这事给我的印象特别深刻,不只使我第一次接触到'地质学'这一名词,更重要的是无形中给了我们以深刻的爱国主义思想教育。在挂丁文江头像之前,那墙上根本没有中国人的位置。陈老师这一举动,在洋气十足的学校里,更显得难能可贵和意义重大。陈老师不失时机地给我们上的这堂生动的尊重科学和热爱祖国的教育课,对我以后从事地质古生物学事业,是一个非常重要的因素[1]。"

另外值得一提的是,雅礼中学还经常邀请名流学者来校讲演。学校规定,学生必须全体住校,每两个星期才得外出半天或回家住宿一晚。可以想象,这种封闭式的教学生活,学生对社会、时事及校外环境必然比较陌生,甚至茫然脱节。为了补救其缺陷或不足,校方经常请些路过长沙的社会名流、专家学者为全校师生作专题讲座,以增长他们的见识、开阔眼界、拓宽思路。其中让李星学印象最深的,是晏阳初博士作的关于"平民教育"的讲演。诸如此类的名人名家专题讲座给青少年时期的李星学很大的启发,他的知识得到了突飞猛进的增长,同时也开始认识社会,对国家、对人生开始着进一步的思考和实践。

除此之外,雅礼中学还非常重视体育,但又不许发生偏重而影响其他学业成绩,它要求学生德、智、体全面发展。为此采取了不同于一般学校的两种有力措施:①若体育课不及格,它同英语、数、理、化等课一样,有留级危险。②凡留级生,无论他球打得多好,都要失去校队代表的资格。即使最重要的比赛,哪怕输球,也不许他上场。而且,在体育上重视精神文明或sports-manship(运动员精神)也是雅礼的优良传统。雅礼足球队是特别有名的,几乎年年拿湖南省足球比赛的冠军。为了保持这一荣誉,球场拼搏非常激烈。但是,雅礼精神比赢球更重要,每到校外进行重大比赛时,校长往往亲自挂帅,现场督战。赛球中绝对禁止队员动作粗野,遇对方横蛮挑衅,

---

[1] 李克洪:《文忠世第——李言诗家谱》,2009,内部资料(李克洪提供)。

而裁判不可理喻时,校长会立即鸣金收兵,宁可输球而决不丢失雅礼精神。李星学在《雅礼中学80周年校庆文集》中回忆,他作为校足球队队员和英国水球队比赛,因为对方人高体壮,李星学趁对方起跳的一刹那,以背对裁判方向的一只手撑在对方肩上去顶,被洋裁判视为犯规。那时并没有"红牌"制度,但雅礼中学带队的何家声老师还是立刻将他换了下来,并进行了批评!这件事给李星留下了深刻印象。

图1-3　1937年,李星学在长沙雅礼中学(高三班,南古所古植物室提供)

李星学读初中时,年龄偏大,同班同学大都比他小两三岁,学习成绩却比他好,"心里很着急,主要是语文基础不如人"[1]。在雅礼高中的3年里,李星学读书非常刻苦,除了课堂的正规学习和老师布置的作业外,也十分关注学校举办的各种活动,诸如名人演讲、学术交流,还利用寒暑假阅读了大量的中外文小说和古文,特别注意它们的章法结构和对问题的剖析与论证,同时坚持写日记。通过这些校内外的学习、训练,仅两年功夫,不但大大拓宽了李星学的知识视野,使他的语文表达能力有了很大提高,学习成绩也达到全班的中上水平。

参加"民训"

1937年冬,李星学高中毕业时,大学不招考冬季班学生,他便无书可读。当时,日本侵略军已向武汉逼近,形势不容乐观,又逢"西安事变"不久,国共合作稳定,群情激奋,全国掀起了抗战热潮。

基于"天下兴亡,匹夫有责"的古训和爱国主义教育的激励,李星学于

---

[1] 李星学:《自述》。见:《李星学文集》编辑组:《李星学文集》。合肥:中国科学技术大学出版社,2007年,第617页。

1938年春响应省主席张治中将军的号召，参加了以保乡卫国为主旨的湖南省民众训练队（简称"民训"）。经短期培训后，李星学被分配到郴县栖凤渡区诚意乡工作，该乡位于郴县最北端，与永兴县交界。李星学同时还兼任副乡长，便于开展工作。当时与他一起工作的还有县指导员陈于上和栖凤渡区训练员郑森林，他们都是北京朝阳大学学生，思想比较进步。另外有区训练员郑绍康，是中央政治大学学生。李星学到任后，工作非常积极热心，常和陈于上、郑森林两位民训员一起讨论工作。他们首先全力组织该乡农民于每日清晨5—7点及傍晚6点前后，分期分批，进行1—2小时的基本军事训练（李星学高中受过集中的军事训练）。除了做些全民抗战的时事教育外，还在乡办国民小学教体育和音乐。同时，还创办了两所以扫盲为主的成人识字夜校。

据李星学回忆，他之所以有这种全力投入，心无旁顾的精神，源于晏阳初博士受邀雅礼中学做的关于"平民教育"的讲演所致。晏阳初于1890年10月出生，中国平民教育家和乡村建设家。晏阳初早期开展平民教育运动时，认为中国的大患是民众的贫、愚、弱、私"四大病"，主张通过办平民学校对民众首先是农民，先教识字，再实施生计、文艺、卫生和公民"四大教育"，培养知识力、生产力、强健力和团结力，以造就"新民"，并主张在农村实现政治、教育、经济、自卫、卫生和礼俗"六大整体建设"，从而达到强国救国的目的，著有《平民教育的真义》、《农村运动的使命》等著作。1937年，晏阳初接到湖南省政府省主席何键的邀请，希望他协助动员3 000万普通民众参与抗日。晏阳初利用自身的社会影响力和丰富的乡村教育经验，在湖南广大地区进行抗日宣传，开展平民教育运动。

1937年春，晏阳初博士来到雅礼中学作关于"平民教育"的讲演。讲述了他抛弃在美国的优厚待遇，回到祖国，与一些志同道合的学者决定以河北定县为基地和试点，在农村推行以扫盲为主的"平民教育"运动。但是，他们的"平民教育"运动起步不久，就因日本军国主义部队的进犯而南撤，武汉危急时又南迁长沙。尽管如此，他们矢志不渝，仍继续在湖南将"平民教育"运动开展下去。

李星学办夜校的经费除部分求助于当地富绅、地主们外，主要依靠他每

图 1-4 1938 年,李星学拍摄的郴县栖凤渡区诚意乡的民训检阅
(李克洪提供)

月8元生活费的结余,教材就是采用了"平民教育"的识字课本。他独自承担着教学任务,以扫盲为主,兼做时事宣传,凡此种种,深得乡民拥戴。但是,好景不长,李星学这种倾力以赴的工作只在该乡持续了 5 个多月就中断了。因为他发现,民训工作并非如当初想象的那么纯洁简单。郴县民训总队内部就有进步与反共派别的暗斗;湖南省国民党内又有甲派、乙派之争;加上他在诚意乡后期独立进行的禁赌工作,触到了不少富绅、地主的痛处,涉及他们的切身利益,以致工作中时常碰壁,这使李星学感到灰心丧气又无可奈何,工作难以继续下去。

另外,一件意外的"民训"事件,也使李星学的工作热情倍受打击。1938年 4 月,郴县周围数十个区乡民训员齐聚李星学所在的诚意乡参观交流,并联合演出抗战歌剧"放下你的鞭子",引起了当地乡绅和一些反战官员的注意。同为民训员的郑绍康将他们告到了长沙民训总部,李星学等人组织的这次活动被扣上了"红帽子"的危险标示,甚至遭到了省委的调查。在当时反共势力猖獗的湘南,这种调查随时会断送一个爱国青年的政治前途。最终,李星学选择了辞职,他指望重走读书致用以富国强民的道路。

卢沟桥事变后,日本步步紧逼,对中国的广大地区开始大范围的轰炸和掠夺。1938 年 5—6 月,日寇已逼近湖南。李星学辞了"民训"工作后,住在长沙的四叔李世依家中。当时李世依已逃离长沙,房屋交给厨师兼黄包车夫韩师傅照管,并照顾李星学的生活。一天,同为郴县"民训"好友的何钦明前来拜访,两人谈笑间,忽听警报声乍起,不一会儿,听到飞机轰鸣声。李星学与何钦明赶到阳台上,忽见天空有耀眼的光彩并听到如布店扯开新布般的声音。他们一看情况不妙,赶快往室内跑,一进客厅,天花板的石灰块已落满一地,桌上东西歪七竖八。两人又赶紧往楼下跑,岂料大门栓上的约十公分长的铁钉已被震出大半截,门口已堆满了破碎砖瓦。原来房屋正中了一颗炸弹,它的窗墙已倒!炸弹仅一步之遥,能否保全性命全在毫厘之间。没过多久,同在郴县"民训"队工作的彭德轩跑来看望李星学,也险遭不测。此次轰炸为日寇第一次轰炸长沙,主要目标是小吴门火车站,顺便向城内丢了几个 50 磅的小炸弹。如果当时丢下的是重磅炸弹,后果则不堪设想。

此次遇险经历,更加坚定了李星学科学救国、知识富民的信念。但是,因"民训",学习已荒废了将近半年时间,李星学在 1938 年夏季的全国高校统一招考中名落孙山,有些平时成绩不如他的同学倒是榜上有名。一气之下,他又想投笔从戎,去报考国民党的军校,幸亏一位中学老师开导他:"胜败乃兵家常事,只要勤奋努力,总有成功之日"。这番话给青年李星学很大启发,他决定留在长沙的叔叔家里继续复习功课。当时长沙有个著名的食品商店叫"九如斋",李星学就将他的卧室起名为"三三斋",并且把"三抓"和"三不"的条幅贴在门后。"三抓"意为数、理、化抓基础,语文、英语抓多练,其他课程抓要点;"三不"意为不逛街、不会友、不贪睡。就这样,经过数月闭门苦读,之后报考金陵、同济大学的物理、医学系时,李星学都取得了成功。"闭门苦读数个月,金榜喜讯款款来",这次成功使李星学更加明白了勤能补拙的道理。

"民训工作虽使我在 1938 年全国高校统考中落榜,但我至今仍无怨无悔,它毕竟是我少年时代最值得怀念的一段生活历程[①]"。

---

① 李星学:《自述》。见:《李星学文集》编辑组:《李星学文集》。合肥:中国科学技术大学出版社,2007 年,第 617 页。

第二章
结缘地质古生物学(1938—1942)

高中课程中,李星学最感兴趣的是物理和地理。从家族渊源来说,他倾向于学医,除了祖父辈外,他的舅舅也是医科大学毕业的。但是,诸多事件的阴差阳错,使他最后走上了地质古生物科研工作道路。

二舅朱森

朱森,李星学的二舅,终生从事地质事业,李星学科研工作的第一位领路人。

朱森1902年生于湖南郴县一个中产家庭,他自幼聪明好学,20岁中学毕业。1928年,朱森以优异的成绩毕业于北京大学地质系,后受聘于中央研究院地质研究所。他在该所工作了6年,先后单独或与他人合作发表了10多篇重要文章。1929年,朱森发表了《江苏西南部山脉之研究》一文,对下石炭统地层作了进一步的详细划分,创立了"高骊山砂岩"、"和州石灰岩"这两个地层名称。1930年,他又与李四光联名发表了《栖霞灰岩及其相关地层》(英文)一文,对中、下石炭统地层作了进一步细分,创立了"金陵石灰岩"、"黄龙石灰岩"这两个地层名称。1933年,他出版了《金陵石灰岩之珊瑚和腕足类化石》这一专著，描述详细，图版清晰，共记载了珊瑚化石 3 属 8 新种，腕足动物化石 11 属 23 种，其中有 1 新亚属——"始分喙石燕"和 12 个新种，此书堪称朱森在古生物学上的代表作。

在构造地质学、大地构造学方面，朱森也是成就卓著。他 1932 年调查皖南地质时，曾发表了《记安徽南部海西运动幕》（英文）一文。同年，他调查广西地质时，发现下石炭统燕子组与上泥盆统地层间不整合，因而创立了"柳江运动"这一地壳运动名称。1934 年，他与李捷联名发表了《广西中部马平市附近地层并记述〈马平石灰岩〉》（英文）一文，对"柳江运动"作了进一步的说明，并附有地层剖面与素描。同年，他与李毓尧联名发表了《湖南宜章艮口之地质及其与南岭造山作用之关系》（英文）一文，创立了"湘粤运动"、"艮口运动"这两个地壳运动名称。

朱森参加李四光领导下的对宁镇山脉地质研究的大项目，得到了极其重要的成果，堪称该地区区域地质学的权威性著作。1932 年，朱森与李四光联名出版了《南京龙潭地区地质指南》一书，该书中英文对照，并附有 1 幅 7 500 分之一的彩色地质图，是研究该区地质的重要工具书。朱森与李毓尧、李捷合写的巨著——《宁镇山脉地质》一书于 1935 年以《国立中央研究院地质研究所集刊第十一号》的形式出版，该书图文并茂（共 387 页，附 6 图版、20 照相图版、79 插图），阐述透辟，深得地质学界赞许，该书中又提出了"茅山运动"、"金子运动"、"南象运动"3 个地壳运动名称。

1934 年，朱森得中华文化教育基金会资助，远涉重洋，留学于美国哥伦比亚大学。1936 年初获哥伦比亚大学理学硕士学位。1936 年秋，他离美赴英，后经比利时到德国，与当时留德的同班同学李春昱相会，共同考察德国地质。后完成了《中国造山运动》（英文）一文。

1938 年，朱森赴重庆大学任教。1941 年夏，他接任了中央大学地质系系主任一职，并商请重庆大学地质系教授俞建章主持重庆大学地质系系务之后，到中央大学上任，同时也在两校

图 2-1　著名地质学家朱森（南古所古植物室提供）

兼课。上任不久，他带领学生去野外实习，中央大学、重庆大学两校都给他家送去了一个月的平价米 5 斗。朱夫人文化水平不高，未问清情由就收下了。后来，别有用心的人向教育部与粮食部告密，诬指朱森重复领平价米，教育部部长陈立夫竟下通令给朱森记大过一次处分。朱森一生清廉，平白遭人诬陷，内心愤懑，情急之下旧病复发，抢救无效，于 1942 年 7 月 6 日郁郁而终，终年 40 岁。同年 10 月 25 日，在中央大学大礼堂隆重举行了朱森先生追悼会，会场四壁挂满愤怒哀悼之词，朱森的同事、好友在讲话中声讨这种迫害行为。

朱森的推荐

李星学从小便受到了朱森的影响，童年时代最喜欢做的事情，就是到后山的松树林里玩游戏或拾蘑菇。他常常在荆棘丛生的瑶岭小区，追随朱森，看着朱森爬山打石头，采化石，久而久之触动了他的好奇心。从小和大自然的亲近成为他以后从事地质古生物研究的天然纽带。李星学 10 岁那年，在北京大学地质系读书的朱森回到了家乡。有一次，李星学跟他上山看石头、采化石时，见他采集了几块菊花状的珊瑚化石，非常好看，于是他便将朱森丢下的一大块化石藏在了床底下。想不到后来朱森写信要求他把这块化石寄去作研究之用，这块化石就是朱森后来发表的论文"湖南郴县瑶林之上古生代地层及动物群"的基本材料之一。这或许是李星学对古生物感兴趣的萌芽。

1938 年秋，李星学以优异的成绩同时考取了同济大学医学系和金陵大学物理系。在举棋不定时，李星学路过重庆，向二舅朱森征询是去成都金陵大学学物理，还是去宜宾李庄进同济医学院，朱森极力劝他改学地质，并介绍他到重庆大学地质系攻读地质学专业。就这样，在朱森的帮助下，李星学到重庆大学地质系借读。由于其勤奋努力的表现和优异的成绩，得到了重庆大学的认可，不久就成为了正式的地质系学生，从而开始了他的地质古生物学习生涯。

后来,当有人问及李星学所从事的专业是自己选择的,还是受长辈、朋友的影响,他的回答是:主要是受舅舅朱森的影响而从事地质古生物工作的。1942年,当李星学大学毕业时,朱森在他的大学毕业纪念册上手书:吾道有传矣。这句话一直鼓励李星学把地质古生物事业作为自己终生的奋斗目标。任何社会上的纷纭纠葛都动摇不了他的决心,都能以宁静的心态和淡泊名利的思想对待,尽量减少对自己科研工作的干扰。大学四年中,朱森的爱国主义热忱、正直不阿与洁身自好的崇高品德、渊博的地质学基础知识、精湛的野外地质功底、勤奋苦思和严谨治学的优良学风,以及他为培育地质人才和发展中国地质科学事业而呕心沥血的敬业精神,给了李星学极其深刻的印象和深远的影响。

就读重庆大学地质系

重庆大学1929年成立,主校区位于重庆市沙坪坝嘉陵江畔,学校享有"嘉陵与长江相汇而生重庆,人文与科学相济而衍重大"的美誉。1934年,蒋介石偕夫人宋美龄到沙坪坝视察重庆大学后,赞叹学校"颇有蒸蒸日上之势"。抗战时,蒋介石甚至准备把重庆大学办成中国的"剑桥"。1937年抗战爆发,重庆大学大力整合教育资源,学校建设飞速发展,大师云集,盛名中外,1935年成为四川省立大学,1942年确立为国立大学,成为民国时期"十大国立大学"之一。该校地质系师资力量雄厚,除了朱森,著名地质学家俞建章[①]、黄汲清、李春昱等也先后担任地质系的系主任或兼职教授。该系这一时期的毕业生诸如周明镇、李星学、盛金章、侯祐堂等后来都成为中国地质科学事业的骨干栋梁。

---

① 俞建章(1898—1980),安徽省和县人,地质学家。参见程裕淇、陈梦熊:《前地质调查所(1916—1950)的回顾》。北京:地质出版社,1996年。

图2-2　1940年,李星学(右)与同窗陈厚逵在重庆大学地质系岩矿实验室用显微镜鉴定岩矿薄片(南古所古植物室提供)

抗日战争年代,烽火连天,"国统区"民不聊生,生活之清苦,野外之艰辛,自不待说。与李星学一起的20多位同窗学友,大多受不了这份辛苦,耐不住这份寂寞,先后分道扬镳了;李星学与另外3位则"衣带渐宽终不悔"地挺了过来,直到毕业。

大学期间,数、理、化是基础课,只求对课堂教学的一般理解。地质、岩矿、古生物、地史则是地质系的专业课程。除课堂学习外,李星学还要参考许多相关资料,以便深入了解。重庆地区夏天酷热难耐,李星学也经常不休息,几乎所有的时间都用于学习,因而四年的学业成绩优良。1941年,他在导师李春昱教授的指导下,完成了《川陕交界区大巴山东段的地质考察》的毕业论文,并于毕业后顺利考入原重庆中央地质调查所——当时中国地学界人才汇集最多的地方。李星学大学二年级时,经朱森、吴景桢的介绍,成为中国地质学会会友,当时称为预备会员,担任财务委员会助理员,毕业后即转为会员。

1940年10月,中国地质学会设立奖学金,章程规定:为奖励学生努力研究工作,提高兴趣,更求精进起见,设学生奖学金。各大学地质系四年级学生均可将调查报告或研究论文于每年7月份寄至理事会,审查及格者可获得奖学金。奖学金于1941年开始,至1948年共发放了5次,李星学曾两次获此殊荣。其中1945年,李星学与同窗好友谢庆辉、周泰昕、陈厚逵合撰的研究论文《南川西南部之古生代地层》[①],荣获中国地质学会第一届陈康奖学金。另外,值得一提的是,李星学与这些学友不仅在科研道路上一起奔跑,他们也把彼此看作人生路上永远的朋友。后来,谢庆辉成为河北涿州地质

① 《地质论评》,10(5-6):283-301。

图 2-3　1946 年,李星学(右一)与大学同学谢庆辉、周泰昕、陈厚达在重
庆合影(南古所古植物室提供)

局总工程师,周泰昕成为江苏省地质局总工程师。进入暮年之后,他们仍然
保持着联系,每逢过年过节,都会互致问候,表达对老友的惦念之情。

　　此外,通过聆听李四光、黄汲清、杨钟健[1]等大师们的学术讲座和专题报
告,目睹朱森、李春昱、俞建章等前辈们刻苦钻研的学习精神,感受他们无微
不至的关怀,李星学体会到榜样的力量,特别是舅舅朱森不但课堂认真负
责,课后还亲自带李星学和同学们到野外,进行野外作业指导。1941 年 3
月,李星学作为中国地质学会会友,在重庆参加了中国地质学会第十七届年
会,会后在朱森的带领下,与重庆大学黄声求、谢庆辉、刘增乾等同学会友参
加了华蓥山地质旅行,观察了重庆华蓥山、嘉陵江小三峡、南川、涪陵等地质
剖面和相关地貌矿产等。这些宝贵的经历支持着李星学在以后的科研道路
上不断前进。

　　在众多的导师前辈中,不得不提及黄汲清。黄汲清是蜚声海内外的大
地构造学家、地层古生物学家、石油地质学家,同时又是中国地质制图事业

---

[1]　杨钟健(1897—1979),陕西省华县人,地质、古生物学家。参见程裕淇、陈梦熊:《前地质调查所
　　(1916—1950)的回顾》。北京:地质出版社,1996 年。

和古地理学研究的开拓者。他早年留学于瑞士浓霞台大学,师从著名大地构造学家阿尔冈(E. Argand)教授,并于1935年获得理学博士学位。1936年回到国内,任前中央地质调查所地质研究室主任。1937—1940年,升任代所长、所长。1948年,他被选为前中央研究院院士,1955年,当选为中国科学院生物地学部学部委员(院士)。黄汲清在中国二叠纪古生物研究方面做出了重要贡献,尤其对中国南部二叠系地层进行了系统深入的研究和全面总结,开创了我国地质界对一个系进行系统研究的先河。他在1932年12月就出版了专著《中国南部之二叠纪地层》,之后又陆续发表了有关中国二叠纪或煤炭资源的著述6篇,并一直关注中国二叠纪的陆相或非海相含煤地层及植物化石研究。

另外,黄汲清还是朱森大学的同窗好友,有亲如兄弟的情谊,与李星学家族是世交。1928年夏,时任北京大学地质系教授的翁文灏指派朱森与黄汲清共同研究京西羊坊花岗岩,并写出调查报告。两人在野外工作中建立了深厚友情,黄汲清还作诗一首赠与朱森,以表达志同道合的雄心壮志。所以,除了朱森,黄汲清在学术上也给予李星学较大影响。黄汲清曾在地质考察中多次表示,对地质现象要"画图、画图再画图,小结小结再小结",工作要认认真真、一丝不苟、下苦功夫,且在研究中要"把问题杀死"①。这些来自长辈、老师的耳提面命,让李星学铭记在心,终身受益,深刻影响了他几十年的学术生涯和行为处事。

李星学在此后的研究道路上,尤其关于石炭、二叠纪地层及其植物化石的研究,黄汲清的相关论著成为他案头必不可少的参考文献。1963年李星学与盛金章合著的《中国石炭系与二叠系的分界》、1985年李星学与西藏地质队的吴一民等人,合作撰写的《西藏改则县夏岗江二叠纪混合植物群的初步研究及其古生物地理区系意义》②、1995年由李星学主编的《中国地质时期植物群》等论文和专著中,都吸收和引用了黄汲清的学术观点。2004年,李星学在纪念黄汲清100周年诞辰时,专门撰文《黄汲清先生对中国二叠系研

---

① 王仁农:《李星学:一部浓缩的中国古植物学发展史》。《人物》,2009年,第7期,第76页。
② 《古生物学报》,24(2):150–170。

图2-4　1994年3月,庆祝黄汲清90寿辰留影(后左四为李星学,南古所古植物室提供)

究的重要贡献》,系统介绍了黄汲清对中国二叠系地层及古生物学研究的杰出贡献。

另外,重庆大学地质系李春昱教授在李星学大学期间也给予了他很多指导。1942年,在李春昱教授的指导下,李星学完成了《川陕交界区大巴山东段的地质考察》的毕业论文。

李春昱,河南汲县人(1904年5月8日—1988年8月6日),区域地质、构造地质学家。1928年毕业于北京大学,1937年获德国柏林大学博士学位,为中国科学院地学部学部委员。曾任中国地质科学院地质研究所研究员,早年与谭锡畴在四川盆地和川西高原进行长期地质矿产调查。20世纪30年代,又领导并参加四川地质工作,预测的中山煤矿,后经钻探得到证实。1933年出版的《四川石油地质概论》,成为我国最早研究四川石油地质的著作。20世纪40年代领导了原中央地质调查所工作。50年代领导了陕西煤田地质勘探工作。60年代参加组织领导全国区域地质调查工作,有诸多贡献。70年代倡导并参加中国内地的板块构造研究,与他人一起于1973年首次在中国发现混杂堆积,并见到兰闪石片岩,肯定了古生代以来的板块构造运动。他还建议并主持参加1∶500万亚洲地质图的编制,领导亚洲大地构造的研究,其成果得到国际好评。李星学在后来的研究工作中,阅读了大量李春昱的文献,在由李星学主编、1995年出版的《中国地质时期植物群》等著作和论文里,参考和引用了李春昱的构造地质等理论。

多年来,李星学不仅在学术上虚心接受老师们的教诲,而且他把这种长期积累起来的、深厚的师生情谊也带到了生活中。据李星学次子李克洪回忆,李星学每次去北京出差,都会一一拜访这些老师,表达心意。即便在进入暮年之后,他也从未改变。1996 年,中国科学院院士、古生物学学家卢衍豪病重垂危期间,80 岁高龄的李星学特地赶往医院看望,他在 11 月 22 日的日记中这样写道:"他静静地仰卧在床上,鼻孔插着管子,眼睛似睁似闭,呼他无反应……其女说,近来还算好些,有时清醒能认识人。前几月左侧手足全无知……我们站立几分钟,只好默默而别……"。

随着尹赞勋[①]、黄汲清、李春昱、杨钟健等老一辈的逝去,李星学并不因此就中断了这些师生情谊。长期以来,他和黄汲清等人的子女们都保持着良好的关系,延续着父辈们的情谊,大家有了困难,都喜欢找"李哥哥"(李星学)帮忙解决。

校外的社会经历

在炮火连天的战争岁月里,李星学不仅承受了学业繁重、生活艰苦的双重压力,还面临着随时可能遭遇炮火轰炸的生命危险,这些生死关头的重要经历极大地磨炼了李星学的意志品格,为他以后从事艰苦的野外地质工作打下了坚实的基础。

从 1938 年 10 月起,日军占领广州、武汉后,抗日战争进入敌我双方战略相持阶段。根据日本大本营的命令,海陆空部队协同在中国各地进行战略、政略的航空作战。因此,自侵华战争以来直接以协助地面作战为重点的航空兵团转向重点攻击中国内地的战略要地。自 1938 年秋开始,日本即依仗

---

① 尹赞勋(1902—1984),河北省平乡县人,地质学家、古生物学家。参见程裕淇、陈梦熊:《前地质调查所(1916—1950)的回顾》。北京:地质出版社,1996 年。

其空军优势,对我国后方地域城市进行连续不断的空袭,特别是对云南进行狂轰滥炸。从 1938 年 9 月 28 日日本帝国主义首次空袭云南,至 1944 年 12 月 26 日最后一次空袭,云南人民遭受日机野蛮空袭长达 6 年多。

1941 年 7—8 月间,李星学暑期去昆明看望父母(期间其父调至联合国难民署驻昆明办事处工作),恰逢李父在外出差,日寇轰炸机每天从越南等地于上午 11 时前后飞昆明袭扰。当时李星学的母亲和弟弟李兴汉住在昆明郊区,离市区大约半小时路程,是一栋两层的瓦房民居,侧旁是水稻田,小村尽头有一个歇脚的小亭子。

一天上午,李星学与弟弟到堆稻草的谷坪上玩耍,当时还有一对中法大学的教师夫妇自城内到此躲避轰炸,他俩依坐在李星学对面的一个稻草堆旁。不多久警报拉响,日机轰炸声自远而近,片刻间就看到一两架飞机在村头盘旋,李星学对弟弟说,不妙,恐怕要投炸弹,快回去。话刚说完,他就感到脚下抖动了一下,身旁稻田里的水溅出好高一片,眼前一阵模糊,等他再睁开眼睛,发现身上溅满了泥水,而对面那对夫妻却不见了。半晌,才看见稻草堆顶部伸出一只手,在往外扒泥巴,不多久两人伸出头,喘着气喊救命!李星学和弟弟急忙跑过去,帮助夫妻俩扒泥,可是人单力薄,半天也扒不出多少泥。李星学又跑回村里,喊来村民们一起帮忙,最终合力将两人救出。后来,李星学才明白,当时遭遇的可能是一枚小炸弹,或者是大弹片落在了那对夫妇身旁,泥土被掀起然后压在他们身上。而李星学当时所在的水田的水成片状溅起,表明飞行的弹片经过头顶斜坠入水田中,那对夫妇和李星学他们正处在小炸弹爆炸会飞落的始点及终极点死角保险区内,故幸免于难。

与死神的擦肩而过,并没有吓倒李星学,反而激励了他的斗志,时刻提醒他努力学习,在科学救国的道路上义无反顾地走下去。

第三章
在原中央地质调查所的经历(1942—1949)

　　李星学的地质古生物工作始于 1942 年夏天的重庆中央地质调查所，1946 年转入南京中央地质调查所(下称"地调所")工作。在中央地调所工作、生活了 7 年，历任练习员、技佐和技士等职。这不仅是李星学正式步入社会的起点，也是他长期从事地质古生物研究的源头，对他的影响之大，终生难忘。可以说，这是奠定李星学的专业基础，养成求实——探索——创新的思维方式的关键时期。

关于原中央地质调查所

　　近代早期的地质调查工作，主要开始于外国的地质学家，其中较为著名的有美国人 R. Pumpelly，德国人 Richthofen 等，对中国的地质研究起到了先导作用。辛亥革命成功后，1912 年，孙中山组织了临时政府，在实业部矿务司设置了地质科，由毕业于东京帝国大学地质系的章鸿钊主持，这是中国政府首次出现管理地质事业的专门机构。中国的地质事业从此发端。1913 年 9 月，地质科改称农商部地质调查所，规划和总管全国的地质调查工作，由自英国学习地质归来的丁文江任所长。同时设立了地质研究所,实为培养地质人才的讲习所,由章鸿钊任所长,并开始招收学员,独立培养地质学人才。早期学员叶良辅①、谢家荣②、王竹泉③等人后来都进入地调所,成为我国最老一辈的地质学家。

1916 年 7 月,地调所正式启动。从此,中国有了自己的地质专业队伍并开始实际工作。这支队伍当即在全国范围内进行地质图测绘,煤矿调查、岩石、古生物、矿物的采集研究。1928—1930 年是地调所的一个重要发展时期,先后成立了古生物研究室、新生代研究室、沁园燃料研究室、矿物岩石研究室、地震研究室、土壤研究室等新单位。除此之外,还成立了地质图书馆与地质矿产陈列馆。随着各研究室的建立,各个领域都涌现出一批新的著名地质学家,如地层古生物学家李春昱、孙健初④、尹赞勋、潘钟祥⑤、岩矿专家程裕淇⑥、王恒升⑦,地球化学家金开英⑧,矿床学家谢家荣、王竹泉,测绘专家曾世英⑨,古脊椎动物学专家杨钟健、贾兰坡⑩,地震专家李善邦⑪,土壤

---

① 叶良辅(1894—1949),浙江省余杭县人,地质学家。参见程裕淇、陈梦熊:《前地质调查所(1916—1950)的回顾》。北京:地质出版社,1996 年。

② 谢家荣(1898—1966),上海市人,地质学、矿床学、石油地质学、煤岩学家。参见程裕淇、陈梦熊:《前地质调查所(1916—1950)的回顾》。北京:地质出版社,1996 年。

③ 王竹泉(1891—1975),河北省交河县人,地质学家、煤田地质学家。参见程裕淇、陈梦熊:《前地质调查所(1916—1950)的回顾》。北京:地质出版社,1996 年。

④ 孙健初(1897—1952),河南省汉阳县人,石油地质学家。参见程裕淇、陈梦熊:《前地质调查所(1916—1950)的回顾》。北京:地质出版社,1996 年。

⑤ 潘钟祥(1906—1983),河南省汲县人,石油地质学家、古植物学家。参见程裕淇、陈梦熊:《前地质调查所(1916—1950)的回顾》。北京:地质出版社,1996 年。

⑥ 程裕淇(1912—2002),浙江省嘉善县人,地质学家、岩石学家和矿床学家。参见中国地质学会《地质论评》。北京:科学出版社,2013 年 01 期。

⑦ 王恒升(1901—2003),河北省定县人,地质学家、岩石学家和矿床学家。参见中国地质学会《地质论评》。北京:科学出版社,2003 年 06 期。

⑧ 金开英(1902—1999),浙江省吴兴县人,石油学家。参见中国石油学会《金开英先生百年诞辰纪念文集》。北京:中国石油学会,2001 年。

⑨ 曾世英(1899—1994),江苏省常熟市人,中国现代地图学与地名学先驱。参见程裕淇、陈梦熊:《前地质调查所(1916—1950)的回顾》。北京:地质出版社,1996 年。

⑩ 贾兰坡(1908—2001),河北省玉田县人,旧石器考古学家、古人类学家、第四纪地质学家。参见刘东生:《做科学的主人——纪念贾兰坡院士》。《第四纪研究》,2001 年 06 期。

⑪ 李善邦(1902—1980),广东省兴宁县人,地球物理、地震学家。参见程裕淇、陈梦熊:《前地质调查所(1916—1950)的回顾》。北京:地质出版社,1996 年。

专家侯光炯[①]、李庆逵[②]等,他们为我国地质科学的发展都做出了重要贡献。

1935年,南京珠江路新所址落成,地调所从北平迁至南京。1937年抗日战争全面爆发,地调所仓促随国民政府西迁,1938年在重庆北碚建立了新基地。1941年地调所正式定名为中央地质调查所。虽然当时政治、经济情况都十分艰难,大部分地质人员仍克服了种种困难,积极参与野外考察和室内研究。1945年抗战胜利,中央地调所迁回了南京。1949年新中国成立后,全国地质工作实行统一领导。1950年8月,中央决定成立中国地质工作计划指导委员会,全国地质机构开始实行大调整,地调所正式宣告撤销,完成了它的历史使命。

图3-1　1939年的重庆北碚地调所办公楼(引自《前地质调查所(1916—1950)的历史回顾》)

1942年7月—1949年4月,李星学在地调所工作了7年。这7年也是地调所在饱经战乱中,克服重重困难,在地质科学各个领域蓬勃发展的时期。

首先,严格选拔地质学人才。地调所除了拥有极其丰富的图书、标本、

---

① 侯光炯(1905—1996),江苏省金山人,土壤学家。参见程裕淇、陈梦熊:《前地质调查所(1916—1950)的回顾》。北京:地质出版社,1996年。
② 李庆逵(1912—2001),浙江省宁波人,土壤学家。参见赵其国:《深切的缅怀,毕生的崇敬》。《土壤》,2012年02期。

仪器设备和相应的技术人员之外，还汇集了当时全国地质界半数以上的精英人才，堪称是中国地质界高层次的科研机构和人才培养中心，是当时令人，特别是中青年地质人员羡慕和向往的处所。它对中、青年学者的录用有一套严格的甄选办法，不是什么人都可以轻易进去的。除了少数人是经地质界著名学者的特别举荐，大多数要通过每年夏季一次的严格考试。李星学就是经过这样层层选拔，成为当年少数的幸运儿，进入了地调所。

对于新进人员，通常要先安排他们到图书馆、标本室等部门做些整理图书、标本和登记编号或制卡片等工作，让他们在实践中逐步熟悉和体会这些平凡但不可或缺的辅助工作的艰辛与重要，磨炼其不畏困难的毅力和团结协作的精神。此外，对进所一两年后的青年人，还常采用近似师生结对的培养工作方式。不论野外调查或室内研究，年长者有责任无偿地将他擅长的学科知识、学习心得与成功经验传授给年轻一代，年轻人则在虚心接受长者指导的同时，多做些辅助工作，以减轻年长者对繁琐事物的精力。这种尊师爱生、互帮互学的良好风气，促成了早出成果，快出人才的结果。当室内工作不多时，地质所领导或长者常指定某一外文专著或教科书给年轻人阅读，并要求写出书评或有关专题的心得体会。李星学就曾在《地质论评》上发表过此类文章。"这种训练非常有利于提高外语水平、综合分析能力，加速掌握系统专业知识以及学习如何进行论文写作。无论有无公开发表的机会，对年轻人的成长都有帮助，因为这小小的起点，将成为今后开展高层次科研工作的预习[①]"。在地调所工作一段时间之后，李星学不仅适应了这里的人才培养模式，对于所做的研究工作也有了更深入的认识和感想。

其次，面临动荡的政治社会和艰难的生活条件，地调所科研人员却能坚守岗位，专心研究。特别在 1949 年春，南京面临解放，人心惶惶不安之时，全所职工仍能团结一致，对国民党政府迁台的命令，虚与周旋、拖延，直到人民解放军进城，将一个几乎包括人员、财产和图书设备等在内的完整的地调所交给人民政府。根据李星学的回忆，"地调所之所以能为人民做出这一重大

---

① 李星学：《难忘的中央地质调查所》。见：程裕淇、陈梦熊：《前地质调查所(1916—1950)的历史回顾——历史评述与主要贡献》。北京：地质出版社，1996 年，第 183 页。

贡献,除了当时所内有些思想进步人员组织起了'护所抗迁'的重要作用外,与当时所领导层一些著名老科学家团结一致,反对迁台并且全家老小稳居所内不动做出了很好的榜样,起了很大的安定作用有关①。"另一方面,地调所内没有政治纷争的干扰,大家可以专心致志搞科研,是地调所蓬勃发展的重要因素。抗战后期,蒋介石政府为了加强统治,指令各级政府机构必须设立一个3人中统特务组织。为了应对这一指令,李善邦、李春昱、高振西3位老国民党员,不顾个人安危,秘密商量后竟自行填表加入中统,随即组成了地调所中统3人小组,用来抵御外派特务的干扰和胡作非为,保证了地调所正常的学术空气和安宁的工作与生活环境②。他们迫于形势的计谋,可谓用心良苦。

再次,榜样的力量。1942—1949年间由李春昱担任地调所所长,有关所里的重大事务与决策,他都虚心请教黄汲清、尹赞勋两位前任所长和其他一些资深老科学家。虽然大家的政治信仰、专长、学术观点存在差异,但在维护集体利益,促进中国地质事业的长远发展等重大问题上,他们却能够顾全大局,团结无隙,给地调所树立了良好的学术风气。另外,杨钟健、黄汲清、尹赞勋等国际知名科学家,当时多兼任地调所研究室主任,但每月薪俸却难以养家糊口,以致尹赞勋不得不忍痛出卖他工作经常参考的原版的Zittel的古生物教科书,黄汲清也把追随他数十年的Leica相机转卖给了拍卖行,杨钟健则因受一患心脏病幼儿医药费之累,常常因借贷无门而唉声叹气不已。尽管如此,他们潜心于专长的研究,对中、青年同仁的培养和对所务大事的关心,从不懈怠。李星学在"难忘的中央地质调查所"一文中说:"虽然这些老科学家、老前辈、地调所的功臣们都已逝世,但他们谦逊的音容形貌,不畏艰苦、勇攀高峰,为科学而献身的敬业精神,严谨的学风,待人宽、律己严的高尚品德,都像盏盏明灯,永远照亮我们后学者探索科学奥秘,追求真理的道路③"。

---

① 李星学:《难忘的中央地质调查所》。见:程裕淇、陈梦熊:《前地质调查所(1916—1950)的历史回顾——历史评述与主要贡献》。北京:地质出版社,1996年,第183页。

② 李星学:《难忘的中央地质调查所》。见:程裕淇、陈梦熊:《前地质调查所(1916—1950)的历史回顾——历史评述与主要贡献》。北京:地质出版社,1996年,第183页。

③ 李星学:《难忘的中央地质调查所》。见:程裕淇、陈梦熊:《前地质调查所(1916—1950)的历史回顾——历史评述与主要贡献》。北京:地质出版社,1996年,第183页。

图 3-2　曾担任地调所所长的黄汲清、尹赞勋和李春昱(从左至右)(引自《前地质调查所(1916—1950)的历史回顾》)

　　最后,在古植物学方面的重要成就和贡献。虽然古植物学在地调所的各分支学科中是个弱项,但斯行健、潘钟祥等人经过努力,极大地推动了中国古植物事业的发展。早在 20 世纪 20 年代,地调所地质人员在国内各地进行地质调查时采集到大量的植物化石标本,由于当时国内没有专人研究古植物学,地调所领导丁文江只好将化石标本寄给瑞典国家博物馆 Halle 教授,托他代为鉴定。Halle 教授据此发表了系列文章,引起了国际学术界对中国植物化石的高度重视。此外,瑞典国家博物馆还有许多未经 Halle 正式研究的植物化石标本,其中一部分后来曾经中国古植物学者斯行健研究发表,他依据的原始材料均出于地调所老一辈地质学家的辛勤采集。饮水思源,地调所的采集者功不可没。这些曲折的事例后来让李星学逐步意识到肩上的责任,必须尽快提高自身研究水平,否则,中国古植物学的命运就掌握在外国人手里。

研究室的同事们

　　大学毕业后,李星学面临着新的选择:若进"资源委员会",无论是待遇还是地位,都令人羡慕。"资源委员会"是当时国民政府下属的一个专门负责工业建设的机构。抗日战争期间,"资源委员会"大力发展工业企业,统辖了国内大部分石油、金属矿产、钢铁、电力、煤炭、机械等领域,翁文灏时任"资源委员会"秘书长,无论专业应用还是人事关系,此机构与中国地质学界都存在密切关系。另外,当时的社会潮流认为学经济学专业最吃香,因为经济学专业的学生毕业后大多留在收入较高的银行等金融部门。即使在地质学领域,大家也愿意从事和经济挂钩的工作。李星学经过慎重考虑,谢绝了"资源委员会"的邀请,毅然考入地调所,把自己的命运和地质学专业紧紧地联系在了一起。众多的国际知名地质学家、浓厚的学术氛围、丰富的藏书、先进的仪器设备等雄厚的科研力量吸引青年李星学投入其中,他对自己的未来充满了信心。

1942 年 7 月,李星学正式进入地调所。除了日常的学习任务,他还被安排协助所里其他老师进行标本管理、野外考察等工作,先后随尹赞勋、边兆祥等人赴四川、陕西、宁夏、内蒙古等地实地考察,在实践中不断提高学习能力。

进入北碚中央地质调查所之后,李星学除了钻研业务知识,还积极参加各种业余活动,和同事们相处融洽,大家称他为"热心人"。他与陈梦熊、陈康住在同一宿舍,三人关系非常亲密。

图 3-3 李星学在地调所的寝室留影(南古所古植物室提供)

李星学与陈梦熊同时入所,但他先到,所以负责接待了陈梦熊。陈梦熊与李星学同岁,1942 年毕业于西南联合大学理学院地质地理气象学系。相似的治学经历和工作环境,使陈梦熊与李星学拥有了许多共同语言,两个年轻人就此结下了终生的深厚友情。陈梦熊 1949 年以前曾经担任国民政府经济部地调所技佐、技士。新中国成立后历任中国地质工作计划指导委员会工程师,地质部宝成线工程地质队主任工程师,地质部水文地质工程地质局主任工程师、副总工程师等职务,1991 年当选为中国科学院院士。陈梦熊从20 世纪 40 年代开始从事地质调查与研究工作,从事地质学研究 60 余年,发表了大量的学术研究论著,并撰写了大量的地质考察报告。

另一位舍友陈康在地调所工作了两年,专事中生代化石研究。陈康1941 年毕业于广东省文理学院博物系,他的毕业论文《广东连县东部之地质》受到杨钟健、黄汲清、李承三等专家赏识,被推荐到地调所工作,著有《贵州西南部三叠纪》《贵州青岩化石之检讨》等论文。1944 年随许德佑、马以思在贵州野外考察中遇难。陈康去世后,李星学撰写了《陈康先生传》发表于《地质论评》上,悼念昔日同舍好友。同年中国地质学会建立了“陈康奖学金”,1945—1949 年共评奖 5 次,李星学为第一批获得者。

1944 年 3 月底,时任中国实业部地调所技正(当时的一种官衔)兼古生物研究无脊椎生物组主任的许德佑,奉命到贵阳筹备并出席中国地质学会第二十届年会。许德佑,1930 年获得复旦大学文学学士学位,同年到法国蒙伯里大学地质系学习,获得硕士学位。后去巴黎大学古生物研究室学习甲壳类化石和珊瑚化石,并在法国地质学会会刊上先后发表了《撒哈拉西部的石炭纪珊瑚化石》和《法国 Tanout 的甲壳化石》论文。1935 年夏回国,在地调所工作,任无脊椎动物研究组主任,主要研究湖北的三叠纪地质,后研究西南地区的三叠系。1940 年获中国地质学会第九次纪念赵亚曾研究补助金。1941 年兼任复旦大学史地系教授,1942 年被推为中国地质学会助理书记和会志编辑,1944 年获前中央研究院第二次丁文江纪念奖金。许德佑从事地质工作时间不长,但足迹遍及江苏、湖北、湖南、广西、云南、贵州、四川地区;著述很多,共 89 篇,关于地层古生物的 31 篇。许德佑青年成才,他的关于南方三叠纪化石和地层方面的著述至今仍为许多地质工作者引用。

4 月初,中国地质学会会议闭幕后,许德佑与前来出席会议的助手陈康、马以思一道,在国民政府经济部中央地质研究员侯学煜先生的带领下,一行 4 人从贵阳出发,乘车前往贵州西部地区的关岭、盘县、普安、晴隆进行野外地质考查和标本采集工作。四人中,唯有马以思是女性,她是四川成都人,1918 年出生。1938 年高中毕业升入大学选修班,因学业成绩优异保送中央大学理学院地质系。学习生涯中考第一名达 28 次,先后获上海银行奖学金和国民政府林森主席奖学金。1943 年以优异成绩考入地调所,在许德佑指导下研究古生物学,精通中、英、日、俄、德、法 6 国语言。

他们在关岭县境内发现了十分珍贵的、距今两亿五千年的古生物化石。在此他们进行过多次海百合化石等标本采集,著有《贵州西南部三叠系》一书。

17 日,许德佑等一行到达盘县,然后分成两路;侯学煜奔兴义、贞丰一线。许德佑等 3 人返回,准备沿普安、晴隆、郎岱一线考察。21 日,许德佑、马以思、陈康 3 人在食无荤腥,行无车马,土匪如毛的环境下,抱着科学救国的理想,置生死于度外。辗转进入普安罐子窑(原兴中乡),在此处做休整。

在普安县罐子窑镇一所小学校附近,当许德佑 3 人休息时,其中一人拿出在关岭新铺采集到的一块石头与当地老百姓闲聊时说:"你们信不信,这里面有螺蛳。"他用力一砸,里面果然出现了一枚螺蛳形状的化石。当天,恰逢兴中乡赶集,围观人群顿时惊呼起来,都认为这 3 位地质专家有探山取宝的本领。围观人群中已有匪徒混在内,地质专家"探石取宝"的本事和几大挑行李被当地匪帮得知。其实,许德佑 3 人的行踪早已被当地匪首易仲山的探子谭伯忠得知。易仲山更按捺不住了,便立即部署抢劫计划。趁许德佑等人雇请挑夫的机会,命匪徒王小学、曾老三两人装扮成挑夫,其余匪徒则奉命到指定地点埋伏。

24 日,许德佑、陈康、马以思 3 人顺着古驿道经白沙过老鹰岩,一路的艰难跋涉之后,来到普安和晴隆交界处,这里地势险要、人烟稀少,被乔装成挑夫和早已在此"等候"的贯匪易仲山(匪首,普安人)等 10 余名匪徒们开枪杀害。许德佑时年仅 36 岁,马以思 26 岁,陈康 29 岁。

最后,经过一个多月的侦破,全部匪徒落网或死亡。为了纪念许德佑、陈康、马以思这 3 位为科学献身的科学家,中国地质学会曾分别以 3 位科学家的名字设立了纪念奖。1949 年,经古生物学家穆恩之先生鉴定,许德佑在关岭发现的海百合化石被定名为"许氏创孔海百合"。

野外见闻和遇险经历

1943 年 5—12 月,李星学又随地质学家边兆祥先生到宁夏内蒙古贺兰山地区进行了一次长达半年多时间、较全面的地质矿产考察。边兆祥 1936 年毕业于北京大学地质系,时任地调所技士,后在中山大学地质系、广西大学博物系、唐山铁道学院、北京地质学院、成都地质学院等院校任职。他还曾任四川省地质学报副主任编辑,四川煤田地质学会理事长等职。边兆祥专长区域地质和古生物地层学研究,他拥有丰富的野外和室内经验,足迹遍及皖南、湖南、滇东、贵州、宁夏贺兰山、广东等地,曾主讲过中国地质学、中国区域大地构造等课程。边兆祥研究成果很多,累计发表研究著作近百篇。

野外考察结束后,李星学与边兆祥合作完成了《宁夏回族自治区地质矿产调查报告》。采集到的一批古植物标本并于 1945 年与斯行健合作发表论文《宁夏古生代植物》(Palaeozoic plants from Ninghsia)于《中国地质学会志》(*Bulletin of the Geological Society*)上。同时还撰写了征文《踏上贺兰山缺》,详尽记录了此次野外考察的所见所闻,发表在《东方杂志》上。

贺兰山的分布大约与宁夏境内的黄河齐平,山峰平均高为海拔 1 500 米左右,长约 500 千米,宛如一条龙困卧于浩海中。贺兰山的东西长度即山的厚度不过 50—100 千米,李星学与边兆祥两人只需用一到两天就可穿过东西向。但山的前后面都是由砂土石块组成的堆积平原,增加了行进难度,最后两人费了九牛二虎之力才走出山口,脚上专用的爬山鞋的钉子也全坏了。可是深山之中人烟稀少,百十里路常常一个人也遇不到,再别说住宿吃饭了,有时日落西山,两人还无处借宿。有一次李星学到夜里九点多钟才撞到一户住家,而边兆祥曾在大山里走错了路,结果到夜里十一点多钟才遇到一个蒙古包,得以安身。大山里夜风凄惨,月光透亮,寒星颤抖,年轻的李星学常常会默默祈祷上帝。但在后来的回忆中,他表示,回首往事,却"有点骄傲的英雄气概"。

贺兰山平缓的沟谷地带居住着一些蒙古族人,他们开设哨卡,查禁走私,便于蒙汉互通。哨卡由附近的蒙古族人轮流把守,每两个月一换,每人一年当卡员6个月,便算是服了兵役。李星学与边兆祥后来选择驻扎这里。蒙古人见面时的常用语是:"他培三,他培三",意为"您好"。李星学初听时,觉得颇有点儿西洋味道,反倒比汉人常说的问候语"吃过了吗?"要文雅许多。这些蒙古人常与汉人往来,所以有些人能说汉语,但却不会写、不会认汉字。而他们的王爷只会北平话,他常责备他们:"不许说你们的牲口话。"并且旗政府所下发给哨卡的公文,也都是用汉文,而非蒙古文。李星学他们所经过的卡子,常有蒙古卡长请他们念上司发下来的公文,"这真是令人难以置信的事"[1]。接触多了,李星学发现,除了有些不讲卫生,这些蒙古人都很诚挚,对于他们这两位中央派来的"委员"非常尊重,不敢怠慢。从这一点上也可以看出中央的威信。另外,蒙古人"有点近于天真式的迷信着王爷是圣灵"[2]。每当王爷自远方归来,大小官员全部集中到宁夏省城候驾,等个十天半月也认为是理所当然的。他们认为土地都是王爷的,不能私有,要绝对服从王爷,"普天之下,莫非王土"的思想仍然统治着他们。和这些蒙古族人的交往为李星学的野外考察平添了一份难得的人生体验。

通过和当地人的交流,李星学他们得知,山里春天朔风常昼夜不停,根本无法工作,直到4月才能下山。所以10月以后,李星学与边兆祥商议,决定不做冬眠计划,一鼓作气将全部工作于12月底完成。可是每每看到雁阵南飞的情景,李星学不免想起"越鸟巢南飞,胡马依北风"的诗句,心中颇为伤感,思乡之情溢上心头,"这流浪的生活是我们学地质的免不了的困苦,也是我们乞求的乐趣[3]。"李星学这样说服自己,鼓励自己。

---

① 李星学:《踏上贺兰山缺》。见《东方杂志》,1943年,第57-58页。
② 李星学:《踏上贺兰山缺》。见《东方杂志》,1943年,第57-58页。
③ 李星学:《踏上贺兰山缺》。见《东方杂志》,1943年,第57-58页。

这次野外考察历尽艰辛,甚至遭遇了死亡威胁,给青年李星学留下了深刻的印象,让他珍惜每个来之不易的学习机会。1943 年年底,李星学与边兆祥完成了宁夏全境的地质矿藏调查后,于 12 月 31 日在冰雨交夹中从银川回到兰州西北分所(地调所)过冬,因冰冻路险,不宜直接回重庆。直到春节过后,1944 年 2 月他们才搭乘西北石油公司的运油卡车离开兰州,返回重庆。

当时路面的积雪冰冻情况仍十分严重。一天,车经过最高点华家岭,向天水方向行进,走到距通渭县仍有数里之遥一处"之"字形拐弯陡坡处,因路面冻滑,刹车虽踩下,车轮仍侧滑不止。只听到同在驾驶室的副司机尖叫:"不好!不好!"瞬息间,感到车子碰到了什么东西,歪了一下,停止了。大家下车一看,车子的右前轮撞在了"之"字弯道的一块挡险石上,陷入了冰冻的沟里。挡险石的右侧就是一个七八米深的沟坡,如果车子翻下去,则必死无疑。大家齐心协力,将车轮推回路面,然后战战兢兢地慢行,终于到达了通渭站。到了通渭,大家仍惊魂不定,停宿两宿之后,才继续南行。但前方不远处就是 150 米长的通渭大桥,当时桥面冰滑,特别是桥两端的斜坡路面,险情更大,每个人都做好了充分的思想准备,冒着九死一生的危险,在司机沉稳冷静的操作下,安全地通过了大桥。

迁返南京

1941 年春,李星学随朱森教授及邓玉书先生赴南川西南部做野外地质实习,期间 40 多天,除了详细测量地质剖面,广泛采集化石外,他们还测量了三汇场至界牌一带之 1 : 25 000 地质图一幅。此次南川旅行,先后经过常隆庆、李春昱、潘钟祥、彭国庆等人商议,主要以测绘地质图为主,兼有煤田考察,对于古生代地层时代的划分则意见不一。1942 年年底,为筹备地质学会第十九次年会会后旅行考察,李星学随尹赞勋先生再度赴南川工作,历时半月有余,编纂了《南川地质旅行指南》手册,后又增加了化石方面的材料,整理成文。1945 年,李星学与同学合撰的研究论文《南川西南部之古生代地

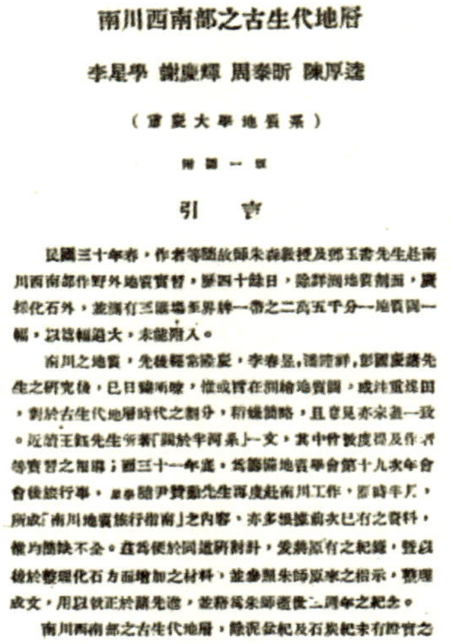

南川西南部之古生代地層

李星學 謝慶輝 周泰昕 陳厚遂

（重慶大學地質系）

附圖一版

引　言

民國三十年春，作者等隨故師朱森教授及鄒玉書先生赴南川西南部作野外地質實習，歷四十餘日，除詳測地質剖面，實採化石外，並測有三匯場至界牌一帶之二萬五千分一地質圖一幅，以篇幅過大，未能附入。

南川之地質，先後經常隆慶，李春昱，譚錫疇，彭國慶諸先生之研究後，已日臻明瞭，惟或旨在測繪地質圖，或注重煤田，對於古生代地層時代之劃分，稍嫌簡略，且意見亦未盡一致。近讀王鈺先生所著「關於宇河系」一文，其中曾引及作者等實習之報告；國三十一年春，為籌備地質學會第十九次年會會後旅行事，星學隨尹贊勳先生再度赴南川工作，歷時半月，所成「南川地質旅行指南」之內容，亦多根據前次已有之資料，惟均簡缺不全。茲為便於同道研討計，爰將原有之紀錄，暨以後於整理化石方面增加之材料，並參照朱師原來之指示，整理成文，用以就正於諸先進，並藉為朱師逝世二周年之紀念。

南川西南部之古生代地層，除泥盆紀及石炭紀未有證實之

图 3-4　1945 年，李星学与同学合撰的研究论文《南川西南部之古生代地层》，荣获中国地质学会第一届陈康奖学金，此页为该论文第一页（南古所古植物室提供）

层》，荣获中国地质学会第一届陈康奖学金，这也是对导师朱森逝世 3 周年的纪念。此篇论文通过对南川西南部震旦纪、寒武纪、奥陶纪、志留纪，二叠纪地层的详尽描述，尤其是对二叠纪的地层剖面结构、厚度、时代等特征的观察，整合了以往此类地层研究中的异同，极大地补充了南川地区在地质测绘、化石整理鉴定、岩性分析等方面的材料，为后续研究提供了有利条件。这篇论文成为李星学初期从事地层与古生物研究工作的重要标志。

1945 年，抗日战争胜利后，重庆的机关、学校及外省人，争相出川返乡。前中央地质调查所决定于 1946 年迁回南京。当时的海陆交通十分拥挤，调查所大部分员工及物件走陆路：乘汽车走宝鸡，然后转火车返回南京；另一部分人沿长江乘船走水路返回南京。李星学与曾领他参与贺兰山工作的边兆祥出于对三峡的兴趣而选择水路。他们通过关系买到当时十分困难的船票，和白家驹、姚瑞开、路兆洽等同事及家属一路同行，所乘船只不过是用一

大汽车发动机改装的小火轮为主船，其两侧各捆绑一竹篷盖的木板船组成，每一木板船约30—40米长，10米宽，分两排床位，下面的船为行李货仓。

当时因沿江"返下江"的人很多，出川的船因超载而造成的事故也很多，重庆当局对各个船的载重与乘客人数需检查后，才予放行。船离开重庆时，大家尚未关注此事，直到离岸后，途经忠县等地，均有新乘客上船，才知船老板在捣鬼：只图多赚钱，不管超载与否！后经乘客商议，不能放任不管，遂决定组成乘客代表小组，李星学被推举为小组长，负责与船老板交涉协调。船过万县后，奇美峰峦层出不穷，但水流也变得湍急直下，不时出现令人心惊肉跳的险状：因船马力不够大，捆绑木船超负，峡谷中遇到激流，船无法自主，往往随激流旋转而下，随时可能遇险。有惊无险地到达宜昌时，大家都松了一口气，以为此后"一马平川"，可以悠然返乡了。岂料黑心船主在宜昌又招揽了一笔大生意——将中央大学装满家具的一个大木船，加长绳拖运在主船之后。由于开船后才发现多了一条大尾巴，又估计出了三峡就没有什么大险滩之类，大家也就不大在意了。次日，船到达沙市，又停靠了一两天。离开沙市后，船因严重超载，力不顺向，左歪右摆，行至沙市以下45千米的郝穴近处时，捆绑的连体船突然撞上一沙滩，结果左侧木船破损，开始进水。右侧木船破损更为严重，尾部被撞去一大块。当时正在入厕的一位旅客被撞死，整个船上的人都处于惊慌失措之中！此时船已搁浅，乘客们纷纷下水，逃向岸边。危急时刻，李星学没有忘记自己的乘客代表小组长的责任，他呼吁大家不要惊慌，并协助老弱妇孺逐一上岸。其中，在照扶姚瑞开的妻子及怀抱她五个月大的女儿下船上岸时，由于她心慌意乱，不慎失手将小孩滑落水中而失去女儿，此事令李星学痛心疾首，自责不已。他自己的行李早已不知去向，唯有挂在脖子上的照相机还在，那是朱森送他的礼物！

众人逃上岸后，无依无靠，李星学等人通过与郝穴镇公所交涉，为大家找到一个临时住所，安排食宿，度过了难捱的一夜。次日，大家经过商讨，将乘客代表小组改为救难小组，李星学仍被推举为负责人。当时同船落难的还有李星学的大学同学周泰昕（后任江苏省地质局总工程师，2008年故）的叔叔及其女儿，他们的全部家当都已落水，李星学闻听此事，当即将身上仅有的20元钱给了他们，助其暂渡难关。为了尽快摆脱困境，帮助大家返乡，

图 3-5　1946 年仲秋,李星学在地调所地质古生物陈列室
(南古所古植物室提供)

经过商议,李星学独自步行 90 里返回沙市,寻求援助。恰逢他的初中同学邓述翔家住沙市,经济上也较为宽裕,遂热心协助他打听有关情况。后被告知沙市有"救济总署"的办事机构,可以办理此类救助事宜,但手续繁杂,要做人数、姓名、籍贯、职务等信息登记,一时解决不了燃眉之急,时间在发愁为难中一天天过去了。第四天,边兆祥托人带来口信,众人已各自离开郝穴返乡,不必麻烦了。李星学终于松了一口气,虽然没有完成任务,但好在大家都已平安返乡,他自己随后离开沙市,转道汉口,返回南京。

　　李星学步入暮年后,曾经提到过这段难忘的经历,甚至在年过九十时,还以口述的方式将这一段经历写入回忆录(原稿在其家属手中)里。今天看来,李星学在其学术成长道路上,体现出的不畏艰辛、吃苦耐劳、勇于担当、团结协作的科研作风,与他认真学习实践社会"这部大书"不无关系,由此也印证了著名教育学家陶行知先生的至理名言"做中学,学中做"。

中国地质学会会员

　　中国地质学会是地质学界最大的学术团体,也是当时科学界较为活跃的一个学术组织，几乎每年都举行年会。1943年3月，中国地质学会第十九届年会在重庆中央大学召开，会议举办了地质学展览会，展出了各地质机构收藏的地质标本和地质图，受到了社会的广泛欢迎。

1942年仲夏，李星学到地调所不久，就被分配做著名地质古生物学家尹赞勋先生的助手，帮助他整理笔石标本，并于1942年冬至1943年春，随尹先生先后3次赴南川筹办了中国地质学会第十九次年会会后的地质旅行，编撰了《南川地质旅行指南》。在此期间，李星学成为中国地质学会正式会员。1944年货币贬值，他一次缴纳了200元会费，成为地质学会的永久会员，无需例行每年缴费的手续，而且，作为永久会员还可以得到免费的《会讯》。新中国成立后，中国地质学会取消了1949年以前的永久会员制度。

让李星学最难忘的是1947年11月在台北举行的第二十三届年会。大陆地质学家大约有40多人参加了会议，包括地调所的许多专家。他们先在上海集合，然后乘中兴号海轮到达基隆，后乘汽车到台北，经过两天一夜。这次会议是在台湾大学地质学系举行的，参会的学者们都住在北投美华阁宾馆。北投以温泉著称，是台北郊区的一个旅游胜地。这次年会收到了100多篇论文，地方政府也非常重视这次会议，台湾省政府的人员亲自招待了与会学者。会议持续了一周，台湾大学的马廷英代表大学参加了会议，他也是会议上最活跃的一位学者。当时在台湾的还有许多日本学者，但鉴于政治形势，大部分日本人都没有参加会议。台湾的地质调查所也在北投，其中徐铁良等人都是李星学熟悉的同行，会议期间他与徐铁良两人还在台北草山合影。会后地质学家们还进行了环岛考察，参观访问了金瓜石等矿区，游览了日月潭等地。

1949—1950年的两次年会因为人员众多，分成了北京、南京、广州、杭州等多个

图3-6 1947年11月，李星学参加在台湾举行的第二十三届中国地质学会学术年会，与徐铁良摄于台北草山（南古所古植物室提供）

会区。1951 年是地质学会成立 30 周年，1952 年因为国内地质学家调动频繁，工作紧张，所以这一年没有召开年会。这在中国地质学会的历史上还是罕见的。1953 年在北京召开的第二十八届地质年会盛况空前，有 200 多人参加了会议。

斯行健的研究足迹及对李星学的影响

斯行健是国际著名古植物学家。李星学进入地调所后，长期跟随斯行健研习古植物学。李星学在治学、为师、做人等方面受到斯行健深刻的影响。

斯行健，1901 年 3 月 11 日生于浙江省诸暨县斯宅村。其父斯耿周曾留学日本，在家乡兴办新学。斯行健在父亲的教育、熏陶下，学习刻苦，成绩优异。1922 年进入北京大学地质学系学习，在李四光和葛利普等教授的影响下，对古生物学钻研尤深。1926 年大学毕业，应中山大学招聘，赴中山大学任地质地理系助教。两年后又到德国留学，学习

图 3-7　中科院院士、国际著名古植物学家斯行健（南古所古植物室提供）

古生物学，随柏林大学古植物学大师 Gothan 教授攻读研究生，而柏林大学正是古植物学柏林学派的诞生地。斯行健在名师的精心培育下迅速成长，完成论著多篇，并于 1931 年以优秀论文《中国里阿斯期植物群》通过答辩，成为中国第一位获得博士学位的古植物学家，同时也把柏林学派的学术思想带到了中国。20 世纪 70 年代以来，在李星学等人的努力下，这一学术思想在中国得到了进一步的继承和发扬，并逐步发展成为国际古植物学界的一支重要研究力量。

1931 年，斯行健赴伦敦出席国际植物学会，并与印度古植物学创始人萨尼教授结为密友。两位富有民族自尊心的亚洲学者从此常以彼此相同的经历和感受互相勉励、互相促进，为各自祖国的古植物学事业做出了重大贡

献,也开创了中印两国古植物学合作交流的优良传统。特别是在 20 世纪 80 年代改革开放以来,南京地质古生物研究所与印度萨尼古植物研究所学术交流频繁,并有多人次出访萨尼古植物所,对华夏植物群、冈瓦纳植物群等的研究展开了密切的合作交流。1996 年 7 月,在美国加州召开的第五次国际古植物学大会上,李星学被授予"萨尼国际古植物协会奖章"。

此后,斯行健又赴世界古植物学研究的另一中心——瑞典,去学习瑞典优良传统的研究方法和先进技术。1919 年,瑞典古植物学家 Halle 教授曾对中国晚古生代、中生代植物化石进行了实地考察,并将部分化石标本带回瑞典详细研究,1935 年首次提出了"华夏植物群"的概念。斯行健对保存在瑞典国家自然历史博物馆里的,来自中国的这批化石标本进行了观察和再研究,并在短期内完成了专著稿两部。在斯行健的影响之下,李星学也一直重视对晚古生代植物的研究工作,他进一步推进了对"华夏植物群"的深入研究,并于 1963 年提出了"华夏植物群"组合序列,至此对这一植物群的研究取得了实质性的突破,同时发表了他的重要论著《华北月门沟群植物化石》[①]。

1937 年,斯行健在重庆地调所进行研究工作。在李春昱等人的力荐之下,他于 1944 年开始辅导李星学进行古植学研究。1951 年亚洲历史上第一个专门从事古生物学研究的机构——中国科学院古生物研究所在南京正式成立(该所后来改名为中国科学院地质古生物研究所,又再度改名为中国科学院南京地质古生物研究所)。斯行健先后被任命为代所长、所长,李星学在其组建的古植物学研究室承担了主要的研究工作。

斯行健是全国人民代表大会第一、二届代表,1955 年当选为中国科学院学部委员。曾任中国古生物学会理事。1953 年《古生物学报》创刊以来,斯行健连任编委,他也是中国《古生物志》的编委。这一时期他所发表的著作无论在数量和质量上都远远超过以往的总和。他曾获得国家自然科学二、三等奖。在斯行健的影响下,李星学也积极投入到中国古植物学科的建设中,并积极投身于新中国知识分子的参政议政。在以后 30 多年的岁月中,李

---

① 《中国古生物志》,总号第 148 册,新甲种,6:1-185。

星学几乎走出了和恩师一样的研究道路,学生、研究人员、人民代表、编委、主编、院士等,他在每个角色中都倾注了全部的心力。

20世纪20年代,中国古植物研究的基础薄弱,有关地层问题得不到解决,严重地阻碍了地质工作的进展。长期以来不得不把化石寄往国外。为了扭转这种不正常的局面,当时中央研究院地质研究所所长李四光力劝在德国攻读古脊椎动物学的斯行健以祖国地质事业的发展为重,放下个人兴趣,改攻古植物学。这种先国家后个人的牺牲精神对李星学产生了深远的影响,他在不同场合不只一次提到过斯行健改专业这件事,并谆谆教诲后辈们为了国家的大利益,要舍得牺牲个人的小利益。1963年李星学所著的重要论著《华北月门沟群植物化石》、《中国晚古生代陆相地层》等就是为了适应当时国家地质勘探需要,在长期野外地质调查基础之上的研究成果。

图3-8 1938年,斯行健(右一)夫妇与李四光(左三)夫妇在桂林七星崖合影(南古所古植物室提供)

斯行健充分意识到自身所肩负的历史使命,在他着手部署研究工作时,首先把着眼点放在铺平道路、理清纠葛上。他注意到,19世纪末古植物界权威欣克所著的《东亚石炭、二叠纪植物研究》是一部在地质界流传很广,影响又深的著作,但是其中存在的问题也不少。如不纠正,将给今后的研究带来一系列的混乱。于是,他决心利用身在柏林可以查对模式标本的有利条件,重新研究。1929年,他撰文《校正欣克所著东亚石炭二叠纪植物》,把欣克当年所定的属、种逐一评述,把问题梳理清楚。接着他又在其学位论文中,抓住中生代的一个令人最棘手的属——苏铁杉进行剖析。这个属在地层中分布广泛,出现频繁,形态多样,文献中已有的种多达 60 个,但其界线模糊,难以掌握,成为国际同行关心而都感到难以下手的老大难问题。斯行健遍查文献,结合标本,以其明快的判断,高度的概括,把它们理清头绪,加以归纳。他的研究得到了国际同行的认同,也为今后工作铺平了道路。特别值得一提的是,李星学的《华北月门沟群植物化石》一书正得益于斯行健的这些研究成果,使他在实践的基础上,能在短时间内认识到"华夏植物群"以往研究的偏差,并取得了阶段性的突破。

中国幅员辽阔,植物化石丰富,但以往基础薄弱,知之甚微,人们唯有从不同地区、不同地质时代的化石研究入手,才有可能进一步了解到植物群的演替规律,以满足地质调查、资源勘探中地层对比的需要。各地古植物的基础描述始终是个迫切需要解决的首要问题。斯行健一生研究了东起江苏、福建,西至新疆、青海,南自广东、云南,北抵黑龙江、内蒙古等广大地区;时代从中泥盆世至新生代的大量化石,仅描述发表过的标本多达 3 000 件以上,创建新种上百个。其著作中仅大型、地区性的植物群研究一项已达 8 部,中、小规模的也有百来篇。这些著作不仅填补了中国古植物研究中的不少空白,还推进了有关地区基础地质的研究。特别是,中国晚泥盆世及其后的早石炭世早期乃至晚石炭世早期、纳缪尔期的植物和陆相地层的确认都是和斯行健的工作分不开的。通过上述的大量研究,他为煤炭、石油等矿产资源的勘探和区域地质的调查提供了可靠的生物地层基础。长期以来,李星学沿着恩师走过的路,对古生代、中生代的植物化石,相关地层进行了大量的研究,足迹遍布中国的大江南北,包括青藏高原。特别是对西北祁连山纳缪尔期的植物和陆相地层的研究,取得了卓著成就,他甚至在年过七旬还亲赴野外剖面,进行实地考察。1993 年由山东科学技术出版社出版了李星学主编的《北祁连山东段纳缪尔期地层和生物群》一书,反映了他后期的重要学术成果。

20 世纪 50 年代初,地质工作特别是在煤炭资源调查中,急需解决的古植物与陆相地层问题多而迫切。有鉴于此,斯行健特地编著一本系统介绍中国 280 多种古生代植物及有关问题的书籍《中国古生代植物图鉴》。此书不但图文并茂,讨论精详,还以《中国陆相地层时代的讨论》一章作为有关植物群更迭与地层问题的总结,在地质勘探中起了相当大的作用。1963 年斯行健与李星学合编《中国中生代植物》一书,全面系统总结了中国近百年来中生代植物研究成果,对于普及和推动古植物学科发展发挥了重要作用,并作为《中国各门类化石》系列丛书的一部分,获得 1978 年中国科学院重大成果奖和全国自然科学二等奖。

斯行健也曾配合石油地质调查而去陕北考察和采集标本。后来写成《陕北中生代延长层植物群》一书。在结论中,他率先指出中国中生代植物群的演替规律,并提出了从植物进化的观点划分中国中生代陆相地层的方案。这些都是他急生产之急,把多年来从事中国古植物、陆相地层研究中的一些基本观点加以发展、补充的总结,也是他研究工作的结晶。李星学在仔细研读这部著作的基础上,于 1957 年在《科学通报》上发表了《陕北延长层植物群》,对这一研究成果进行了评述。

斯行健一贯主张研究就是为了创新,这就需要不断探索。他既重视文献的作用,又反对受其束缚。早在 1929 年,他就敢于向权威挑战,写出论文《校正欣克所著东亚石炭二叠纪植物》,接着又提出东亚中生代的主要造煤时期早于西欧的观点。这一认识后来虽有发展,但是开始比西欧早,这是事实。解放年前,在中国地质资料还很不足的情况下,能够做到这点已是十分可贵了。在他以后的研究生涯中,富于探索的事例比比皆是。从阐明各地区、各时代的植物群面貌到总结其演替规律及提出有关地层的对比、划分方案,无处不凝聚着他的心血,他的探索一贯是以充分的科学依据作为前提。

20 世纪 40 年代末,斯行健赴美进行学术交流时,专门挤出时间,与被子植物化石方面专家切磋,他自认为在被子植物研究上存在欠缺,这为他日后开拓新生代植物的研究做好了准备。50 年代,中国孢粉化石研究尚未起步,而国际上经过 20 年的研究已显示出了其生命力。斯行健预见到它在中国经济建设中的潜在价值,尽管具体研究已无暇兼顾,他还是尽可能地做了些探索,撰文进行介绍、倡导。当时有关孢粉化石研究的专业书籍很少,他查阅了相关的外文文献并进行翻译,帮助其他人从事这项研究。晚年他在工作中,每有心得即主动进行讲解,鼓励年轻人进行探索。他常说,做学问就得日夜去想,连做梦都要想到化石才行。正是这种执著的追求和不断地探索,引导着他,也影响着他的学生寻求科学的结论。李星学在长期的研究工作中,正是遵循了科学探索的精神,受益终生。李星学晚年在总结自己的研究成就时,就多次强调了积极探索的重要性,还指出了探索需从"由表及里综合分析"和"内外结合博采众长"两个方面着手,才能取得满意的结果。

对于研究的结果和意义,斯行健主张实事求是地谈到它的重要性之所在即可,反对做不适当的宣扬。他在晚年多次告诫学生,科学要有进展就得创新,后人修正前人也是十分正常的,这是历史的进步,否则科学就会停滞不前。他对学生们的不同意见总是虚怀若谷地倾听、实事求是地讨论。他也十分反对盲目崇洋,对于中国历史上的杰出成就和创见非常重视,以满怀民族自豪感的激情加以讴歌。在其代表作《陕北中生代延长层植物群》一书的序言里,斯行健满怀激情地提到早在 11 世纪,中国宋代学者沈括就已记载了延安产有新芦木(Neocalamites)化石的事实,还认识到它们是"旷古"以前的植物形成的,及其反映出当时气候湿润的现象。他热情讴歌中国对化石的认识不仅比欧洲早了 400 多年,而且早在宋代"就知道用植物化石来推断植物生存的气候是不能不令人惊奇的"。

李星学在多年的研究工作中也一直秉承了这种不迷信权威,实事求是的科学精神。1983 年,李星学在《古生物学报》上发表了《对藏南曲布组舌羊齿植物群三种新植物归属的质疑兼论曲布组的时代问题》一文,针对著名古植物学家徐仁提出的藏南曲布组舌羊齿植物群的属种鉴定及其时代问题提出质疑。徐仁是我国植物孢粉学研究的代表人物,他对东亚和北美植物间断分布的独到见解科学地回答了 140 年来植物地理学中悬而未决的问题;他通过化石植物的研究论证了青藏高原隆升的时代、原因和幅度;他的《地质时期中国各主要地区植物景观》一书开创了中国古景观学研究的先河。面对年龄、资历都比自己深厚的大家,李星学并没有轻易服输。他通过查阅大量文献资料,将曲布组舌羊齿植物群已发表的论文、图片和其相关文献进行了重新研究比较,以确凿的证据说明了新属种的建立存在一些不确定因素,并由此带来了其相关时代问题的不确定性。同时,在现存事实依据的基础上，他根据植物分类学和地层学划分的理论支持，将这些属种重新厘定，并归于早二叠世晚期。

斯行健对教育事业十分热心。1933 年他回国伊始，就在中央研究院的欢迎会上当众宣布："要以数年精力先从事教育，培育人才，然后再全力投入科学研究"。于是在清华大学、北京大学先后任教，讲授古植物学，开这门课程在中国之先河，从此古植物学在国内大学里生了根。后虽离教学岗位，他对教育工作仍不忘怀。1950 年又到南京大学兼课，专为地质系、生物系的高年级生开设古植物课。直到 20 世纪 60 年代，他还一再表示：若有机会，很想再回北京大学去讲课。

其实，即便不在教育岗位，他对培育后代也是十分关心的。战火连天的 1944 年，他在重庆一面抓紧利用空袭的间隙从事科研，一面应地调所所长李春昱之托精心培育李星学，使之迅速成长。中华人民共和国成立后，他不断地对身边的学生言传身教，还对其他同事主动传授。正如已故著名古生物学家、中科院南京分院前副院长、南古所前副所长、学部委员穆恩之教授所说："他在研究工作中每有心得，即向后学者讲解。由于他诲人不倦，当时南古所的研究人员无不受其教益"。不仅研究所内，连外单位来研究所进修人员也都得到传授。其情景今天西北大学的沈光隆教授谈起时仍很动情。

20 世纪 50 年代中期以后，李星学接过了恩师的接力棒，他除了搞好本职工作外，还对外承担了繁重的教学任务。1957 年起，李星学任南京大学地质系兼职教授。在此后 30 多年时间里，他数次被南京大学聘为兼职教授，为这个国内最重要的古植物学人才培养基地倾注了大量的心血和精力，一些听过李星学讲课的学生说起往事，至今还记忆深刻。中科院院士、中国石油勘探开发研究院研究员、石油地质学家、南京大学校友戴金星著文写道："他谦虚恭谨、诲人不倦的治学态度，深入浅出、旁征博引的课堂讲学和英俊帅气、才华横溢的音容笑貌给我留下了深刻的印象，至今新鲜如初，仿佛昨天刚刚下课"[1]。此外，李星学也不遗余力地辅导生产第一线的地质工作者，给

---

[1] 戴金星：《"古植物学"课老师李星学院士的二三事》。见中国古生物学会古植物学分会编：《华夏之子根深叶茂》。吉林：吉林大学出版社，2007 年，第 22 页。

他们答疑,帮他们鉴定,提供了大量的理论支持。

作为中国最杰出的古植物学家,斯行健对科学普及工作也一贯重视,他不仅撰写多篇科普文章,还曾选编成集。中华人民共和国成立后,他对科普事业尤为关注,除鼓励学生们写作外,还针对性地配合中学的生物课教学写出专门文章,至于在地质界为推广古植物学知识而写的文章更是不胜枚举。从某种意义上讲,他在1953年出版的《中国古生代植物图鉴》一书也可以说是为了普及古植物学专业知识而为广大地质界写的专门读物。正如他在卷头语中写道:"本图鉴希望对于野外工作的同志们及将来研究古植物学的同志们有所帮助"。此书深入浅出,针对性强,既无教科书之枯燥又能作为手册,结合实际问题和化石标本,反复查对。实践证明:一卷在手,人们完全可以凭借自学,掌握知识。它在帮助读者解决面临的生产问题上,曾起过很大作用。

早在20世纪60年代初,李星学就跟随斯行健编纂了《中国中生代植物》一书,此书在当时解决了许多生产实际问题,在生产一线部门引起了极大反响。此书作为《中国各门类化石》系列丛书的一部分,获得1978年中国科学院重大成果奖和全国自然科学二等奖。李星学退出一线研究岗位后,对科普教育投入了大量的精力,并不断地著书立说,为我国的科教普及工作尽心尽力。

师从斯行健

一个多世纪以来,西方首先兴起了近现代古植物学研究热潮。美国、德国、英国等国家都是世界古植物学研究重地,这一时期出现了不同的古植物学研究流派,涌现出一批优秀的古植物学研究学者。学界概略地出现了两大学派。其一可以称为分类学派,研究学术思想即化石植物生物学的研究思路,把化石植物当作现生植物来开展研究,手段和技术基本上与现代生物学的相同,侧重于化石植物的分类学及演化意义。另一个学派即柏林学派。

19世纪下半叶,曾在普鲁士国立地质调查所工作的德国古植物学家

H. Potonie教授在柏林创办了"柏林古植物学院",培养了一批古植物学人才。他的学生 Gothan 后来接替了他的上述工作,继承了他研究的学术思想和方法。柏林学派的学术思想在准确鉴定化石植物的基础上,偏重于结合植物化石产出的地质背景,探索化石植物的地层对比,及其生活环境和古气候意义。Gothan 教授的第一批研究生中就有斯行健,1930—1931 年,斯行健跟随他在柏林研习古植物学。由于斯行健的勤奋刻苦,悟性出众,深得导师的特别青睐。除了 1931 年以优秀论文"中国里阿斯期植物群"通过答辩,获得博士学位外,还在 1930—1933 年,与 Gothan 教授合作发表了 5 篇论文。其中的《评欣克关于东亚石炭二叠纪植物群》和《关于中国木化石》两篇文章,尤为重要。Gothan 教授的学术思想对斯行健以后几十年的研究工作产生了重要的影响。同样的,师从斯行健多年,李星学沿袭了"柏林古植物学院"的学术思想,并在科研实践、培养后人等方面进一步把这种学术思想传承下去,南古所的蔡重阳、姚兆奇、原兰州大学的沈光隆等人都是这一学术思想的继承者。而李星学指导的唯一的博士后王军在多年的研究工作中,与宾夕法尼亚大学 Pfefferkorn 教授建立了密切的合作关系,并取得了一系列的研究成果。Pfefferkorn 和李星学一样也是柏林古植物学派的践行者。

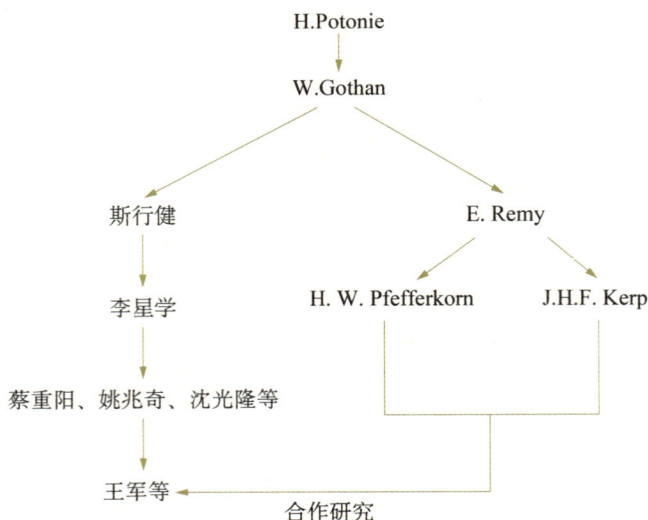

图 3-9　晚古生代植物研究"柏林学派"的师承关系及与中国的渊源

图 3-10 1930 年，斯行健（二排左一）与 W. Gothan 教授（前排左三）等出席国际植物学大会，在英国 Manchester 野外考察时合影（引自《华夏之子　根深叶茂》，吉林大学出版社）

他的古植物学导师是 Remy 教授，而 Remy 与斯行健都是 Gothan 教授的学生。因此，Pfefferkorn 常说他和李星学虽然年龄差距比较大，但实际上同属于柏林古植物学派的第四代古植物学者。比较巧合的是，王军的另一位合作者——德国明斯特大学的 H. Kerp 教授又是 Remy 教授在德国明斯特大学古植物学研究中心的接班人，近年来致力于将这一学门的研究思想和其他研究方向的融合。可以说，李星学柏林学派的学术思想通过他的后继者们在中国晚古生代植物和地层的研究领域得到了进一步的传承。

20 世纪 40 年代，地调所从专业布局和整体发展考虑，安排李星学跟随斯行健从事古植物学研究。从 1944 年起，李星学师从斯行健专攻古植物学。斯行健对他的要求非常严格，常常在学到专业知识的同时，还要求他知道某些问题的发生与解决的渊源历史或存在的争议。德文版《古植物学教程》是当时李星学学习的基本教材。据李星学后来的回忆，斯行健在讲授其中主要内容及专业术语时，有时连其间词汇时态、语法结构也给予解释；涉及某些地质古生物重要问题时，更是旁征博引，评点各家不同观点及存在问题，"以扩大我们的视野和潜能，为将来研究工作打基础[1]。"

---

[1] 李星学：《深切缅怀中国古植物学奠基者——敬爱的斯行健教授》，《古生物学报》，2001，40(4)：419-423。

　　在跟随斯行健学习初期，由于学科内容庞杂，涉及基础知识面较广，难度较大，加上新中国成立后被借调到地质部干了几年地质找矿，影响了专业知识的系统掌握，李星学学习一度进展不快。当时，和他同时研究其他专业的一些同事都有论文发表了，他却没有什么具体成果。在这种对比压力影响之下，他也试图写篇有关古植物的论文，以提高研究兴趣。但这种想法很快被斯行健察觉，便不客气地批评了他："赶时髦，急于求成不是做学问的态度。青年人要坐得住。要能潜心于学，才有学好的希望①"，并且告诉李星学，自己在国外留学期间，经常整天泡在植物化石储藏室里，午休也不回去吃饭，常常是几块面包，一杯凉水一吃了之。有时连晚上做梦也都是植物化石在眼前飞舞……这些语重心长的教诲，使李星学放弃了那种不切实际的想法。自此以后，他尽量摒除外界活动的干扰，把全部精力用于所学，苦打基础，补习现代植物学知识，鉴定大量化石标本以增长实践经验，同时通读了两本英文古植物学教科书和几部有关中国古植物的代表专著，并将工作、学习中发现的问题随时请教，铭记于心。经过一两年磨炼，李星学确实有独立承担工作能力以后，斯行健才放心让他写论文和独自承担较大的研究任务。至此，李星学才深深明白了大文豪郭沫若所说的写文章和做学问是两码事的道理②。60多年后，当李星学回忆起这段往事，坦言斯行健仍是自己至今最思念的人之一。在60多年漫长的学术生涯中，每当遇到困难，稍有松懈之时，他的脑海里就会浮现出恩师几十年前教诲时的音容笑貌，而不敢懈怠。

　　1945年，在斯行健的指导下，李星学与斯行健合作完成了《甘肃延长层之一羊齿植物 *Danaeopsis*》、《甘肃通渭古生代植物》；同时他们还在《地质学会志》发表了英文版文章 Palaeozoic plants from Ninghsia（《宁夏古生代植物》）、The Upper Palaeozoic flora from Tungwei, Kansu（《甘肃通渭之上古生代植物群》）；1948年，李星学还独立撰写了《关于古鳞木》、《浙江下白垩

---

① 李星学：《深切缅怀中国古植物学奠基者——敬爱的斯行健教授》，《古生物学报》，2001，40（4）：419-423。
② 李星学：《由表及里，综合分析内外结合，博约兼顾》。见卢嘉锡、吴阶平、于光远、陈宜瑜、卢良恕主编：《院士思维》（卷二）。合肥：安徽教育出版社。1988年，第322-332页。

纪之植物化石》、《中国古植物之进展》、《〈四川植物化石偶拾〉读后》等文章。

跟随斯行健研习古植物学的 20年，李星学不仅继承了老师的学术思想，也把实事求是、踏实严谨的治学作风融入到自己的一言一行中。在 1958年全国整风运动中，斯行健被扣上了"资产阶级学术思想"的大帽子，李星学除了被要求交代自己家庭出身问题，还被要求检举揭发斯行健的"反动"思想。在严峻的政治形势下，李星学虽然被迫做出了一些表面让步，进行了检讨，但他始终坚持实事求是的

图 3-11　1947 年，李星学与斯行健在前中央研究院地质研究所门前合影（南古所古植物室提供）

工作作风，并与 1959 年和斯行健共同完成了《古植物学》一文，发表在由科学出版社出版、中国科学院编译出版委员会主编的《十年来的中国科学——古生物学》一书中。另外，在斯行健的指导下，李星学带领古植物室同事们一起，一直在搜集资料、分工协作，进行着《中国中生代植物》一书的前期工作，此书于 1963 年正式出版。

1963 年，斯行健突发脑溢血，生命垂危。时值李星学在江西野外工作，接到电报，立刻返回了南京。斯行健住在当时医疗条件较好的南京军区总医院神经科接受治疗，而神经科主任恰好是李星学中学时代的好友项伟。据李星学次子李克洪回忆，李星学每周末都去医院照顾病重的斯行健，像对待自己的父亲一样，细致而周到，并且组织同事们轮流值班，照顾斯行健，直至他去世。斯行健去世之后，李星学也一直坚持照顾斯师母和孩子们，最大限度地帮助他们渡过生活难关。

1964 年 7 月 19 日，斯行健先生逝世，李星学任其治丧委员会委员之一，并撰文"悼念斯行健先生"，表达对恩师的深切怀念。

2001 年，适逢斯行健 100 周年诞辰，85 岁的李星学再次撰文——《深切

缅怀中国古植物学奠基者——敬爱的斯行健教授》，饱含深情地回顾了恩师的教诲，对斯行健的学术成就和教书育人等主要科研工作进行了实事求是的总结和评价，特别强调了斯行健以身作则，严格要求后学者的治学态度。他在文中这样写道，"在研究工作的质和量方面，先生严格要求自己，热忱帮助别人。先生常常勉励初学古植物学的青年要有决心和毅力，不能畏难而退。先生对青年的基础训练十分重视。同时很注意培养青年的独立思考和综合分析的能力，工作中如有新的发现即和青年们讲解和讨论，遇有不同意见，从不强求以己见为是，但亦不轻易放弃自己的见解。先生对于论文写作也很重视，对青年在这方面的要求特别严格，经常教授青年关于经典著作的内容、文章结构以及论述方法等基本道理，并细致地审改作品①。"这段话是李星学师从斯行健的亲身经历，也是李星学科研工作中一直坚持的治学原则。

成　家

李星学的妻子刘艺珍，1923 年 1 月出生，籍贯江苏宿迁，知识分子家庭出身，早年就读于南开中学，1946 年毕业于浙江大学园艺系。新中国成立前（1947—1949 年）应聘于原中央地质调查所图书馆工作。1950 年后，一直在南京市政府城建局园林管理处工作，负责市内各大干道树木的维护管理，各大公园的花卉、草皮的引种栽培。1983 年从南京市园林科研所退休后，评为高级工程师。刘艺珍热情开朗、工作认真负责，家里家外，辛苦劳作。正是她的无私奉献和全力支持才使李星学得以专心地进行科研工作。1947 年，在中央地调所，李星学与刘艺珍相识并相恋，玄武湖畔，青青杨柳，留下了两人青春的足迹和相携一生的誓言。1948 年 11 月 12 日，李星学与刘艺珍在

---

① 李星学：《深切缅怀中国古植物学奠基者——敬爱的斯行健教授》，《古生物学报》，2001，40（4）：419 - 423。

南京结婚,新房设在南京八宝前街 46 号。不久,两人迁至珠江路地调所职工宿舍,开始了一段新生活。1951 年南古所成立,李星学夫妇随即搬入了单位提供的新职工宿舍,即现在的玄武区成贤街 92 号,在这里,他们一起经历了无数的风风雨雨,共同拥有了一个让人感怀的苦乐人生。刘艺珍除了做好自己的本职工作,还担负起了繁重的家务和养育儿女的重任。

图 3-12　1948 年秋,李星学夫妇南京玄武湖畔留影(南古所古植物室提供)

他们育有两子一女,早已各自成家。大儿子在江苏省电视台工作,二儿子在南京中央商场工作,女儿从事中学教育工作。现都已退休。

1950 年 1 月,他们的长子出生在南京珠江路地质调查所内,时值建国不久,起名单字"亮",意为天亮。1954 年 8 月,次子出生,正值南京暴发洪水,故起名李克洪,意为克服洪水。1956 年 2 月,女儿出生,时值国家号召"绿化祖国,万年长青",故取名李长青。随着孩子们的相继到来,生活变得越来越忙碌,等孩子们稍大一点的时候,就被送入幼儿园全托。

李星学的女儿李长青在接受课题组的采访时,感慨道:"我和哥哥都被送入幼儿园全托,只有周末才能回家。爸爸很忙,妈妈还常常忘记来接我们回家。每天都像盼星星盼月亮一样,等着妈妈来接我们回家"。虽然经常见不到父亲,但在孩子们的眼中,李星学仍是一个和蔼可亲、勤劳善良、治学严谨、尊敬师长的父亲。

据李星学次子李克洪回忆,在他印象中,李星学总是非常忙碌,几乎所有的时间都在忙于科研或是野外工作,很少做家务,和儿女们相处的时间也非常有限,可他并不因此溺爱他们。"如果考试成绩不好,父亲会罚站、训斥、揪耳朵"。尽管如此,孩子们还是盼望着和父亲在一起。每当李星学出差回来,李克洪和哥哥妹妹们早早地就在院子里等着、盼着,而李星学再忙、再累也会记得给孩子们带礼物。李克洪记得最清楚的就是,李星学常常会用斯行健的一句话来告诫他们:"你们要热爱自己的专业,就像跟她(他)谈恋爱一样"。

李长青回忆,不仅如此,李星学还十分重视培养孩子们的兴趣爱好。父亲在繁忙工作之余,周末还常常带他们去游玄武湖,爬紫金山,一路上总有说不完的历史典故。李长青的中学时代是在"文革"中度过的,并没有学到系统的历史知识,她坦陈自己的历史、地理知识几乎都是跟父亲学的。另外,在李星学的鼓励下,儿女们都喜欢各种体育、文艺活动。大儿子李亮中学时代一直是网球高手,二儿子李克洪课余喜欢拉二胡,女儿李长青则喜欢跳水、打篮球、弹钢琴。她至今还清楚地记得,周末的时候父亲常常陪着她去神学院院长家里学钢琴。

图3-13 1963年,李亮、李克洪、李长青兄妹三人合影
(李克洪提供)

"文革"期间,刘艺珍一度被诬陷参加了反革命组织,被迫接受了长达半年之久的隔离审查,下放到南京"红旗砖瓦厂",进行劳动改造。期间的繁重体力劳动和各种人身攻击,让她承受了巨大的心理压力。另外,由于李星学的家庭出身问题,刘艺珍也受到了很多牵连,被抄家、批斗、辱骂,但她从无怨言,默默支持李星学走过最困难的时期。1974年前后,刘艺珍遭遇了一场重大车祸。她在上班途中,经过大行宫时,被违章行驶的大卡车意外撞到,肋骨严重骨裂。那时儿女们或参加工作,或在农村插队,尽管家里有保姆承

担了大部分家务劳动,但李星学仍不放心,每天除了完成繁重的科研任务,还要抽出时间照顾妻子的饮食起居,在单位与家之间奔波着、忙碌着。

"她作为我这个地质古生物工作者的妻室也真不容易。特别是在 20 世纪五六十年代,我常年工作在外,儿女还幼小,家庭生活操持和儿女的管教都集于她一身。有时,我就是在家里,由于任务紧迫而日夜赶工时,她也总是给我以莫大的支持与谅解。可以说,几乎我所有的工作成果都包含着她不少的辛勤劳动。我俩自 1948 年秋结婚以来,50 多个春秋了,也历经了不少生活困难和命运坎坷阶段,我们都挺过来了。现在我们虽然年老多病,还是过着和谐的幸福生活。我认为,幸福的家庭或美满的婚姻主要依赖于夫妻双方的互敬、互爱与互谅,才能在任何艰难的境遇下,都能相濡以沫地走出困境①。"时隔 60 多年之后,李星学对于妻子的奉献和付出仍然充满了感激之情。不难看出,和谐美满的家庭对于李星学的学术成长有很大的推动和激励作用。

图 3-14　1958 年仲秋,李星学全家合影(南古所古植物室提供)

---

① 李星学:《自述》。见:《李星学文集》编辑组:《李星学文集》。合肥:中国科学技术大学出版社,2007 年,第 622 页。

第四章
"成功的人没有不勤奋的"（1949—1966）

　　1950—1951年，李星学被借调到国家地质部，在中国地质工作计划指导委员会任工程师。1950年在山西大同煤矿，1951年在山西太原西山的石膏矿及煤田，1952年在山东淄博铝土矿及煤田，1953—1954年在内蒙古大青山石拐子煤田等地，主要从事华北和内蒙古的地质矿产勘探工作，为国家的资源开发做出了贡献，同时在艰苦的条件下也积累了丰富的实践经验。1951年中国科学院古生物研究所（后为中科院南京地质古生物研究所）成立，李星学即调入该所，先后任助理研究员、副研究员和研究员，兼任古植物室主任。1955年他从野外正式回到古生物研究所，在斯行健教授的指导下，专事古植物学研究，由此也进入了他学术研究的黄金时代。此外，自20世纪60年代开始，他陆续招收研究生，培养、补充古植物学的研究力量。在长期的研究工作中，李星学秉承了前辈们"成功的人没有不勤奋的"的敬业精神，逐步形成了严谨而独特的学术风格，作为中国古植物学界的中坚力量而崭露世界学术舞台。

调入南京地质古生物研究所

中科院南京地质古生物研究所成立于 1951 年 5 月 7 日,其前身为中央研究院地质研究所及前中央地质调查所等机构的古生物室(组)。

图 4-1 中科院南京地质古生物研究所(南古所提供)

1950 年 8 月,中央决定成立中国地质工作计划指导委员会,任命李四光为主任委员,尹赞勋、谢家荣为副主任委员,统一领导新中国的地质工作,全国地质机构开始实行大的调整,地调所和原中央研究院地质研究所等机构同时宣告撤消。1951 年 5 月 7 日,中央研究院地质研究所及前中央地质调查所等机构的古生物室(组)重新调整,正式成立了中科院南京地质古生物研究所。著名地质古生物学家、中国科学院副院长李四光教授为首任所长,此后斯行健院士、赵金科院士、吴望始研究员、曹瑞骥研究员、穆西南研究员、沙金庚研究员先后任所长,现任所长为杨群研究员。中科院南古所是我国唯一从事古无脊椎动物学和古植物学研究的专业机构,也是亚洲最大的古生物学研究所,并被外国学者誉为"世界三大古生物学研究中心之一"。

早在 1946 年 9 月,李星学就与重庆大学校友、后也在重庆地调所工作的盛金章等人来到南京中央地质调查所工作,任技士的职称至 1949 年 4 月。1949 年 4 月至 1950 年 1 月,李星学参与接管南京地调所的工作。1951 年,正式进入中科院南古所工作。在这里,李星学走完了他的科研人生,为南古所做出了重要贡献。

当时,南古所主要分为古无脊椎动物研究室、古植物学与孢粉学研究室、相关地层学研究和实验技术部门。李星学成为古植物学与孢粉学研究室创建以来的首批研究人员。时值新中国刚刚成立,国家面临着百废待兴、经济萎缩的困难局面,李星学和室主任、导师斯行健,还有其他同事一起,在艰苦的科研条件下,不但完成了煤田地质勘探、矿产资源调查等野外工作,还积累了丰富的化石标本,撰写了一系列的研究论文。

长期以来,他们也注意吸收引进科研人才,壮大科研力量,不断扩大研究范围,增强自身科研实力。李星学自 1958 年正式接替斯行健成为南古所古植物研究室主任后,就特别重视古植物学的学科发展和推广普及,以及发挥其在生产建设中的作用。他把古植物室划分为 3 个学科组:古生代组、中生代组和新生代藻类组(以后藻类又独立成组),进一步完善和发展了古植物学科建设,同时也使得研究人员各有研究方向和研究领域,充分发挥了大家的积极性。他对一些相对比较薄弱或是空白的,又有重要应用价值的分支予以重点照顾。

他十分重视我国古藻类学的发展,在他的主持下,先后建立了古藻、叠层石、钙藻和轮藻等分支学科,逐步满足了学科和生产发展的需要。同时他对孢粉学的发展也十分关注,并重视这一学科和古植物学之间的交叉和渗透。他在所里统一部署,并在斯行健的支持下,组织全室人员投入到各纪地层和各门类化石研究的总结和专著的编写中去。这些工作不仅仅锻炼了队伍,使年轻人在实际工作中得到了较快的成长,重要的是这些有关综合性著作的出版,使古植物学和相关地层学的知识在国内得到了很快的普及和推广。

经过半个世纪的努力,时至今日,古植物学与孢粉学研究室以各地史时期的大植物化石及微植物化石为研究基础,其范围从最初单纯的古植物学及地层研究涵盖至系统分类、起源演化、植物区系、部分重要植物种类的整体重建、新生代以来全球环境与气候变化以及环境考古学等多个基础研究，以及煤、油、气等资源的勘探、开发等应用研究。主要研究方向包括：特殊植物类群的起源、发育与演化研究；古植物孢粉区系与古环境（古气候、古生态）；植物细胞质化石超微结构；陆地生态系统、群落生态、植物群与环境的协同演化；生物地层学研究；环境考古学及应用孢粉学研究；能源资源勘探和基础地质研究等等。形成了院士、研究员、副研究员、助理研究员、中高级实验师、博士后、博士、硕士、访问学者等在内的科学合理的研究梯队。

多年来，古植物学与孢粉学研究室承担了一系列的国家、科学院和省部级重要科研项目，包括国家重点基础研究项目、国家自然科学基金重点项目、中国科学院重点项目等。已在国内外权威学术刊物如 *Science*、*Nature*、*PNAS* 及国际核心刊物（SCI）上发表大批重要学术论文和研究成果，并出版了《中国地质时期植物群》、《中国孢粉化石》等重要论著，在国际学术界享有盛誉。

图4-2　在李星学及后人的努力下，南古所古植物学与孢粉学研究室在研究范围、人才培养、国际合作等方面取得了长足进步（南古所古植物室提供）

在国际学术合作和交流方面,先后与美国、英国、法国、德国、瑞典、日本、俄罗斯、波兰、匈牙利、西班牙、意大利、朝鲜等国家和地区的研究机构建立了合作关系并开展了广泛的合作研究和学术交流。多人在国际古植物学协会(IOP)、国际孢粉学联合会(IFPC)、美国植物学会(ABS)等国际学术组织或会议任副主席、执行委员、地区代表、秘书长、理事、通讯会员、荣誉会员等职务。

石拐子煤田的经历

20 世纪 50 年代初,李星学在华北进行煤田地质、石膏矿、铝土矿、地下水和硫磺、铁矿资源等的调查勘探。在完成任务的同时,还积累了丰富的地质古生物资料,采集了大量化石标本,为以后的综合研究打下了基础。当时他还注意到某些植物化石的特殊意义,撰写了《中国各主要含煤地层的标准植物化石》的小册子,在指导生产上起到了良好的作用。另外,在长期野外工作中,李星学与来自全国各个地质勘探机构的同行们建立了深厚的友情。特别是,他作为科研机构的一线科研人员和勘探队队长,给其他勘探队员提供了理论指导,帮助他们提高了知识水平,完善了工作方法。

1953—1954 年,李星学在内蒙古大青山石拐子煤田工作。由当时地质部部长李四光任命,李星学于 1953 年起担任内蒙古大青山石拐子煤田的勘探队首席专家兼队长。他率队于贺家廊洞附近工作,内容包括采集化石、地层系统研究、构造梗概、沉积岩性、煤层地质、煤质、储量、煤田开采的优缺点等,并对该队所属队员讲解有关地质知识,如探槽、填地形图及地质图等。另外李星学还进行布置深井,生活和多项工作的安排、人员分工,并于年底完成勘探报告。

内蒙古赤峰地质矿产勘察设计院的岳崇书是其中的一员。1952 年,岳崇书从共青团察哈尔省委宣传部,妻子从省农林厅一起调往新成立的地质部华北地质局,作为新中国第一批建设者,参加了内蒙古大青山石拐子煤田

图 4-3　1953 年 4 月,李星学(右三)时任内蒙古大青山石拐子煤炭勘探队队长,率队员在贺家廊洞附近采集化石(南古所古植物室提供)

地质勘探工作。据他的回忆[①],1953 年 4 月,他和其他勘探队员与李星学先在塞北古城张家口汇合,然后从那里出发奔赴石拐子煤田勘探区。石拐子煤田位于阴山山脉大青山腹地,属山丘地带,四面环山,中部为沟壑相间的黄土山丘,地质、地理现象具典型性,气候干燥寒冷,条件十分艰苦。

李星学上任后,首次在职工大会上表示,野外工作虽然辛苦,但能和大家一起工作他感到非常愉快,争取早日查清石拐子的煤田资源,为新中国建设尽一份力。热情的话语顿时拉近了李星学和大家的距离。

20 世纪 50 年代初,地质勘探队伍形势严峻,地质人才欠缺,地质院校毕业生寥寥无几,难以支撑地质工作的全面开展。华北地质局党组决定:压缩机关人员编制,抽调机关处室的青年干部,跟专家学地质,要求专家"传帮带",尽快培养出高质量的地质人才。李星学等地质专家带着这些机关里走

---

① 岳崇书:《忆与李星学老师在一起的日子》。见《生物进化》。合肥:中国科学技术大学出版社,2012 年,第 53-56 页。

出来的、地质知识薄弱的年轻人,在石拐子煤田区域踏勘了6个井田和4个矿区。

踏勘过程中,李星学非常重视化石的采集方法。一次,岳崇书和其他队员与李星学一起上山了解勘探情况,在贺家郎洞村附近的地层中,发现了丰富的古植物化石,李星学看到大家对化石的兴趣很高,就主动"现身说法"。一边讲解植物化石是怎么形成的,哪一种岩层中有化石,哪一种岩层中极少见或不含植物化石,怎样寻找、采集和保存化石;一边给大家示范采集化石的方法。当地层中的化石被采集出来时,植物化石上的叶子印痕竟然清晰完美,没有受到任何损坏,"大家无不惊叹老师的技术功底如此深厚!"[1]

李星学还利用业余时间给队员们讲解"古植物学与地质学的重要关系"、"古植物学研究与'一叶知秋'"、"古植物学研究与开拓创新的关系"等。他特别强调,古植物学研究在地质学中有很多的重要意义。例如,在对非海相的地层中沉积矿产,如煤、油页岩、石油等勘查中,发现古植物化石可以帮助确定矿产形成的时期,和化石所在地层时代,还可用古植物化石进行含矿层位的划分和对比。煤岩植物分子的研究也是预测煤质量的重要依据之一。同时,他还告诉大家,我国自泥盆纪以后,陆相沉积颇为发育,植物化石和煤炭、油气非常丰富。我国幅员辽阔,是世界上具有著称于石炭纪、二叠纪的四大植物区系(即冈瓦纳或舌羊齿植物群、欧美植物群、安加拉植物群和华夏植物群)的唯一国家。这些得天独厚的自然条件,以及新中国建立以来党和政府对科学的重视,使我国古植物学事业蓬勃发展有了美好的前景和基础。这些话对于长期处于艰苦环境中的年轻人无疑起到了激励和引领的作用。

但是,没有了城市生活的五颜六色,这些初来乍到的年轻人难免三心二意。当时存在一种普遍的社会现象,从事地质工作,条件艰苦,收入不高,常年出差,所以不好找对象。当时地质队里流传着这样的顺口溜:有女不嫁地质郎,一年四季守空房,勘探勘探妻离子散,勘探勘探找媳妇难。李星学察

---

[1] 岳崇书:《忆与李星学老师在一起的日子》。见《生物进化》。合肥:中国科学技术大学出版社,2012年,第54页。

图 4 - 4　2004 年 6 月，李星学夫妇与岳崇书夫妇在北京中国石油科技宾馆合影（右二为李星学，南古所古植物室提供）

　　觉到队员们的这些想法，千方百计为他们出谋划策，牵线搭桥，经常帮着一起出点子，传"经验"，把断了和几乎断了的红线又连接起来。岳崇书当年的婚事曾一度面临告吹，在李星学的斡旋协调下，他与妻子和好如初。他说，是李老师为他们搭起了一座"彩虹桥"。家庭生活的稳定使这些年轻人全身心投入到了工作中。

　　在李星学的精心培养下，这些刚入门的年轻人由外行变内行，他们中不少人后来成为地质勘探行业的专家，在各自的领域里担任各级领导工作。

　　踏勘结束后，李星学主持编制出了《石拐子煤田地形地质自然剖面图》、《石拐子煤田区域地层综合柱状图》，并拟定出了探矿工程施工方案等。在李星学的《内蒙古石拐子煤田地质初勘报告》中，经初勘查明，该煤田为多煤种，规模巨大，且煤质好、牌号全，有瘦煤、肥煤、焦煤和"三低一高"特点（低灰、低磷、低硫和高发热量），具有重要研究意义和经济价值。

第一篇古植物学论文的诞生

　　经过长期的野外实践和扎实勤勉的工作基础，李星学于 1955 年春独立完成了第一篇古植物系统学研究论文——《论拟织羊齿》①。在《山西东南部山西系中 *Emplectopteridium alatum* Kawasaki（翅编羊齿）的发现及讨论》一文中，李星学对名为编羊齿 *Emplectopteridium* 植物化石进行了重要的补充和修正。

　　1931 年，日本古植物学家川崎繁太郎（S. Kawasaki）研究朝鲜相关地层（平安系）植物群的时候，发现两块较破碎的标本，网状的叶脉却又与织羊齿 *Emplectopteris* 很相近，因此创立了一新属，取名为编羊齿 *Emplectopteridium*。此属自创立后，从未在其他地区发现过，在当时还是一种知道得很少，并且极不引人注意的单型植物。

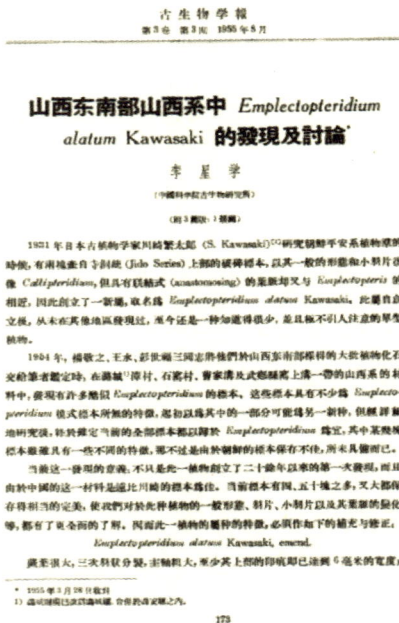

图 4-5　1955 年，李星学发表了自己独立完成的第一篇古植物学论文，此页为该论文首页（南古所古植物室提供）

---

① 《论拟织羊齿》是李星学自述提到的论文题目。此文正式发表时的题目为《山西东南部山西系中 *Emplectopteridium alatum* Kawasaki 的发现及讨论》。"拟织羊齿"后改称"编羊齿"，正式的拉丁文名称为 *Emplectopteridium*。

1954年,杨敬之、王水、彭世福3位同事将他们于山西东南部采得的大批植物化石交给李星学鉴定时,他在潞城漳村、石窑村、曹家沟及武乡县窑上沟一带的山西系的材料中,发现有许多酷似编羊齿的标本。这些标本具有一些编羊齿模式标本所没有的特征,起初李星学以为其中的一部分可能为另一新种,但经详细研究后,终于确定当时的全部标本都已归于编羊齿是合适的,其中几块标本虽确具有一些不同的特征,那不过是由于朝鲜的标本保存不佳,所未具备而已。李星学对编羊齿的新发现,不只是此一植物创立了20余年以来的第一次发现,而且由于中国的这一材料是远比日本的川崎的标本更好,保存的四五十块标本,大部分都很完整清晰,使大家对于此种植物的一般形态、叶片特征以及叶脉的变化等,都有了更全面的了解。

斯行健看后,认为这是他自己也忽视了的一种重要的二叠纪植物,不想竟被李星学发现。接着,在鉴定一批祁连山的化石时,李星学提出这是东亚地区首次发现的纳缪尔期植物群等的一些新观点,也都被斯行健后来正式研究这批材料时所接受,由此才改变了他怕李星学"不成器"的想法。这件事使李星学认识到:有了名师,自己不勤奋学习,也是不会取得好成绩的。

其实,李星学在此之前已经发表了一些文章,但主要都是由导师斯行健指导完成的(包括他单独署名的),或者不是关于古植物学的学术论文,或者

图4-6 1951年春,太原煤田、石膏地质勘探队部分成员合影(第一排左三为李星学,南古所古植物室提供)

不是基于第一手资料和标本的,没有显示古植物学功底的文章。李星学自己认为《论拟织羊齿》是他的第一篇独立写成的古植物学论文,一方面是此文的确是相关学术问题讨论比较深入,另一方面此文得到斯行健导师的高度认可,是导师忽略了自己发现的新认识。由此也不难理解,李星学总是最看重基于第一手化石材料的研究成果,他自己如此,也始终鼓励学生多做这种类型的研究。

长期地质实践工作的理论成果

和许多其他科学家一样,在 20 世纪 50 年代国家政治、经济面临诸多困难的情况下,李星学不像当代科学家那样能够主要按照自己的兴趣选择科研方向进行专题研究,而更多的是为了满足不同时期的国家需求,"舍小家,为国家"成为那一时期科研工作者的时代特征。另外,在漫长的科研探索中,李星学也非常重视科学方法论的指导作用,由表及里,去伪存真,综合分析的辩证思维,知行合一,博约兼顾的知识积累等治学思想成为他取得一系列突破性成果的重要原因。

图 4-7 20 世纪 50 年代,李星学在华北野外工作照(南古所古植物室提供)

新中国成立初期的几年中,李星学一直从事野外地质勘探工作。这些实践知识和野外经验为他以后的古植物及地层研究打下了良好的基础。1956 年,他回到南古所不久,就被任命为古植物室副组长,负责领导研究工作。50 年代后期,李星学凭借扎实的专业知识和丰富的实践经验,发表了一系列重要的研究成果。

60 年代前后是李星学一生最忙碌和成果较多的阶段,主要从事于古植物学及非海相生物地层学的研究,以室内工作为主。但是第一届全国地层大会于 1959 年秋在北京召开,而且与其相关的几处地层现场会议还得于大会之前分别完成,因而,李星学不得不中断手中工作,全力以赴地急全国地层大会之急。在此期间,他除如期完成了浙西和山西两处地层现场会议的室内外工作,还于1963年出版了两本专著《华北月门沟群植物化石》和《中国晚古生代陆相地层》,同时还与同事们合作编写了《中国中生代植物》、《中国各主要含煤地层的标准植物化石》等书,为当时地质野外工作者生产实践之需提供了理论依据。

从20世纪50年代起,在斯行健的指导下,李星学陆续撰写了一些英文版论文,逐步扩大了自己的学术思路。另外,他还结合自己在山西、山东、内蒙古等野外矿产、煤田勘探经验,撰写了《甘肃东部五村堡层中查米叶 *Zamiophyllum* 的发现》、《内蒙古大青山石拐子煤田的地质及其间几个不整合的意义》、《大同煤田的云冈统及其植物化石》、《山西东南部山西系中 *Emplectopteridium alatum* Kawasaki 的发现及讨论》、《太原西山的月门沟系并讨论太原统与山西统的上下界线问题》、《山东淄博煤田本溪统 G 层铝土矿的植物化石》、《书评:陕北延长层植物群》等论文,对华北广大地区的地层及其植物化石进行了较系统的研究,提高了我国在古植物学、生物地层学等方面的研究水平。

在《大同煤田的云冈统及其植物化石》一文中,李星学主要就前地调所出版的《中国地质图》太原幅图例中地层错误、李四光原著《中国地质学》中关于山西北部地层判断错误,和云冈地区的煤田开发、地层对比等重要影响因素,对云冈统及其植物化石进行了综合性的研究。华北的中生代地层本不很多,侏罗纪煤系以上地层被保存的尤其少。大同煤田中最重要的侏罗纪煤系的露头又有三分之二的地区(约300平方千米)是被云冈统所覆盖着;并且云岗石佛窟又是华北最负盛名的名胜区之一,所以无论从地层对比、煤田开发,或是为充实此一名胜区的地质知识来说,将云冈统重新做一介绍与研究都是十分必要的。另外,李星学于1950年曾和森田日子次及胡敏、刘海阔、廉小湖等人,在大同煤田填绘一万分之一地质图,当时对于云冈统的分布和其相关问题有较广泛的观察,也为他对云冈统的研究提供了实践依据。

文章首先评述了前人相关的工作,然后对云冈统的分布及其剖面进行了详细描述,将云冈统分为下部白色砂岩砾岩层、中部灰色岩层、上部紫红杂色岩层说明,并绘制了大同煤田云冈统综合地层柱状剖面图。在此基础上,围绕剖面岩性、对云冈统的沉积环境和上下地层的接触关系从气候变化、植物生长状况、地壳运动、风化作用等方面进行论述,最后对云冈统的时代进行判断,并结合此地层和植物化石的特点与北京西山的九龙山系、下伏门头沟煤系、内蒙古大青山系、陕北瓦窑堡煤系等相似地层进行了对比。

1959 年,李星学在《古生物学报》上发表了《中国上白垩纪沉积中首次发现的一种被子植物——*Trapa? microphylla* lesq.》一文。1957 年夏,石油工业部松辽石油普查大队陈本善等人在黑龙江哈尔滨庙台子从事地质钻探时,在一个钻井的岩芯中采集到一批标本。经李星学鉴定,发现在化石岩芯上有清晰的植物印痕,经过查证对比,这批材料与产自北美第三纪早期小叶菱的各种主要特征都相同。

另一方面,这一植物的分类位置不能确定。虽然它早已出现在北美的早白垩世及古新世地层中,并被欧美学者研究,但在这种化石植物和其他属植物之间的亲缘关系问题上,意见一直存在分歧。从地层划分角度来看,小叶菱在松花江统上部伏龙泉层中的发现,从古植物方面已提供了一个充足的证据,以支持松花江统的上部或伏龙泉层的时代为晚白垩世,更确切地说,其时代是从赛诺曼、土伦期到赛诺期。

关于这批材料的鉴定和研究,打破了长期以来认为亚洲东部分布很广的晚白垩世被子植物从来没有在中国同期的沉积中发现的观点,为我国上白垩统沉积中发现更多重要的植物化石提供了线索和思路。晚白垩世植物是中生代研究程度最低的,我国在新中国成立前的研究几乎是一片空白,这篇论文成为我国有关这一时代被子植物研究的第一篇论文。

1956 年,根据南古所王水 1954 年采自山西省武乡县蟠龙上石盒子组的标本、中央地质部陈列馆潘江及南京大学地质系学生采自南京龙潭镇龙潭煤系的标本、华北地质局田本裕、陈宏达等采自山西安泽县石盒子系顶部的标本等材料,李星学发表了《中国二叠纪的一个枝脉蕨 *Cladophlebis* 新种》一文,对这一新种做了详细的描述和对比。此一植物在中国的分布很广,并且在华南、华北地区都是出现于以大羽羊齿植物著称的中、下二叠统的沉积中。它的发现不只为枝脉蕨一属增添了一个新种,对于今后中国二叠纪地层的对比也有一定的实际意义。

　　与此同时，李星学也十分重视阅读文献，特别注意学习导师斯行健的研究方法，拓宽研究思路。1957年，他在《科学通报》上发表了关于斯行健《陕北中生代延长层植物群》的书评。就植物化石在各个地质时代沉积中的出现情况来说，三叠纪出现的较少，而且系统研究的更少。因此，《陕北中生代延长层植物群》一书一经出版，就成为研究中生代植物的珍贵的参考文献。这本书用中、英两种文字写成，并附有56幅图版及少许地层对比表，全书分为《绪论》、《属种的叙述》、《结论》三部分，对这一植物群作了详细的研究。李星学在书评中不仅关注斯行健对各个化石的叙述与相关问题的讨论，而且还强调"他不只确认这些化石是生物的遗迹，而且对于这些化石生存时代的气候与古地理也做了合理的推测"。由点到面、由表及里、层层推进，才可能从现象看到本质，从而把握事物的发展趋势。斯行健在这部著作里体现出了严密的逻辑性和严谨的工作方法，对李星学的科研影响十分深远，在他以后的研究工作中可以看到这一点。

　　这一时期，李星学已经积累了大量的野外经验和植物化石，他的研究成果受到关注，逐步成为继斯行健之后的国内古植物学界的骨干力量。1962年7月，由中科院颁发，聘请李星学为南古所学术委员会委员，这不仅是荣誉，一定程度上也是对他学术成就的肯定。

　　1964，李星学在《古生物学报》上发表《中国新发现的有关玛利羊齿的材料》一文。玛利羊齿（*Mariopteris*）是欧美石炭系最重要的一属植物化石，种数很多，分布很广，在石炭纪的维斯发期最繁盛，纳缪尔晚期也很常见，其中不少的种是划分地层时代的

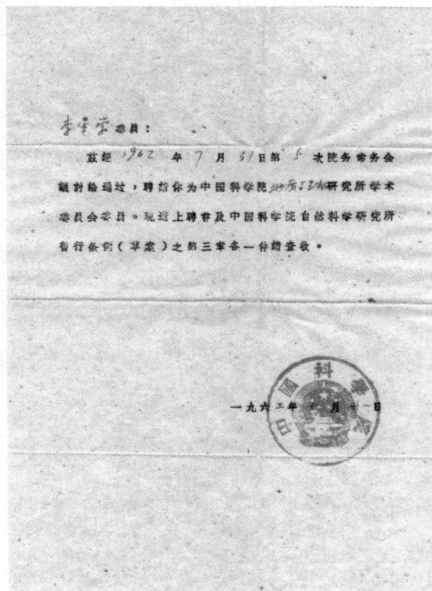

图4-8　1962年7月，由中科院颁发的南古所学术委员会委员聘书（南古所古植物室提供）

标准化石。李星学将他鉴定野外地质勘探队送来的标本时所发现的3个玛利羊齿属种进行了论述，说明了这一重要植物属种在中国有广泛的地质地理分布。①发现于山西孝义县下石盒子组的薄畸羊齿，标本保存着较好的四分羊齿型叶架，证明这一个种归于玛利羊齿属是没有疑问的；②发现于江西丰城县梓山群的钝畸羊齿，显示梓山群的时代有较一般视为维斯发 C 为早的可能；③发现于内蒙古鄂尔多斯龙王沟本溪群的龙王沟畸羊齿是一个新种。在本属的已知种中，只有发现于英国及加拿大中石炭世沉积的分离畸羊齿勉强可以比较。

长期以来，李星学一直非常重视应用古植物学解决地层问题。1963 年以来，李星学陆续发表了《苏浙皖地区的五通群》①、《论中国五通群植物群的时代问题》②、《华北晚古生代植物组合序列》③等文章，他建立的各个时代植物组合序列，为陆相或以陆相为主的海陆交互相地层的划分与对比提供了可靠依据。这些研究成果也组成了《中国晚古生代陆相地层》一书的部分内容。

在《苏浙皖地区的五通群》一文中，李星学对于普遍分布于苏南、浙北、皖南一带的这一地层的命名、地质时代、动植物化石及其重要特征，与上、下地层的接触关系等方面都进行了详细的梳理，纠正补充了以往研究中的失误、不足，为中国泥盆石炭系的地层划分及其他后续研究提供了依据和借鉴。

首先，针对以往研究中存在的五通群命名意见不一问题，李星学在文中首先具体限定了五通群的含义，避免了地层对比中可能引起的歧义。其次，对相关五通群的植物群及特征的文献进行了归纳整理。植物群整体面貌表现为石松类和有节类为主体，含少量种子蕨植物。根据这些植物在世界范围内地质时代分布的已知信息和对中国相关地层时代的参考价值，李星学指出了其中具有世界性意义的属种、几种重要的新种、值得注意的几种属种

①《中国晚古生代陆相地层》。北京：科学出版社，第 14－41 页。

②《地质论评》，23（1）：8－12。

③《中国石炭纪论文集》。北京：科学出版社，第 43－45 页。

均未确定的植物等,为进一步分析五通群的地质时代做铺垫。第三,对五通群的动物群及其特性已有研究成果和现存问题进行了综述。第四,理清了各地五通群与上下地层的接触关系。最后,对于长期存在分歧的五通群的地质时代,李星学通过对李希霍芬、丁文江、斯行健等人的研究成果的分析,结合泥盆纪、石炭纪动植物化石的特征,将其归属于晚泥盆世。

在《论中国五通群植物群的时代问题》一文中,针对新中国成立后大规模的地质调查所采集到的大量的五通群植物群的新材料,李星学等人发现了具有泥盆纪浓厚色彩的鱼化石群和植物群共生的现象,对五通群植物群的时代及其所在地层提出了属于晚泥盆世的看法。文章不仅对五通群的标准剖面进行了详细描述,还对其时代,从植物群、鱼化石的特性、该区域沉积岩相和构造运动方面进行了分析,并统计了五通群植物群在地理和地史上的分布情况,然后通过与世界各地类似植物群的对比,得出如下结论:

(1)南京龙潭的五通群全部应属于晚泥盆世,并可进一步划分为擂鼓台组和观山组,代表中国以陆相为主的晚泥盆世。

(2)擂鼓台组的植物群,尽管具有很浓厚的早石炭世色彩,实质上是一个独具特征的晚泥盆世晚期的植物群。

(3)观山组的植物群在标准剖面虽还未发现可资鉴定的化石,从它和国内各地相当的沉积岩层对比来看,湖北长阳的黄家磴组的植物群可以暂视为其代表。这个植物群在国内有很广泛的分布,在欧、亚、美、大洋洲都有大致可以对比的植物群。

(4)综合五通群植物群在中国地质地理上的分布,可以将它按时代初步划分为两期或两个植物组合,即斜方薄皮组合与奇异亚鳞木组合。前一组合的分子大都可以上延到后一时期,后一组合的标准分子在前一时期还未发现。

(5)擂鼓台组的鱼化石群虽具有强烈的中泥盆世晚期到晚泥盆世早期的特征,但并不排斥其属于晚泥盆世晚期的可能。如果不忽视共生植物群的时代特征,则它归于晚泥盆世晚期应该是合理的。

(6)五通群及其植物群的地质时代的更改,不仅不至于造成世界各地类似沉积和植物群互相对比的混乱,而且会使它们之间应有的对比关系更为

图4-9 南京附近五通群地貌(南古所古植物室提供)

正常与合理。

《华北晚古生代植物组合序列》一文最早发表于 1963 年出版的《中国古生物志》上。该文对欧美型植物群、早期华夏植物群、中期华夏植物群、晚期华夏植物群等华北晚古生代植物群演替阶段或植物组合进行了概括。

欧美型植物群指本溪群所含的植物群,具有非常接近于欧美植物区维斯发期植物群的面貌,但还没有华夏植物群的标准分子,时代属于中石炭世。

早期华夏植物群中的鳞木类和枥羊齿属特别繁荣,欧美型植物占相当的优势,并且还有一些和维斯发期属种非常接近的植物,但已有相当多的华夏植物群标准分子出现。这一植物群的时代相当于西欧的斯蒂芬期,属于晚石炭世,其在华北的代表地层为太原群,华南的相当地层为船山群或马平群。

中期华夏植物群从特征上按时间先后分为 A、B 两期,A 期植物组合的主要属种多已齐备,华夏植物群特有分子大为增加。这一植物组合在华北的代表地层为山西组,归于早期早二叠世,华南的马鞍组、"栖霞底部煤系"或可大致相当。B 期的植物组合和 A 期的基本一致,但鳞木类已急速衰退,华夏型植物大为发展。

此外,晚期华夏植物群 A 期的某些特殊分子也有少量出现。这一植物组合的代表地层在华北为下石盒子组,时代属于早二叠世晚期。

结合理论研究,李星学还根据多年的野外实践经验和采集到的化石标本,应地质煤矿部门的生产需要,编写了《中国各主要含煤地层的标准植物化石》手册。

　　在含煤的地层中,除少数夹有海相地层的可以获得较可靠的海相动物化石(如菊石、蜓科、腕足类等)以判定其地质时代外,大多数的煤系地层都是属于纯陆相的,其地质时代的判断、地层的划分以及各个层位的对比等工作,都是依赖其中所含的植物化石来进行的。对于各煤系所含植物化石的采集、鉴定与研究,不只具有重要的科学价值,而且也有一定的实际意义,所以致力于若干重要植物化石的确认与了解,对于每个煤田地质工作者来说,都是一项不可缺少的知识。

　　另外,所谓标准化石,按其定义来说应该是:某种生物在地质历史上生存的时间很短促,因而其化石也常常只保存于某一定时代的地层中,当我们发现了这种化石,就很容易地用来鉴定其所在地层的时代。但事实上,能够完全符合于这种情形的标准化石并不多,植物化石尤其少。因此,引用标准化石解决问题时也需慎重。固然,一种化石被视为标准化石自有其若干事实与科学上的依据,然而它的准确性和所能涉及的范围则可以随着人们对它发现的多少和了解程度的深浅而有所改变。一般来说,在地理上分布很广,发现的标本越多,了解得也最详细的标准化石是最具准确性的。反之,它的分布只限于某一定的区域,所发现的标本不多,了解得也不够,则其准确性自然较差或只限于某一定范围之内。在实际工作中,往往不得不依靠一些不完全准确,甚至于准确性较差的标准化石来进行工作,在这种情况下,必须了解我们所引以为据的化石的准确可靠的程度如何,同时还要考虑所有的共生化石以及其他与此一问题的相关因素。只有这样,才使得任何标准化石在解决其相关的地质问题时,可以起到它应有的作用。

　　基于上述原因,李星学根据时间顺序,将下石炭统煤系、中石炭统煤系、上石炭统或石炭、二叠系煤系、中下二叠统煤系、上三叠统煤系、上三叠统顶部及下侏罗统煤系、中下侏罗统煤系、上侏罗统及下白垩统底部煤系、新生代第三纪煤系等地层中的标准植物化石在中国的分布、地质历史、形态特征进行了详细说明,为地质勘探提供了一个科学的判断依据。该手册针对生产部门的实际需要,在将中国各主要煤系的植物化石给以一般的叙述外,还对于其中个别特殊重要的标准化石,加以比较详细介绍,并着重指出其易于识别的特征及与其相近属种的区别,使一般的地质工作者可以获得一个比较明确的概念。

关于《华北月门沟群植物化石》一书

古植物学是一门建立在野外实践基础上的学科。通过观察大量的地质现象,地层剖面,可以增强对相关地层的识别能力和化石的比较鉴定能力。野外考察和采集化石标本是进行古植物学研究必不可少的关键环节。

在长期的野外实践中,李星学写下了大量的工作笔记,《华北月门沟群植物化石》一书就是他根据自己多年的实践积累的理论总结。在这些工作笔记中,他详细地记录了化石标本地点:山西太原西山、内蒙古大青山、辽宁南票煤矿、河北南部峰峰煤矿、山西潞安、襄恒及和顺、山西义棠、汾阳、辽宁新宾石炭—二叠纪煤系,并将每个化石点采集到的标本都进行统计、编号、描述、归类、讨论,与世界上其他地区同时代的植物群比较,最后把整个华北地区(东至辽宁本溪、南至河南禹县、西至贺兰山、北至内蒙古大青山)分为6个植物化石组合:本溪组、太原组、山西组、下石盒子组、上石盒子组、石千峰组的植物化石组合。扎实系统的基础工作为编写这部著作提供了有利条件,也奠定了李星学在中国古植物学界的研究地位。

太原西山煤田位于山西省中部,太原市西南侧。南北长约75千米,东西宽约40千米,面积约1 600平方千米,呈北、中部开阔,向南收敛的"倒梨状"。行政上隶属于清徐、交城、文水、太原等县、市管辖。区内沟谷纵横,地形较为复杂。由太原市火车北站经煤田边缘达古交矿区镇城底和通往前山各矿的铁路支线,以及由太原经古交镇抵汾河水库,经煤田东缘达汾河以远的公路将煤田与山西省交通枢纽太原市相连,交通比较便利。按自然地理条件、构造复杂程度和煤层赋存状况的不同,将煤田划分为前山、古交、清交、东社四个矿区。

据历史记载，早在唐宋年间西山煤田已有土法采掘，浅部煤层多被破坏。新中国成立后随着煤炭工业的发展，除新建了许多大、中型矿区外，还对原有的小矿区进行了改造和扩建。西山煤田为我国晚古生代典型的海陆交互相煤田，其含煤地层是我国北方石炭、二叠系地层最具代表性的。煤田内广泛发育着一套典型的由滨岸经三角洲到滨海平原，且以三角洲为主体的含煤地层。自 1870 年德国人李希霍芬来此调查以来，近百余年间中外地质工作者纷至沓来，做了大量地层学和古生物学方面的工作，有些成果至今仍不失为研究华北晚古生代含煤地层的经典著作。其中影响较大者，首推瑞典人那琳 E. Norin。1922 年，他最先详细测制了太原西山石炭—二叠系地层剖面，采集了化石标本，进行了系统研究，将西山煤田含煤地层划分为上、下月门沟煤系。同年，翁文灏、葛利普（A. W. Grabau）把上、下月门沟煤系分别称为山西系和太原系，两系以斜道灰岩顶面分界。1926 年，李四光、赵亚曾根据蜓类、腕足类，从 9 号煤之下的砂岩底界以下又划分出本溪系。1927 年，瑞典古植物学家 Halle 教授根据植物化石将太原系底界向下移至晋祠砂岩（K_1）之底。1958 年，杜宽平在东大窑灰岩中发现了晚古生代蜓类化石，主张把山西系下界移至北岔沟砂岩（K_3）之底。1959 年，第一届全国地层会议厘定了奥陶系侵蚀面以上，骆驼脖砂岩（K_4）之下的地层，划分为以晋祠砂岩（K_1）、北岔沟砂岩（K_3）为界线，将其分为中石炭世本溪组、晚石炭世太原组和早二叠世山西组。

华北月门沟石炭、二叠纪地层已有一百多年的研究历史，在地质古生物学界具有重要研究地位。不仅如此，新中国成立以来，我国煤田地质工作者在这一地区还进行了大量的勘探工作，获得了相当可观的工业储量，为煤炭资源开发提供了广阔资源前景。为适应国家经济战略对煤炭资源的需要，加强华北石炭、二叠纪含煤沉积变化规律和开发条件的研究，不仅对矿井建设总体规划、煤层的合理开发提供了切实的资料，而且对提高勘探精度、加快勘探进度也有重大的理论意义和实际意义。

《华北月门沟群植物化石》首次勾勒出华夏植物群的地层分布概况，系统研究了采自山西太原、河北峰峰、辽宁北票和内蒙古大青山四大煤田丰富

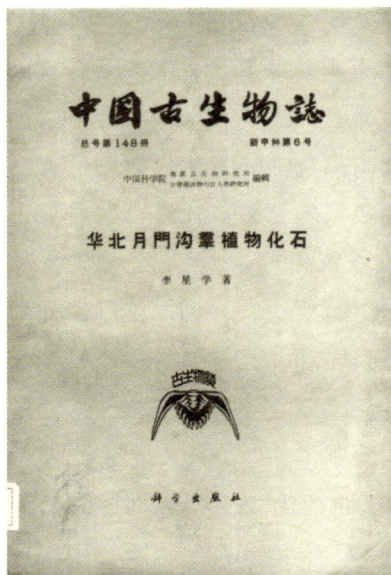

图 4-10　1963 年由科学出版社出版的李星学的代表论著《华北月门沟群植物化石》（南古所图书馆提供）

的植物化石资料,详细分类描述了 37 属 88 种植物化石,包括 1 新属 13 新种和 1 变种。不仅大大充实了相关植物群的组成内容,还根据大量新老资料对相关地层逐一进行了多方面的论述,确定了山西组植物组合的面貌及其时代,创建了下自本溪组、上至石千峰组的 6 个植物组合,从而理顺了中国北部以及东亚地区晚古生代煤田地层划分、对比关系。

在关于华夏植物群及其相关地层的时代和对比问题上,由于欧洲是古植物学的发祥地,有着悠久的科学史,也出过不少的古植物学大家,部分地受到"欧洲即世界"的影响。具体地讲,反映到古植物学的研究上,就很容易把在欧洲一隅所得的归纳性结论推广到其他国家。这种片面性即使在某些优秀的古植物学家的著作中也在所难免,并且影响到对我国的相关研究。例如,著名的瑞典古植物学家 Halle,他所著的《山西中部古生代植物》(1927),至今仍不失为一部经典,但由于上述原因,以及认识上本身就是循序渐进的,他对相关植物群的解释和地层时代的确定,就不无缺点甚至错误。例如,山西组、上石盒子组或龙潭组、石千峰组的时代对比问题,对华夏植物群与前苏联的安加拉植物群的关系问题等,他的结论就经不起实践的检验。基于上述背景,李星学在《华北月门沟群植物化石》(涉及中外文献、专著近 300 种)一书中,不但大大充实了 Halle 早年奠定基础的太原组、山西组植物群组合内容,并根据当时已发表的大量资料,较全面地总结了全国石炭、二叠纪植物组合的特点、演替概况以及其中某些代表属种的消长关系,对我国此期陆相或海陆交互相地层的划分对比起到了重要指导作用。更为重要的是,结合相关地层、古生物(包括古动物)、古地理、古气候、沉积学等领域研究的新进展,李星学对前述 Halle 教授等人的观点逐一进行多方位的分析、深入的讨论,从而得出了与之不同的新结论。

另外,一个值得注意的现象是,从太原组到山西组以及上石盒子组或龙潭组,Halle 等人定的时代都偏老,从根本原因上说,是他们对我国石炭、二叠纪植物群的生态和古环境的特殊性重视不够,而过分注意某些欧美植物成分的时代价值。例如,在欧洲,温暖湿润的成煤沼泽植物生态体系主要在石炭纪,到早二叠世早期反映干旱气候的红色地层已广泛出现,石炭纪许多植物已不复存在。而在我国,二叠纪早中期仍是成煤环境,到华南龙潭组仍然如此,晚二叠世在华北才出现典型的红层,在华南却在晚二叠世晚期仍有煤层出现,所以许多欧美石炭纪色彩的植物在我国特别有利的生态条件下,有较长的地质历程就不足为怪了。而另一方面,华夏植物群中有许多特有的分子,它们在植物群中的比例,包括一些时代较新的物种的存在也不能忽视。李星学正是抓住了这个主要矛盾,许多问题才迎刃而解的。

对太原组,李星学当时虽然同意地质古生物(包括古动物)学界大多数人的意见,定为晚石炭世,但他也指出,将其放在晚石炭世"是为许多外国地质学家所不赞同的"。后来,与国际接轨的结果是,太原组的大部分已划归早二叠世。山西组的时代,由于当时所知植物化石很少和性质不明,而地层岩性和含煤情况又与太原组相近,Halle 原定为石炭、二叠纪。之后,所有中外地质古生物学者,将东亚地区石炭、二叠纪含煤地层和 Halle 研究的太原标准剖面对比时,几乎都置山西组于不顾,将太原组以上的主要含煤地层,根据所含植物化石性质,与紧覆于其上的下石盒子组相比,如朝鲜的 C－D 煤组、河北开平的 8—10 煤组。然而,太原地区的下石盒子组不含煤层。这种对比显然很勉强,存在不少问题。

针对这一情况,在《华北月门沟群植物化石》一书中,李星学着力弄清了山西组植物群的面貌及其与下石盒子组植物群的异同关系,定其时代为早二叠世早期,据此而将朝鲜的 C－D 煤组所在地层和开平煤田的 8—10 煤组所在地层,对比于太原地区富含可采煤层的山西组,不论从植物群的面貌,地层岩性和含煤情况来看,都是很合适的。

李星学在书中还首次建立了华北古生代植物组合层序,将华夏植物群划分为早、中、晚三个时期,其中的中、晚期华夏植物群进一步分为 A、B 两期,这一划分方案至今仍在华北煤田地质实践中被广泛应用。如此,李星学不仅把广泛分布于华北,甚至东亚的石炭、二叠纪含煤地层过去的错误对比得以改正,而且把华北的石炭、二叠纪植物群及相关地层的关系理顺了,自老而新的植物组合序列遂得以首次建立,对后续相关研究与石炭、二叠纪煤田勘探工作产生了相当深远的积极作用。

华北月门沟群为中国北部最重要的含煤沉积。其在华北分布之广,所含化石之丰富,以及在地史划分上的重要性不只是我国北方的其他各时代地层无法相比,即使在全世界的同期沉积中也不多见。李星学在前人研究的基础上,收集了一些新的资料和较为完整的标本,加以整理,写成此书,为地质、古生物工作者提供了参考借鉴。这部著作是李星学最有代表性的著作之一,也是研究华夏植物群最重要的参考文献,获 1978 年中国科学院重大科技成果奖。书中一些首创的或具代表性的属种被收入于国际古植物学会编纂的综合性巨著《古植物学论丛》中。经过 50 多年的考验,李星学提出的大多数观点仍被证明是正确的,其中一些具有代表性的属种被国内外多种古生物学专著和教科书广泛采用,此专著至今仍不失为研究石炭、二叠纪植物及东亚古生代煤田地质的重要参考书。

李星学的同事、古植物学和孢粉学家欧阳舒是这样评价的:他能取得如此成就,除历史、社会等客观条件以外,是他年轻时便立志献身祖国地质事业、长期刻苦积累、勇于创新的结果。这种积累是多方面的,包括专业与非专业、室内与野外工作、经验与理性、中文与外文等方面的兼顾,为他治学夯实了广泛而扎实的基础①。

《华北月门沟群植物化石》内容概要

一、绪论
    (一)引言
    (二)研究简史
    (三)月门沟群标准剖面研究沿革
    (四)月门沟群植物化石材料的来源及其分布

---

① 欧阳舒:《刻苦积累和勇于创新》。见:中国古生物学会古植物学分会编:《华夏之子根深叶茂》。吉林:吉林大学出版社,2007 年,第 28 页。

二、属种描述

    （一）木贼目

    （二）楔叶目

    （三）石松目

    （四）蕨目及种子蕨亚纲

    （五）柯达特目

    （六）银杏目

    （七）裸子植物种子

    （八）分类不明植物

三、结论

    （一）华北月门沟群植物群的植物学上的性质

    （二）华北月门沟群植物化石的垂直分布及其所在地层的对比

    （三）华北月门沟群的地质时代

    （四）华北晚古生代植物组合层序并特别讨论上石盒子组及石千峰组的时代

关于《中国晚古生代陆相地层》一书

与《华北月门沟群植物化石》的情况一样，在解放初期的几年野外实践中，李星学对华北地区的地层和古地理区系划分有了一个较全面的了解。在工作笔记中他对每个剖面的岩性、厚度、地质时代等基本信息都做了详尽记录，积累了大量的地层数据资料，这些工作为他撰写《中国晚古生代陆相地层》一书打下了基础，后来成为这部著作中的部分研究内容。

为满足国家发展地质矿产事业的需要，1959 年 11 月，由中国科学院、地质部、石油工业部、煤炭工业部、冶金工业部和各地质院校联合主办的"全国第一届地层会议"在北京召开，地质部长李四光致开幕词，参会人员超过 600人，苏联科学院和苏联地质保矿部也派出代表团参加了此次会议，大会提交了近 200 篇论文，充分地体现了新中国成立以来中国地层工作的成就和地层学的发展，为以后发展生产提供了良好的条件。李星学向会议提交了《浙西上部古生代及下部中生代地层报告》一文，并在大会上作了报告。会后成立了全国地层委员会,并分为前寒武系组、寒武系组、奥陶系组、志留系组、泥盆系组、石炭系组、二叠系组、三叠系组、侏罗系和白垩系组、新生界组,其中李星学被任命为侏罗系和白垩系组副组长,负责主持相关地层的划分对比工作。

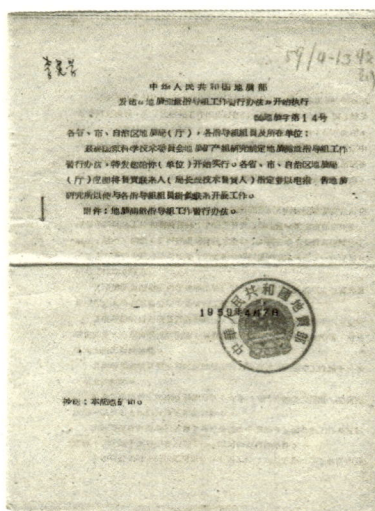

图4-11　1959年全国第一届地层大会召开前夕,国家地质部下发的"地质测量指导小组"文件(南古所古植物室提供)

图4-12　李星学与王竹泉、刘宪亭负责山西组地质测量工作(南古所古植物室提供)

为迎接这次大会的召开,浙江地层和浙西煤矿地层联合现场会议于1959年4月18—28日在杭州常山、江山、寿昌等地举行。会议由有关中央国家机关、中央和地方地质研究单位、高等院校地质系和浙江、江西等省的地质局、煤炭厅、石油局等48个单位组成,并成立了浙西地层队,李星学任队

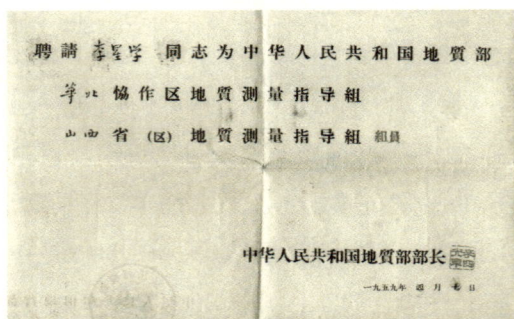

图4-13　1959年,李星学担任山西省地质测量指导组组员的聘书(李克洪提供)

长。在浙西现场会议上,李星学向尹赞勋主任等多位专家做了专题汇报——"浙西上古生代及下中生代地层"。

同年4月13日,南古所收到中华人民共和国地质部"地质测量指导组工作暂行办法"执行文件,李星学被推选为山西省指导小组副组长,任全国地层委员会委员兼地层分会二叠纪组组长(1959—2000)。5月25日,他在南京与镇江之间的龙潭进行野外地质勘探。7月9日参加山西现场会议,并有多人如杨钟健、徐仁、黄汲清等人发表关于山西地层情况,李星学对于古植物在地层中存在的规律发表了自己的看法。

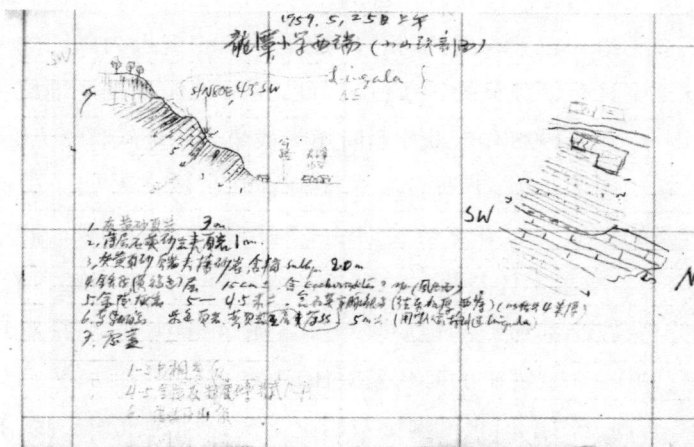

图4-14　1959年5月,李星学考察江苏龙潭地区时,手绘地质勘探铅笔草图(李克洪提供)

在之后的几年中,李星学一直致力于中国陆相地层的研究,特别对于泥盆纪、石炭纪、二叠纪地层进行了深入探讨,并将这些研究成果集结成1963年出版的著作《中国晚古生代陆相地层》。

在中国分布普遍的晚古生代陆相或海、陆交互相地层,所含的生物群非常丰富,并且独具特征,是全世界研究晚古生代地层及其生物群的重要地区之一,也是我国含重要矿产最多的地层。中国南部晚泥盆世沉积素以产铁及陶土著名;北部的中、晚石炭世及早二叠世以及中国南部的晚二叠世地层则富含工业用煤、铝、铁、锰、磷、硫、石油、耐火材料、石灰石和建筑材料等。这些矿产所在地层的调查研究与国民经济建设也息息相关。这部著作主要内容分为三大部分:泥盆纪、石炭纪和二叠纪陆相地层。在总结近 30 年来许多地质、古生物学工作者所取得成果的基础上(中外文参考文献 550 篇左右),从古植物群演替和沉积学的观点出发,系统地论述了我国从早泥盆世至晚二叠世陆相和以陆相为主的海陆交互相地层发育概况,并分别做了分区和对比。特别对于中国晚古生代陆相地层的研究状况和存在问题进行了详细说明,其中某些争论较多或者以往一直没有解决的问题,则根据新近的资料,做了较多的补充和讨论,例如:①龙华山群的时代问题;②五通群的时代及中国泥盆纪陆相地层的对比问题;③华北地台中、晚石炭世初期"山西式"铁矿—铝土矿的时代和成因问题;④山西组的上、下界线、时代和对比问题;⑤上石盒子组和石千峰组的时代问题等。有的观点为以后的实践所证实,充分体现了其科学预见的正确性,因此,这一著作一直是地层古生物工作者的重要参考书,1978 年荣获中科院重大成果奖和全国科学大会奖。

其中,在论述华北中、上石炭统底部"山西式"铁矿及铝土矿问题章节里,由于涉及的文献很多,学术界长期以来对相关地层的地质时代等方面存在着较大争论。李星学凭着扎实的理论功底和野外实践经验,通过由表及里的综合分析,在杂乱纷纭的地质现象和各派争论中,理顺了关于华北"G 层铝土矿"或"山西式"铁矿的时代及对比问题,统一了看法,为后续研究打下了基础。广泛分布于华北奥陶纪灰岩之上的这两种沉积矿物,有的学者认为它们层位很稳定,二者可以作为独立地层单元名词使用,且代表不同的时代,"G 层铝土矿"为早石炭世,与华南的某些铝土矿可以对比,"山西式"铁矿最可能属晚泥盆世,与华南的"宁乡式"铁矿相当,当时"古气候的一致性"是这种对比的出发点。然而华北和华南这两个不同的地质板块,无论所处维度及大地构造发展史都是不同的,单用所谓"古气候的一致性"来对比地层是不科学的。

李星学根据自己的野外观察结合其他同行的合理解释,总结了这两种沉积矿物的命名和认识沿革、地质地理分布情况,得出了为各家认可的几条结论:①这两者虽有上下关系,但无论从地球化学的亲缘看,或从层位的水平追踪来看,二者关系极为密切,决不能截然划分为两个地层单元,更不能作为正式的地层单元;②"G 层铝土矿"的时代应与紧覆其上的岩层时代一致。何况,自上而下的铝土矿有七层,故其时代应以上覆岩层的时代为准,大多数为中石炭世,少数是晚石炭世,甚至二叠纪;③即使同为"G 层铝土矿",因与各地海水进退有因果关系,也有同一时代不同具体时段的差别。

《中国晚古生代陆相地层》内容概要

一、前言

二、中国泥盆纪陆相地层
　　(一)中国早、中泥盆世陆相地层
　　(二)中国晚泥盆世陆相地层
　　(三)中国泥盆纪陆相地层的矿产及其古地理环境
　　(四)中国泥盆纪陆相地层的对比及其重要植物化石
　　(五)中国泥盆纪陆相地层与世界各地同期陆相沉积的对比

三、中国石炭纪陆相地层
　　(一)研究简史
　　(二)中国早石炭世陆相地层
　　(三)中国中石炭世早期陆相地层
　　(四)中国中石炭世晚期陆相地层
　　(五)中国晚石炭世陆相地层——太原群

四、中国二叠纪陆相地层
　　(一)研究简史
　　(二)中国北部二叠纪陆相地层
　　(三)内蒙古及东北北部的二叠纪陆相地层
　　(四)中国西北地区二叠纪陆相地层
　　(五)中国南部的二叠纪陆相地层
　　(六)中国二叠纪陆相地层的对比问题
　　(七)中国二叠纪陆相地层的矿产概况

五、总结及存在问题

关于《中国中生代植物》一书

对植物化石的认识在中国植物有十分悠久的历史,北宋年间著名学者沈括(1031—1095)在其巨著《梦溪笔谈》中已有关于"竹笋"化石(即中生代木贼类的一种保存类型)的正确描述和解释。这比西方公认的认识化石的鼻祖——文艺复兴时期的意大利著名画家、自然科学家达·芬奇（Leonardo da Vinci）认识到化石是生物遗迹早了400多年。然而在我国作为一门学科对植物化石开展研究，则始于19世纪后期，标志性的研究一般以美国学者纽贝利（J. S. Newberry）于1865年完成的《中国含煤岩层化石植物的描述》作为对中国植物化石研究的开始。总体上看，在新中国成立前，中国植物化石的研究，一部分是由于缺乏自己的古植物学家，不得不请国外相关的研究机构帮助鉴定和研究。更多的则是由于历史原因，外国人对于中国自然资源进行掠夺式调查的附属产物，系统的采集研究很少，中国人参与工作者尤其少。因此，古植物学在旧中国的发展，速度是非常迟缓的，方向是不明确的，力量是很薄弱的。

从我国开展古植物学研究的近百年以来，中国植物化石已积累了相当丰富的资料，古植物的研究也有了一定基础，特别是新中国成立后的10余年间，我国古植物学领域取得的成绩远胜过新中国成立前的三四十年，但所有这些成绩还远不能满足日益增长的需要。特别是新中国成立前的工作，大多数是外文著述，又散见于中、外各种刊物中，引用参考都极不方便。随着新的发现和学科进展，对某些资料或论点，应有所补充和改正，否则就不能使这些成果充分地加以利用和发挥其应有的效能。《中国植物化石》的编写任务就是针对这种情况提出来的，1963年出版了斯行健和李星学等编著的《中国植物化石》第二册《中国中生代植物》。

《中国植物化石》的编写，和中国各门类动物化石的编写工作一样，当时在国内还是首创，工作方法和编排形式都是在边做边改地摸索着进行的，是一种非常复杂和细致的工作。工作过程中，既会遇到资料繁乱的考证问题，也会碰到学术见解的争论问题，绝不是一个人或几个人在较短时间内所能完成的，必须依靠集体力量和群众智慧。经过数次开会讨论后，李星学和同事们采取了统一安排、分头编写、集体审核、共同负责的编写方法，克服了种种困难，联合所内外的研究力量，编写了这部具有重要学术价值的著作。在斯行健的指导下，李星学全面负责《中国中生代植物》的编审工作，并独立执笔《苔藓植物门》、《银杏类植物》、《分类位置不明植物开通目》、《被子植物亚门》等章节，分别与吴舜卿（在南古所从事中生代植物研究）、沈光隆（毕业于兰州大学,并在兰州大学从事古生代和中生代植物研究,1992 年调至西北大学)、李佩娟(毕业于福州大学,后在南古所专事中生代植物研究)等合作完成了《有节类植物》、《种子蕨类植物》、《分类位置不明之裸子植物》等章节。

这部书是《中国各门类化石》丛书之一,全书共 50 余万字。书中总结了 1960 年以前发现于我国并经描述发表过的全部中生代植物化石,化石分类是以新的、为当时大多数古植物学者所接受的分类系统为基础的,在各章节中对各属种都做了较为详细的讨论和比较,对原有材料认识上的某些明显错误也进行了修正,并在此基础上建立了一些新种。在每一科、目或大门类之前均附有通论或概略介绍,并配以大量插图,对于一般读者进一步了解各门类古植物的形态、构造、生活习性以及分类系统等有很大帮助。此外,书中还附有大量图版、中国中生代陆相地层对比简表、中国各地质时代主要的和常见的植物化石分布表,以及汉语、拉丁文和拉丁文、汉语属名对照、种学名索引和外国作者姓氏汉译表。

《中国中生代植物》一书适合于古生物学工作者、地质工作者和高等院校有关专业的教学人员学习参考,长期以来为许多古植物学教学和活跃在石油、煤炭和地质系统生产第一线工作人员解决实际问题提供了重要理论依据,一直受到各界的好评,并一度脱销。它的出版,对提高我国古植物学的研究水平,推动古植物学学科在我国的迅速发展起了相当重要的作用,此书获得了 1978 年中国科学院重大成果奖和全国自然科学奖二等奖。

招收研究生

李星学在做好科研的同时,也十分重视人才培养。他不仅招收研究生,亲自授课,悉心辅导,对于外来进修人员、生产部门的科技工作者等都给予了大力支持,通过各种方式尽量满足他们的业务需求。

1963 年初秋,李星学开始招收古植物学方向的研究生。毕业于长春地质学院的蔡重阳成为李星学的第一位硕士研究生。1963 年 9 月 18 日,蔡重阳赶到了南古所报到，受到了李星学的热情欢迎，从此走上了古植物学研究的道路。自 1967 年毕业起，蔡重阳一直在李星学身边工作，度过了难忘的四十余载，从而立之年的小伙子变成了白发苍苍的老人。

根据蔡重阳的具体情况，李星学最初让他专攻石炭、二叠纪研究工作，并很快安排他和欧阳舒、卢礼昌去山西太原、大同等地的石炭、二叠纪标准剖面进行实地考察。同时，还把生产单位送来的大量的植物化石交于他鉴定，并严格核准，通过此方法训练他的化石鉴定能力。

除此之外，李星学在外语学习和专业理论上对他给予了许多指导。虽因"文革"等政治运动，蔡重阳未完成学位论文，但在李星学悉心指导下，随其进行了大量的野外考察。60 年代中后期，蔡重阳与姚兆奇、吴秀元等在甘肃、宁夏等地考察，采集标本，并协助李星学完成了《甘肃靖远石炭纪生物地层》、《华北晚古生代植物群的发育层序》等文章。考虑到我国在泥盆纪植物研究方面的弱势局面，李星学安排他进行了较多的泥盆纪植物研究，1972—1975 年，蔡重阳随李星学奔赴两湖、两广、四川、贵州、江西、云南等地，大面积地进行野外考察，积累了丰富的实践经验。多年来，他已和李星学合作发表或独立发表数篇研究论文，如 1982 年发表的《中国泥盆纪陆相地层的划分与对比》、1994 年发表的《滇东早泥盆世海陆过渡相生物地层学研究》等文章。蔡重阳成为我国在泥盆纪研究领域不可多得的专家。

1980 年，在李星学的大力支持下，蔡重阳成功申请德国洪堡基金，远赴德国深造，成为我国古植物学界第一个洪堡学者，极大地提高了自身的研究水平，"对我终生所从事的地质古植物研究事业，大有裨益[①]"，2007 年蔡重阳在庆祝李星学 90 寿辰时著文如是说。

1964 年 9 月，来自焦作矿业学院的姚兆奇考取了南古所的硕士研究生，跟随李星学从事古植物学研究，也因为"文革"等政治运动，未完成学位论文，后着重于研究华南二叠纪植物。"文革"中后期，他与蔡重阳等跟随李星学进行了大量的野外实地考察，积累了丰富的野外实践经验，为以后的研究

[①] 蔡重阳：《难忘教诲受益终生》。见：中国古生物学会古植物学分会编：《华夏之子根深叶茂》。吉林：吉林大学出版社，2007 年，第 34 页。

成果奠定了基础。多年来,姚兆奇与李星学合作发表或独立发表论文数篇,包括《中国南部二叠纪含煤地层》、《东亚石炭纪和二叠纪植物地理分区》、《西藏北部双湖地区晚二叠世植物群》、《西藏昌都妥坝晚二叠世植物群》等文章,其中最具代表性的是《华南大羽羊齿类植物繁殖器官的发现》一文,取得了近百年来对这一类植物研究的重大突破,并在国际古植物学界引起了极大关注。

除了招收学制内的研究生,李星学一直关注古植物学人才发展,并通过各种渠道,扩充古植物学的研究队伍,防止人才流失。现已退休的南古所研究员李浩敏回忆起她来到南古所工作的曲折过程,感慨不已。李浩敏1954年毕业于北京师大女附中,1960年毕业于苏联莫斯科大学地质系,同年进入中科院南古所,长期从事古植物学研究工作,并在国内外学术期刊上发表了重要研究成果,是我国新生代植物研究领域的资深学者。1983—1984年,她曾获美国耶鲁大学生物系布朗奖学金,在该系和该校匹堡德博物馆(Peabody Museum)做访问学者。1988年起,开始研究中国国家南极科学考察队采自南极的植物化石标本。1992—1993年,参加了中国第九次南极科学考察队的长城站夏季科考。她还曾任国家南极科学考察第一届学术委员会委员和中国古生物学会古植物专业委员会第一、二、三届的理事等职。近年来,她陆续公布了自己南极考察系列纪实,发表于《生物进化》,并在上海科普图书创作出版专项资助下,出版了《古植物学家的南极之旅》一书。

1955—1960年,李浩敏在前苏联莫斯科大学地质系古生物专业学习。由于当时比较直率天真,她对1958年"大跃进"等运动有些不同看法。这些看法在当时被认为是"右倾"思想,受到批判。这件事使李浩敏受到很大刺激,然而,出乎意料的是,她毕业后却被分配到南古所。直到"文革"后,她才了解到,之所以来到南古所工作,从事古植物学研究,是时任古植物研究室主任李星学几次给教育部写信并向所领导提出要求促成的。

当时李浩敏和李星学没有见过面,所里对于李浩敏的了解,仅限于1956年斯行健所长访苏时,在一次招待会上斯行健和她谈过一次话,以及其后李星学和她的两次通信。斯行健访苏时,得知李浩敏想学习古植物学,很高兴,并告诉她,国内还没人搞新生代植物,李浩敏当即表示愿意研究新生代植物。说来也巧，当时教授她古植物学课程的老师就是一位研究新生代植物的副教授，也是苏联古植物学界泰斗 A. N. 克里斯托弗维奇教授的门生。于是李浩敏就跟随她学习，做了两篇年级论文和一篇毕业论文。斯行健回国后把这件事告诉了李星学，李星学就此放在心上。从李星学的来信中，李浩敏了解到，我国新生代植物化石资源十分丰富，李星学希望她毕业后能到古生物所工作。尽管李浩敏当时有"政治问题"，李星学一不留神就可能引火烧身，更何况他的父亲还在台湾，他自己随时有可能被扣上"反革命"的大帽子，但他还是坚持写信向有关部门提出此要求，并最终获得批准。由于李星学的坚持，成就了李浩敏今天的事业，李星学忠于科学和爱惜人才的价值观由此可见一斑。

科研为生产服务

为了适应迅速发展的地质科研、教育和勘探事业所需要的古植物学工作人员，李星学还组织了古植物学的培训班，并亲自授课，先后培养了来自兰州大学、中山大学、西北大学、焦作矿业学院、中科院兰州地质研究所、中南冶金地质研究所、西南地质调查所等单位以及陕西、甘肃和黑龙江煤田地质系统的许多年轻学者，其中很多后来都成为我国古植物学的学术骨干，在生产、科研、教学和学科发展中发挥了重要作用。他一直强调要特别考虑和照顾边远地区生产教学的需要。他亲自参与甘肃、新疆、西藏和黑龙江等地的古植物学研究，并吸收和培养有关单位的进修人员，解决了有关生产问题，同时培养了急需的人才。

中科院院士、南古所周志炎研究员于 20 世纪 50 年代就来到南古所，师从斯行健，后与李星学共事多年。周志炎主要从事中、古生代植物群及其相关地层研究，以中生代裸子植物和蕨类化石的研究见长，历任中国科学院南京地质古生物研究所研究实习员、助理研究员、副研究员、研究员等职。1980 年，李星学致信英国古植物学家 T. M. Harris，推荐周志炎前往里丁大学(Reading University)做访问学者,研究中生代植物群。同年 9 月,周志炎飞赴英国,开始了为期两年的合作研究。在 T. M. Harris 教授的精心指导下,周志炎很快就了解并掌握了国际上古生物学研究的现状、潮流、发展趋势以及一些先进的理论和方法,为以后的工作、研究奠定了基础,也为后来赶超国际学术前沿提供了条件和可能。周志炎先后担任过中国古生物学会古植物学分会副主任、主任委员,国际古植物协会副主席,国际古植物协会中国地区代表,国际植物分类委员会植物化石组委员,美国植物学会古植物组名誉会员。1995 年当选为中国科学院院士。他在不同场合多次强调,李星学的大力支持和悉心培养是他取得进步的主要原因。虽是过谦之词,但可以看出李星学在同事、下属心目中的重要作用。

周志炎在《敬祝李老师健康长寿》一文中评价到,李星学对学生和下属有明察的了解,他善于发现别人的优点和特长,在工作中予以恰如其分的安排和适当的任用。即使是来短期合作进修的所外年轻人,他也能很快地了解他们,适当地安排学习内容,确定方向,甚至给以机会参与他领导和组织的工作,从实际中予以培养和锻炼,使他们快速提高成长。从李星学门下出来的,不仅有学术骨干、专家和学术带头人,还有教授、编审、高级工程师和担任各种职务的领导。

图 4 – 15　1995 年,李星学(中)与南古所古植物室周志炎、孙革(右)在南京召开的《地史时期陆地植物分异与进化国际会议》上
(南古所古植物室提供)

著名古植物学家、现已退休的西北大学教授沈光隆,曾于 20 世纪 50 年代末就读兰州大学期间,被选派到南古所,师从李星学,专事古植物研究,得到李星学的悉心辅导,从此结下了深厚的师生情谊,并长期合作,在中外文期刊上共同发表了一系列研究成果。2007 年,沈光隆在《琐事情深献恩师》一文中,深情地回忆了在自己学术成长道路上,李星学付出的辛勤劳动。

1958 年秋,当沈光隆进入大学本科三年级时,兰州大学便将他选派到南古所进修。到南古所经过初步了解后,他决定专修古植物学,并去拜访时任古植物室主任的李星学研究员,请求拜他为师。李星学详细了解了他的基本情况之后,带他去见斯行健所长。当李星学离开办公室后,斯行健问他学过几门外语,得知只学过俄语时,斯行健从书架上取出 3 本书递给沈光隆,并说:"你先看看这几本书,一个月后再给你安排进修计划。"沈光隆自知无法完成一个月看完 3 本外文书的任务,决定放弃进修,打道回府。但是没过几天,李星学就找到沈光隆,让他不能打退堂鼓,鼓励他安下心好好学,并安排他到南京大学地质系旁听古植物学课程,做李星学实习课的助教。在李星学悉心指导和严格要求下,沈光隆很快进入了学习状态,甚至放弃了节假日,一心扑在工作中。同时,他发现,李星学自己也没有休息日,全部精力都投入到科研中。为了不致过度疲劳,李星学常带着他们进修人员去看电影、郊游,放松身心。"李先生这种慈父般的关怀,真令我终生难忘,我决心刻苦学习,绝不给李先生丢脸①"。

20 世纪 80 年代,沈光隆在李星学的鼓励下,又远赴德国法兰克福森肯堡博物院地质古生物研究所进行访问研究,后担任兰州大学地质系系主任,并于 1991 年调入西北大学。先后在中国地质学会、中国古生物学会、南古所现代古生物学与地层学开放研究实验室学术委员会等重要学术机构任职,发表了大量的关于晚古生代、中生代植物群以及陆相地层的研究论文,尤其对我国西北地区相关生物地层有重要研究,并有一定建树。

此外,李星学还长期兼职于南京大学地质系,讲授古植物学。中国科学

---

① 沈光隆:《琐事情深献恩师》。见:中国古生物学会古植物学分会编:《华夏之子根深叶茂》。吉林:吉林大学出版社,2007 年,第 38 页。

院院士、中国石油勘探开发研究院研究员、石油地质学家戴金星1961年毕业于南京大学地质系，1957年也曾聆听过李星学在南京大学讲授的古植物学课程，印象深刻。时隔50年之后，戴金星院士深情地回忆起当年李星学的教诲，他在《"古植物学"课老师李星学院士的二三事》一文中提到，李星学曾经陪同来华访问的波兰古植物学家去野外考察，见到一种不好辨认的化石，波兰专家很快根据其特征，确定种名。李星学以这一实例教导学生，知识要靠长年累月的积累，运用时才能识别关键，抓住决定性标志。"这充分体现了李老师'学贵有恒，业精于勤'的治学精神①"。

图4-16　1959年春节，李星学（前排左一）与进修生们在南京中山陵游玩（前排右起：杨臣琼、吴舜卿；后排右起：沈光隆、徐福祥。南古所古植物室提供）

特别值得一提的是，在长期的研究工作中，李星学接触到大量的生产单位送来的化石材料，他在仔细鉴定的同时，也认真倾听他们的疑问和要求，尽可能地给予辅导和帮助。

原煤炭部地质普查大队总工程师王仁农与李星学的交往起于20世纪60年代。1963年，他在内蒙古贺兰山葫芦司太搞煤田地质工作时，发现、采

---

① 戴金星：《"古植物学"课老师李星学院士的二三事》。见：中国古生物学会古植物学分会编：《华夏之子根深叶茂》。吉林：吉林大学出版社，2007年，第22页。

集了大量的植物化石,同时也采集了不少蜻蜓、腕足、三叶虫、苔藓虫等动物化石。他写信给李星学,要求鉴定,得到了李星学的热情回复。这些标本寄到南古所以后,李星学花了大量时间详细鉴定,甚至连编号错误等细节也一一进行了纠正。对于这批化石材料,王仁农还不断地向李星学求教一些古植物学问题,都得到了详细解答,使他受益匪浅。

图 4-17 1992 年,王仁农(左一)与李星学夫妇于湖南张家界
(南古所古植物室提供)

在之后的几十年里,李星学一直给予王仁农大力支持。无论工作还是生活,王仁农都愿意向李星学请教问题,交流看法,彼此结下了深厚的师生情谊。1976 年,王仁农到河南参加永夏会战(永城夏邑),那里掩埋的是晚古生代煤田,植物化石非常丰富。王仁农将采到的植物化石寄给李星学,请他鉴定。李星学鉴定过后又及时地将鉴定结果和植物化石再寄回,对这片掩埋煤田生产起到了很好的指导作用。永夏煤田后来已建矿生产,成为华东重要的大矿区。1978 年,王仁农结合多年的实践工作,在李星学的指导下完成了《有关密脉羊齿(?)的二次羽状复叶标本在苏北上石盒子组的发现》一文,成文后,李星学又进行了大量的修改,并再三谢绝了署名的要求,此文最终得以在《古生物学报》1979 年第 2 期上发表。

2000 年,王仁农和李星学合作撰写了《还我大自然——地球敲响了警钟》院士科普系列书。李星学对该书投入了大量精力，不仅亲自收集材料，初稿完成后，他还不厌其烦地进行了认真审阅，并请他人复审，先后五易其稿，对于其中的笔误，甚至标点符号都一丝不苟地进行修改。本书成为李星学晚年最重要的科普作品之一。

形成科学辩证的研究方法

在长期的科研工作中，李星学逐步形成了科学辩证的研究方法。他在郭传杰主编的《中国科学院科技创新案例（二）》中撰文《上下求索终有所得》，以自身 60 多年的治学经验，讲述了哲学思维对于从事科学研究的重要性。

他借用"众里寻他千百度，蓦然回首，那人却在灯火阑珊处"的古诗，首先比喻"众里"是面对前人已有成果，必须全面或详或略地大体了解，尤其对众说纷纭的问题，得摸清各种说法的来龙去脉和当时的历史背景以及问题的症结所在；其次，对搞地层学和古生物学的人而言，这个"众里"，就是多做野外地质考察、采集尽可能多的化石标本。总之，就是要详细地占有材料，这是任何科研创新的前提。说到"寻"，即寻求某个问题的解决、概念的创新乃至大的发现或发明，这不是一蹴而就的，而是需要坚忍不拔、刻苦努力，千百度地寻寻觅觅，才会有"却在灯火阑珊处"那豁然开朗的成功喜悦。当然，"寻"还有个思想方法的指导问题。自然界的现象如同万花筒，但要找出现象之间的内在联系，即事物的本质，却非常不容易，要尽可能避免形而上学、简单化甚至歪曲的三段论，学会由表及里、去伪存真、综合分析的辩证思维，特别是要学会抓主要矛盾。

首先，"勤能补拙，持之以恒"。在李星学成长的道路上，良好的家庭教育，父亲、舅舅勤奋刻苦的求学态度，给少年李星学树立了学习榜样；成年后，朱森、李春昱、斯行健等导师的勤奋之路，坚定了李星学"成功的人没有一个不勤奋的"的信念，支持他完成自己的科研人生。

精通外语是搞科研工作必不可少的技能，特别是地层古生物研究的主要对象是沉积岩和生物化石，涉及地球科学和生命科学多方面的知识和问题，往往需要参考古今中外大量资料，因而，多掌握一门语言就等于多一个通向知识宝库的渠道。李星学没有留学经历，在学校里只学过英语，远不能满足实际需要。因而，他下定决心，一定还要学些德、法、俄三种语言的基本知识，这是古生物研究中经常碰到的语种。南京解放前夕，社会动荡不安，正常业务难以开展，李星学就通过上夜校断断续续学了一年俄语。在平时工作中，忙里偷闲，随斯行健学习了德语。

60年代初期，他参加了单位为研究生开办的法语速成班。一起上课的30多人中，李星学的年龄最大，已经40多岁了，大家都以为他学不长久。可是除了坚持每周3小时的听课外，他还充分利用早、晚的空闲时间，背单词，做练习，从不间断。四个月后，坚持学下来的只有七、八个人。最后的结业考试，他取得了较好的成绩。在之后的科研工作中，李星学不仅熟练地掌握了英语的听、说、读、写，还能阅读俄、德、法文的专业文献，为国际学术交流提供了方便。

进入暮年，李星学记忆力日渐变差，加上工作繁杂，国内外学术活动较多，常有力不从心之感。但他仍常用"勤能补拙""笨鸟先飞"的老办法，利用空余时间弥补工作、学习时间的不足。无论节假日，还是周末，总要去办公室工作；外出归来，也常常是当天或次日就去上班。他一般不去看电影、戏剧。清晨有空，夜半偷闲，多用于充实外语或浏览国外文献。正因为如此，他才能在完成日常工作之外，每年至少完成一、二篇学术论文。

活到老，学到老，李星学可以说是这方面的榜样。2001年底，年近85岁的李星学开始向王军请教如何使用电脑。第一步，学习开机，关机……第二步，打开、关闭Word文档。第三步，启用汉王笔输入法……

李星学每天上午都到王军办公室，师徒俩坐在一起，逐一熟悉Microsoft Word、Microsoft Powerpoint、Microsoft Excel、Coreldraw、Photoshop、Pagemaker等等，李星学像年轻人一样，聪敏而勤奋，他很快就了解了各个软件功能，并尝试着开始应用。

很快，Microsoft Word成了李星学首选的攻克对象。他担心占用王军太多时间,坚持自学,边实践,边熟悉,边掌握。他和王军相约随时可以打电话向其询问,而王军也建议他可以放心大胆地进行实践。

李星学每天投入大量精力学习电脑,甚至吃饭时间也沉浸其中。有时王军出去办事,路过李星学寓所,顺便问他有无问题,两人一讨论就是个把小时。经过不到一年的勤奋努力,李星学已基本上能独立运用电脑完成自己的业务所需。在 2002 年纪念斯行健教授 100 周年诞辰的学术讨论会上,他平生第一次用多媒体作了报告。之后,在吉林大学 50 周年庆典活动中,他被特邀作学术报告,这一次更加驾轻就熟。

回想起来,李星学其实不需要学电脑,他完全可以用他的老办法——手写,像许许多多的甚至比他还年轻的同事那样,写好了请他人打印即可。正是一贯自律的原则——勤奋是做学问和立身之本和活到老学到老的精神,使 85 岁的李星学能够和年轻人携手步入电子化时代。

同时,李星学也意识到,除了以勤补拙,还得持之以恒。目标要专注,要有百折不挠的毅力,才能把希望变成现实。古植物属种众多,中外文献繁杂,不可能都记住。针对这种情况,从 20 世纪 40 年代起,李星学就开始尽可能多地制作、保存资料卡片,不管条件如何艰苦,他都没有间断。一是将国内外同行有关研究资料,随时摘录制卡;二是结合地质矿产调查,采集一些标本,同时制作化石属种卡,并随时加以补充。日积月累,形成了大量的卡片资料,大大提高了工作效率,以至于这种"好记性不如烂笔头"的工作作风在同事、学生中传为美谈。

1958 年,兰州大学地质系本科生沈光隆来到南古所,跟随李星学学习古植物学,李星学用成语"一问三不知"很好地解读了制作化石卡片的重要性。他告诉沈光隆:"'三不知'是指不知道'始、中、终',我们填属种卡片一定要从原始文献开始,弄清楚每一个属种的原始定义、模式标本的产地层位;知道研究过程中这些属种的鉴定和层位有没有或有什么样的变化;弄清当今这些属种的研究现状。"这番解释使沈光隆思路大开,在之后的研究中,他几乎对每件事情都要想想它的"始、中、终"。

李星学多年的同事和助手、古植物室吴秀元研究员回忆说,李星学有一个非常好的习惯,无论多忙,每天坚持记日记,做记录,这种习惯一直伴随着他。在李星学办公桌侧放着一个大木盒,其中装着数万张资料卡片,包括古生代的植物属种及地层资料,便于大家查阅和参考。"这些卡片上包含着他的心血,也记录着他的勤奋和刻苦。他的言传身教使我们在科研工作中受益匪浅①。"

回忆起这段工作经历,李星学自己感叹:50 年代末,他之所以能在半年之内按期完成《中国晚古生代陆相地层》这部专著,除了自己多年的广泛野外地质考察,还得力于这些卡片资料的积累和他平时对有关地层问题的不断思考,否则将如坠入五里雾,短期内不可能拿出像样的成果②。

"我这个人其实并不聪明,学识也不在一般人之上。之所以大半生还能做些工作,多少是由于始终铭记着前辈教诲的这样一句话:勤奋的人虽然不一定都会成功,但成功的人没有一个不勤奋的"。这是李星学在上海教育出版社编辑的《科学的道路》中撰写的"勤奋是做学问和立身之本"中的一段话。在许多场合中,他也多次强调"勤奋"在研究工作中的重要作用。

其次,"由表及里,综合分析"。《中国晚古生代陆相地层》一书是应 1959 年全国地层会议之需而赶写的,也是李星学重要的代表作之一。这部著作中涉及约 500 种中外文献、专著,从泥盆系至二叠系的每个地层单元几乎都是众说纷纭,包括这些地层的命名沿革、定义、分布范围、上下接触关系、化石内涵、时代归属、对比关系等等,李星学都一一加以考证,从而得出了比较客观的结论。

分布于长江下游的五通组地层,仅其时代归属的意见就分歧很大。当时古植物学家定其时代为早石炭世,鱼类化石专家却认为应属于中泥盆世晚期至晚泥盆世早期,两者相差两千多万年。李星学根据各方化石资料的综合分析,特别是注意到近代非洲东海岸深海还发现了数量极少的茅尾鱼(空棘鱼类残存的一种,人们称它为主要生存于泥盆世总鳍类的"活化石")的事实,从而推论其时代为晚泥盆世,这一结论至今还是基本正确的。

---

① 吴秀元:《我的导师——李星学院士》。见:中国古生物学会古植物学分会编:《华夏之子根深叶茂》。吉林:吉林大学出版社,2007 年,第 49 页。
② 李星学:《由表及里,综合分析　内外结合,博约兼顾》。见:《李星学文集》编辑组:《李星学文集》。合肥:中国科学技术大学出版社,2007 年,第 604 页。

广泛分布于华北的红层石千峰组（狭义），其时代问题也长期悬而未决，给地质填图和地层对比带来很大困难。李星学从其中的少量动植物化石及其与华北、西北相关地层中所见化石的关系、沉积特征和古气候的国际对比等方面综合分析，定其时代为晚二叠世晚期，并预见到其中存在某种乌曼杉和上覆地层中的植物特征。吉林蛟河杉松的早白垩世植物群，埋藏在松花湖畔一条出露不佳的地质剖面中，下部为湖水掩盖，上面覆以第四纪砂砾层，又缺乏动物化石，时代本来是难以确定的。通过综合分析，由于其中不仅有不少颇具特征的新属新种，并有西伯利亚早白垩世的相同分子，也不乏北美著名的早白垩世波托马克植物群的属种，特别是还含有少量极重要的被子植物化石，李星学等人遂将其定为早白垩世晚期产物。这个植物群内容的丰富多彩和时代的确切，可以说是中国东部迄今所知研究得最为详细的早白垩世晚期植物群，它的发现深受国内外同行的赞赏。唯有在将其与东北地区中生代含煤地层对比时，有的古生物学者持怀疑态度。例如，对鸡西煤田的城子河组与穆棱组的时代确认，李星学等人认为属早白垩世，有人则坚持为晚侏罗世。近年来，在城子河组相继发现了被子植物和早白垩世沟鞭藻海相化石，进一步提供了在这一时代争论中有利于李星学观点的新证据。

李星学认为，古生物学不同于精密科学如数理化，它是从经验、描述发展起来的学科，往往使用归纳法。例如，"以往，某类（或属种）化石都是发现于某时代的，现在我发现的也是这类化石，所以也是某时代"，这种三段论的推理，很明显违背了形式逻辑的规定，因为大前提中有"以往"的限制。也就是说，大前提不准确，据此推出来的结论未必是真的。正如恩格斯所说，按照归纳派的意见，归纳法是不会出错的方法。但事实上它是不中用的，每天都被新的发现所推翻。

再次，"内外结合，博约兼顾"。书本知识无疑是很重要的，但"纸上得来终觉浅"，何况地层古生物学是实践性很强的学科。

李星学从大学时代起就很重视野外地质调查，几乎每年都出野外。关于南京郊区的五通组与上覆地层的接触关系，以往有种种说法，李星学通过横向追踪对比，特别是对新揭露的剖面细致观察，得出了平行不整合的结论。20 世纪 50 年代早期,他结合在华北进行煤田地质、石膏矿、铝土矿、地下水和硫磺、铁矿资源等的调查勘探,撰写了《中国各主要含煤地层的标准植物化石》一书。

但李星学认为这些仅仅触及了一些现象,自然界的现象千差万别,科学的任务在于揭示事物之间或现象背后的内在联系和本质,要超过前人,就必须在观念、概念、假说甚至理论上有所突破。他在做大量野外调查、采集化石标本的基础上,再在室内进行细致深入的研究,60 年代初期完成了《华北月门沟群植物化石》一书。该书不仅充实了瑞典著名古植物学家 Halle 所奠定的华夏植物群的内容,而且建立了石炭、二叠纪植物演替的组合序列,在某些观念上有所突破。例如,当时人们根据在甘肃南山发现的所谓安加拉植物群覆盖在华夏植物群之上的情况,认为前者比后者年轻;李星学则根据新资料提出两大植物群从石炭纪以来就是平行发展的,两者的不同主要是因为中间隔了一个大地槽的缘故。又如,如何解释华北上石盒子组或南方龙潭组植物群,Halle 和他的追随者都机械地套用欧洲的标准而归于早、中二叠世;李星学则认为东亚古气候条件不同,与欧洲早二叠世相似的植物群可以在这里延续至晚二叠世。

在知识积累方面,李星学很注重"博"与"约"(专、精)的兼顾。一个人的精力是有限的,"博学家的话多浅,专门家的话多悖"(鲁迅语),所以李星学始终坚守着以古、中生代植物和地层为主的专业园地,同时又密切关注着有关知识的潮流走向,诸如大地构造、板块学说、古地理、动物化石、煤田地质、沉积学和新近兴起的各种生物演化学说等。李星学对文史很有兴趣,新中国成立后又学了哲学,他认为这些人文类知识对研究古植物学是必不可少的。

最后,"抓住苗头,狠下功夫"。20 世纪 50 年代中期,在鉴定青海的一批标本时,李星学发现这是东亚首次发现的纳缪尔期植物群,并认出了过去只见于西欧石炭纪的"沟木",得到斯行健的首肯。早在 60 年代,李星学和他的学生们就在甘肃靖远发现了一个保存完好的植物群,于是他组织人力,集体攻关,综合研究,于 1993 年撰写出版了《北祁连山东段纳缪尔期地层和生物群》一书,这是我国古植物学在这方面的一个突破。书中提出了一些新颖的观点,如偶脉羊齿类等植物乃起源于我国西北,然后辐射迁移到欧洲,引起了国际学术界的瞩目。又如,传统观念认为华夏植物群起源于欧美植物群。现今越来越多的化石材料表明,这种因研究历史较早或受"欧洲即世界"地缘政治影响而来的观念是站不住脚的。因为华夏植物群有着自己的"根":在早石炭世甚至更早时期,这里已出现某些独特的分子,有些与欧美共有分子在华夏区也出现的早一些。为此,李星学等人初步提出了"前华夏植物群"的概念,并一直致力于这方面的研究。

第五章
"文革"时期的科研工作(1966—1976)

科研业务被迫中断

  1966 年 6 月,"文革"开始,李星学的业务工作被迫中断。7 月,南京成贤街 92 号南古所宿舍水泥地上首次出现了一行黑字大标语,赫然在目:打倒资产阶级反动学术权威李星学!"李星学"3 个字用红笔划上圈,并打上叉。8 月,宿舍大门传达室对面墙上贴着:地主分子出身等四种人,限期一周内搬出单位宿舍!李星学的母亲朱淑娴当时已近 80 岁高龄,裹着小脚,被迫在 16 岁长孙李亮陪同下坐车两天两夜,辗转回到祖籍湖南郴州坳上乡参加劳动。据李星学次子李克洪回忆,当时他和父母将奶奶和哥哥送到汽车站,而父亲李星学继续送他们到下关火车站后才离开,悲伤的气氛笼罩着全家。在李星学母亲走后不久,在家里做了 8 年的保姆,也和他家划清界线,辞工离开了。而后,一群红卫兵来到李星学家里,将他保存多年的日记、邮票本,首饰银元等值钱的东西全部没收。抄家后,又勒令李星学交出两间房。他作为原四级研究员享受每月 198 元工资,被扣减至每月 30 元,全家当时 7 口人靠这仅有的 30 元工资生活。同年 12 月,湖南郴州传来噩耗:李星学母亲因吃红薯,堵住食道,因救治不及时去世。

就在最困难时刻,身在北京的中科院古脊椎动物与古人类研究所、原重庆大学校友周明镇研究员,不知从何渠道得知李家的困境,在自己也被冲击的情况下,雪中送炭从北京汇来 300 元钱,寄至成贤街宿舍对门的南京工学院邮局,帮助解决了李家燃眉之急。

在南古所革委会有关方面的安排下,李星学全家由原先楼下一层的 3 间房带厨房及两家人共用的卫生间,搬至最顶层的三楼朝西向的"老虎窗"阁楼,最低处连腰都挺不直。一起搬出来的还有卢衍豪、赵金科、王钰等人及家属,原本一个和谐安宁、专注科研的居住环境被彻底打破了。这种带有"老虎窗"的阁楼根本不能住人,夏天,打开窗户就是晒得滚烫的屋瓦,冬天,家里脸盆里存放的水都结成了厚冰,敲都敲不开,而且无厕所无厨房,同层的三家共用一个水龙头,其艰难窘境可想而知。

不久,李星学的妻子刘艺珍又被诬陷参加了"反革命"组织,被送往南京郊县的"红旗砖瓦厂"劳动改造,李星学 3 个尚未成年的孩子被迫开始了独立生活。据李星学女儿李长青回忆,当时她只有十多岁,年幼无知,无学可上,每天只好东游西荡,吃完百家饭,晚上就一个人睡在黑洞洞的屋子里,父亲每个月 34 元钱的工资都是由她代领。有一次,她被允许探望劳动改造中的母亲,母亲见到她时,几乎无法认出她来,因为分离的时间太长了,她又长高了许多。这种日子持续了好几年,它是李长青少年时代深刻的记忆之一。

在李星学隔离南京"水利科学院"期间,有一次,李星学与同时隔离的同事外出请假洗澡。在返回水科所的时候,路过珠江路,遇见和同学看电影

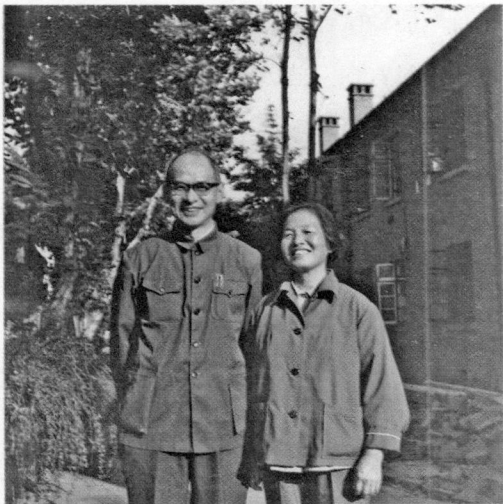

图 5-1 20 世纪 60 年代中期,李星学与妻子刘艺珍在南京(南古所古植物室提供)

回家的 13 岁次子李克洪。李星学问起家里情况,并强打笑容,说自己还好,不用担心,最后从上衣口袋里掏出五元钱交给了儿子,要他带回家。其实,除了自身的境况,他最担心的就是孩子和妻子。

"文革"初期,李星学等人经历了被批斗、被关押牛棚、隔离审查,打扫厕所等,科研业务几乎中断。李星学等人先后被关押在南古所内食堂、江苏金坛县后阳镇、江苏六合县竹镇、南京水利科学院等地。从 1966 年下半年起,李星学就被迫中断了业务工作,开始接受长期的、时断时续的劳动改造。由于其父在新中国成立前就去了台湾,尽管 1952 年病逝于台北,李星学在政治上还是受到牵连和打击,被扣上"反革命"的大帽子,并要求他交代"反革命"父亲对自己的错误影响。当时李星学和微体古生物室的卢衍豪、所长赵金科等人一起被关在所内食堂,进行劳动改造。1968 年 10 月—1969 年 1 月,李星学和所里其他同事被安排到江苏省金坛县后阳镇,接受军代表的隔离审查。数九寒天,他们住在当地农民的茅草屋里,环境异常艰苦。1969 年 1 月—5 月,在南京水利科学院进行劳动改造。5 月底,回到南京地质古生物研究所,集中进行政治学习,同年 9 月—1970 年 6 月在江苏省六合县竹镇接受贫下中农再教育。李星学在艰苦的条件下,仍然挤出时间坚持业务学习,留下了大量的读书笔记,《中国古生代植物》和《中国新生代植物》两部著作的前期编写工作就是在这个时期开始的。1970 年下半年起,李星学的自由时间相对宽松一些,他更加努力地投入到古植物学的研究工作中。

与杨钟健的通信

"文革"中后期,各种政治斗争和革命批判充斥着中国学术界,南京地质古生物研究所也处于万物萧条,百废待兴的状态。李星学利用空余时间,仍坚持不懈地进行研究工作。在 1968—1975 年的日记中,详细记载了他的野外工作经历、读书心得、与其他学术专家的通信往来,会议准备等等科研心路历程。

图 5-2　在 1968—1975 年的日记中,李星学详细记载了他的野外工作经历、读书心得、与其他学术专家的通信往来、会议准备等科研心路历程(自行采集)

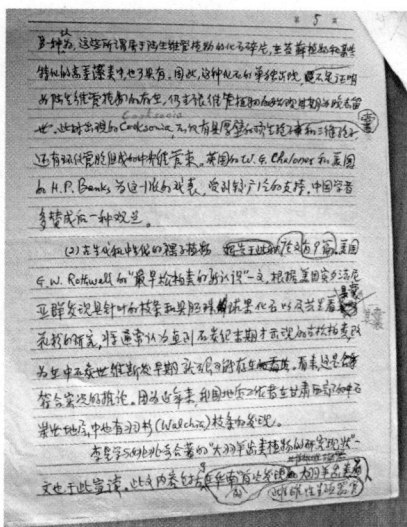

图 5-3　"文革"期间,李星学的研究手稿(自行采集)

杨钟健是国际知名古生物地层学家,中国古脊椎动物学奠基人之一,早年在地调所工作,一直是李星学敬重的老师和学长。1967 年 12 月,正值"文革"政治形势严峻之时,杨钟健给李星学写了一封信,谈及有关地层的学术问题,并给予李星学极大的精神鼓励。这封信后来一直保存在李星学手中,"正是杨老这种在任何困境中对工作都坚忍不拔地献身于科学的精神感染了我,给了我勇气,使我敢于把这封信一直保存到现在①。"

杨钟健在信中这样写道:"弟近整理前几年由我所同志从河南济源所采的一些化石……据采集人说,这些化石采自石盒子系的上部,距石千峰(系)的底部不远。这是我们第一次知道的石盒子系的脊椎动物化石,……感到很有意思。……似可以和南非的 *Tapinocephalus* 层相比,更接近于苏联乌拉尔西相当于此层的化石,也可能稍高些,也就是上二叠纪的下部或更老一些。此为石千峰发现了脊椎动物化石后的另一重要收获,也证明石千峰系属于上二叠统是正确的。看到我兄关于中国古生代晚期陆相地层和盛金章兄关于二叠纪的论述,均把石千峰(系)归之于二叠纪,十分正确,无任钦佩。脊椎动物化石在古生代后期的工作过去注意不够……但近来一些事实使我有强烈的信念……相信(我国)古生代晚期从泥盆纪到二叠纪必有更多脊椎动物化石发现,不亚于美国的德克萨斯、亚利桑那,南非和苏联的一些地方,或可超过②。"

李星学认为,杨钟健在那样困难的条件下专心读书,并非借以消愁解闷,而是在真正地搞科研,并且做出了不少成绩。不仅如此,杨钟健在有所发现、"兴奋之余",还函告他的学生、好友,以分享他的乐趣。同时,他对后辈在工作上稍有成绩,也不惜赞美之辞,给以热情的鼓励和宽厚的嘉许。这种乐观主义的态度深深感染着李星学。尤其是在 1967 年那种万马齐喑的日子里,一些受压迫、被迫害的知识分子,对国家、个人前途几乎绝望的情况下,杨钟健却凭着他政治上深邃的洞察力,对党的深信热爱,以及毕生坚定不移地献身于中国科学事业的精神,能够真知灼见地指出:"文革"之后社会主义的科学事业必将有飞跃的发展。这对当时处于被批斗、蹲牛棚中的李星学,就像阴霾中的一缕阳光,严冬之际的一声春雷,带给他极大的慰藉,增强了他应付逆境的勇气,使他看到了科学春天的希望,还有对个人前途的信心,支持他在"文革"十年艰难的岁月中,能够坚持不懈地进行科研工作。

---

① 李星学:《忆杨钟健老师二三事》。见:《李星学文集》编辑组:《李星学文集》。合肥:中国科学技术大学出版社,2007 年,第 610 页。
② 李星学:《忆杨钟健老师二三事》。见:《李星学文集》编辑组:《李星学文集》。合肥:中国科学技术大学出版社,2007 年,第 611 页。

"文革"期间的研究成果

由于我国早、中泥盆世植物的研究基础薄弱,还缺乏专门人才,20 世纪 70 年代,李星学和蔡重阳、吴秀元、欧阳舒等人在艰苦的野外环境下,陆续在两湖、两广、云贵、江西、四川、甘肃等地进行了长时间的野外考察,对于剖面的地理位置、地质年代、岩层厚度、岩性等第一手资料都有文字记录。李星学的同事、从事古植物孢粉学研究的欧阳舒先生在《祝贺李星学先生 90 华诞》的回忆中写道:"在贵州,当时百姓生活很苦,我们住在农村时,或一大碗腌菜,滴油不沾,或仅有青椒蘸盐下饭,我看先生同我们一样毫不在意,很是

图 5-4　1975 年 5 月,李星学(中)与蔡重阳、欧阳舒在桂林芦笛岩洞
留影(南古所古植物室提供)

感动①。"

　　另外，李星学也阅读了一些哲学类书籍，并写下了大量的读书笔记，吸收了达尔文、李约瑟等人关于生物进化理论的思想观点。不仅如此，李星学还注意博采众长，拓宽知识面，除了古生代植物的研究，他也十分关注中生代、新生代植物的研究发展，同时他还涉足了蜓类、小壳类等古无脊椎动物和古人类学的学习研究。

　　我国植物化石十分丰富，种类繁多，保存良好。20世纪70年代中期，我国社会主义建设事业蓬勃发展，地质、煤炭、石油等部门大规模开展区域地质测量、普查找矿，大大推动了古生物学的发展。在这种历史背景下，1974年出版的、由李星学等人主编的《中国古生代植物》一书，系统全面总结了我国近百年来有关的研究文献资料，加以简要综述及图示，对提高我国古植物学的研究水平和普及古植物学知识，以及推动古植物学科在我国迅速发展起了相当重要的作用。特别是对华夏植物群最重要的代表——大羽羊齿含义的厘定，许多重要属种如：密美羊齿、大美羊齿、双羽杉、畸羊齿、束羊齿、蕉羊齿(原始乌毛蕨)、翅编羊齿等的发现、研究或订正在植物学和地层学上都有较大意义。

　　《中国古生代植物》的编写工作始于1962年，当时国家经济困难，科研经费严重短缺，各种政治运动频繁。另一方面，1964年斯行健的患病及去世，也极大削弱了中国古植物学的研究力量，加之当时研究人员稀少，人手不够等各种客观原因，这部著作的编写工作推迟了7年之久。

　　最终，1969年由中科院南古所和植物研究所协作，在南古所古植物室有关研究人员初稿的基础上，汇集了1966年以前正式发表的有关我国晚古生代植物化石的资料，由李星学主持，重新进行系统的编写工作，从中选用比较重要和可靠的植物化石加以描述，并发表6个新属51个新种，共121属362种。对这些植物化石基本上依据古植物学常用的分类系统以及我国现有的材料，对门、类(目)、属(组)、种做了介绍；其中大多附检索表，并配以插

---

① 欧阳舒：《刻苦积累和勇于创新》。见：中国古生物学会古植物学分会编：《华夏之子根深叶茂》。吉林：吉林大学出版社，2007年，第28页。

图 140 余幅和图版 130 幅,便于读者了解古植物器官形态方面的知识和鉴定古生代植物化石时参考。

另外,这本书还对中国古生代各个时期植物组合的演替概况和特点进行了论述,附有中国古生代主要和常见植物化石的地质分布表、中国晚古生代地层对比简表,以及中国古生代各个时期植物化石名录。特别是,对长期以来有关大羽羊齿属错误认识的改正,即明确了 Halle 等 1927 年以来将华北及朝鲜具简单网脉的植物与我国南方具复杂网脉的大羽羊齿植物混为一属的错误。前者应改名为单网羊齿属,中朝准地台和华南均有广泛的分布;后者才是真正的大羽羊齿属植物,主要见于中国南部及东南亚地区,华北仅偶有发现。这一改正在古植物学上有着特别重要的意义。

图 5-5 1974 年,科学出版社出版了由李星学主编的《中国古生代植物》一书(南古所古植物室提供)

这本书也是李星学最重要的科普著作之一,对地质、煤炭、石油等部门有关地质学、古生物学工作者和植物学工作者、高等院校有关专业、自然博物馆的工作人员等提供了理论依据和参考。前已述及,它与《中国中生代植物》一起作为《中国各门类化石》系列丛书的一部分,获得了 1978 年中科院重大成果奖和全国自然科学奖二等奖。

1974 年,李星学与学生姚兆奇、蔡重阳、吴秀元等人合作完成了"甘肃靖远石炭纪生物地层"一文。靖远县位于甘肃省东北部,大地构造位置处于北祁连加里东褶皱带的东南段。靖远地区各纪地层发育较全,自南山群变质岩系至第三系均有出露,其中石炭系含可采煤层和其他矿产。因此,进一步划分石炭纪地层,对当地的地质勘探和有关问题的探讨,都有一定意义和现实需要。

另外,靖远地区石炭纪地层的研究虽开始较早,但由于前人对化石采集不够，系统和生物地层学上的综合研究不够，在时代划分上存在一些问题，李星学等人多次奔赴该地区对有关地层做了进一步的观察，测制了一些较详细的剖面，采集了较多的化石。

他们通过地层层序和古生物特征、靖远组纳缪尔期植物群的特点、纳缪尔期地层的名称及归属问题等三方面的论述，提出了一些新的看法。第一，靖远的石炭纪地层发育完全，并含可采煤层；自下而上可分出早石炭世臭牛沟组、中石炭世靖远组、羊虎沟组及晚石炭世太原组。第二，臭牛沟组按岩性可分为三个段，其时代大致分别相当于韦宪期的早、中、晚期；同时搞清了其下底与晚泥盆世老君山群上部地层的接触关系。第三，原来笼统归于羊虎沟群下部的一套地层，根据生物群及岩性特征，已单独划出，定名为靖远组，代表相当于西欧纳缪尔期的沉积，并主要根据植物群及区域地层沉积特征，将它归入中石炭统底部，代表中石炭世早期的地层。第四，靖远组下部纳缪尔 A 期植物群的发现，为古植物学及生物地层学提供了有意义的新资料。第五，新义的羊虎沟组代表相当于西欧维斯期的地层沉积，与华北的本溪组相当。第六，太原群在靖远地区可能由于后期剥蚀，保存的厚度不大，但它的存在，已有动物化石的验证。

特别值得一提的是，这一重要成果的发表不仅开创了祁连山地区纳缪尔期生物地层系统研究的先河，更促成了一批专门论述该区纳缪尔期生物地层学论著的相继问世，使我国纳缪尔期生物地层学的研究工作跻身于世界前列。这篇论文也成为 1993 年出版的李星学重要著作《北祁连山东段纳缪尔期地层和生物群》中的一部分。

第六章
新时期中国古植物学界的领路人(1976—1997)

　　"文革"结束后,中国进入了科技革命的春天,相应的古植物学研究也逐步复苏。特别是改革开放以来,各种国际学术交流合作日趋活跃,中国的古植物学者在国际上取得了一系列重要科研成果。

　　1976—1997 年的 20 年是李星学取得科研成果的重要时期。他对青藏高原古植物及其地层、地理区划进行详细研究,和姚兆奇、吴一民等合作,先后发表了近 10 篇论文,明晰了青藏高原古生代植物群的组成内容及其地质、地理分布的概貌。20 世纪 80 年代后期,借第十一届国际石炭纪地层会议在中国召开之际,李星学和吴秀元、沈光隆等将六七十年代在甘肃靖远、景泰等地原有较详地层古生物研究工作进一步做了些必要的野外、室内补充,先后发表了十几篇论文。其中,有关纳缪尔期植物及古生物地层资料被汇集成册,成为古植物学界极具影响力的专著《北祁连山东段纳缪尔期地层和生物群》。鉴于中国白垩纪植物研究也很薄弱,1986 年,李星学与叶美娜(南京大学毕业,就职于南古所,师从斯行健专事中生代植物的研究)、周志炎合写了《中国吉林蛟河杉松早白垩世晚期植物群》一文,大大充实了我国早白垩世植物群的组成内容。此外,李星学对于华夏植物群也进行了更深入的研究,并陆续发表了《东亚华夏植物群鳞木类植物》(1980)、《二叠纪华夏-冈瓦纳混生植物群》(1986)、《华夏植物群的起源、演替与分布》(1997)、《中国及邻区晚古生代植物地理分区》(1996)、《华南大羽羊齿类植物生殖器官的发现》(1983)等代表作。1995年,他还主编了《中国地质时期植物群》一书,对40多年来中国古植物学的研究成果进行了总结。

另外,在进行基础研究的同时,李星学从战略高度上对中国古植物学的发展历史、现状、未来不断地思考总结,写下了《中国古植物学三十年》、《华夏植物群研究的新进展》、《亚洲华夏植物群研究近况论评》等系列论文。

在长期的科研工作中,李星学也不忘后继人才的培养,陆续指导了数名硕士、博士研究生,为中国古植物学研究注入了新鲜血液。长期以来,他还担任了学术刊物的编委、主编,和一些学术团体及组织的负责人,尽心竭力地为中国古植物学默默奉献着全部的精力和智慧。李星学成为新时期中国古植物学界的领路人。

对泥盆纪植物的研究

中国南方泥盆纪地层分布广泛,长期以来就以地层发育完整、化石丰美而著称于世。总的来说,华南泥盆纪的地层沉积,可以根据大地构造单元、地层发育特征和生物群面貌,进一步划分为东、西两区:西区包括西藏、滇西、川西、西秦岭和昆仑山南坡一带,产大量的底栖生物和浮游生物;东区包括龙门山地槽和康滇古陆以东的广大地区,产丰富多种的各门类化石,包括大量的植物化石。

我国早泥盆世植物研究,始于20世纪20年代,最初由赫勒(Halle,1927、1936)描述了我国地质学者王曰伦等采自云南曲靖翠峰山和沾益龙华山的几块标本,内有最著名的刺镰蕨。后来斯行健(1941)、徐仁(1947)分别描述了云南昭通和华宁盘溪等地的少数早、中泥盆世植物。90年代以后,徐仁、高联达、李承森等人对泥盆纪植物化石有过较深入的研究,陆续发表过《云南东部中泥盆世和晚泥盆世早期大孢子》、《云南东部中泥盆世,晚泥盆世早期孢子带及其地层意义》、《中国泥盆纪维管植物的组成与古地理分布》

等文章。但从整体上看,中国早、中泥盆世植物的研究,特别是对西南地区早泥盆世地层及其生物群的全面了解和综合研究仍处于相对薄弱的状况,给有关地层的划分对比带来不少困难,远远落后于当时区测、普查、找矿的需要,也有碍于相关问题的进一步讨论。

作为中国古植物学研究的中坚力量,李星学凭着多年的实践经验和扎实的理论功底,强烈地意识到必须着手培养专门人才,加强对泥盆纪植物的研究,使学科发展达到一个动态平衡。另一方面,在"文革"后期直至改革开放初期,李星学有相对充足的自由时间和经费,这为他从事泥盆纪的相关研究提供了客观条件。1975年,他带领蔡重阳、欧阳舒等人对四川等地发育较好的相关地质剖面做了一次长期、广泛的勘察,在70年代后期与蔡重阳合作陆续发表了数篇论文,为我国早、中泥盆世植物群后续研究中的一些重要发现和人才成长奠定了基础。

1977年,李星学与蔡重阳合作发表了《中国西南地区早泥盆世工蕨化石——中国西南部早泥盆世植物群研究之一》。基于1972—1975年在野外考察所采集的材料,他们首先将种类最多、分布很广、地层意义最大、在植物系统分类和陆生维管植物起源方面都具有较大意义的工蕨属(*Zosterophyllum*)材料进行整理研究。工蕨属是早期原始陆生维管植物中工蕨型植物的典型代表。在此文描述的材料中,以中国工蕨(新种)和3个已知种,即米尔顿工蕨、澳大利亚工蕨和云南工蕨最为重要。

中国工蕨的标本很多而且保存较好。据此,李星学等人绘制了一个复原图。根据中国工蕨有特别发育的H型分枝轴,当时其他工蕨也大多有H型分枝轴密切共生的情况,他们倾向于赞同学术界已存在的一种设想:这种在拟根茎部分盘根错节的H型分枝现象,并非少数工蕨所特有,而可能是工蕨属所有种类拟根茎部分的必具器官。因而,他们认为,除了60年代重新绘制的米尔顿工蕨复原图外,其他几种,如最著名的莱茵工蕨,我国的云南工蕨和较早绘制的米尔顿工蕨复原图,都是依据不足,不可靠或根本是错误的。

当前工蕨化石所在层位或其邻近的上下层位中,常有海相或半咸水、半淡水相瓣鳃类、腹足类、介形类和鱼化石等的发现,我们所见H型分枝轴上的角质层比较厚实和其表皮细胞辐射壁有明显加厚等，都说明工蕨属植物可能是生长于滨海沼泽、泻湖或尚与海面时通时断的水域附近的陆生维管植物；可能只是在水涨或潮高阶段，其地面植物体的下部才偶尔浸没于水中。

在地层时代方面，米尔顿工蕨与澳大利亚工蕨在采集材料中的发现值得注意。前者发现于英国的惹丁那期地层，在苏联西伯利亚出现于柯布兰茨期地层。后者在澳大利亚所在地层的时代，一般视为西根期或西根—早、中埃姆斯期。此外，注意到出现层位比上述两种更高的云南工蕨，常与刺镰蕨的同层共生，就说明化石层位属于埃姆斯期的可能性最大。因而，采集到的主要材料所在的翠峰山群的时代，大致相当于西欧早泥盆世的惹丁那期至埃姆斯期。

云南工蕨除了曲靖徐家冲模式产地外，又增加了沾益龙华山和贵州独山两处，广西苍梧也有很近似的标本发现，可能是我国早泥盆世末期的一种良好标志植物。另外，工蕨属各个种类的鉴别，最重要的是其繁殖器官孢子囊的形状和它们在囊穗上的排列、着生方式。孢子囊、孢子和囊穗的大小长短，都有一定变化，为次要特征。至于单个孢子囊或 H 型分枝的单独发现，则只具辅助性的标志意义，不足以作为工蕨属存在的可靠依据，因为这些孢子囊也有可能是其他植物的。

1978 年，李星学与蔡重阳在《地质学报》上发表了《西南地区早泥盆世的一个标准剖面及其植物组合的划分与对比》一文，对云南东部早泥盆世翠峰山群包括的四个组：下西山村组、西屯组、桂家屯组及龙华山组的生物群特征进行了描述，概述了各组的岩性、厚度和重要化石的地层意义，并与国内外相应地层（主要是西欧的地层）作了对比。另外，李星学还将西南地区这一代表性的早泥盆世植物群分为早期（钩藻—工蕨组合）、中期（弥尔顿工蕨—澳大利亚工蕨组合）、晚期（刺镰木—云南工蕨组合）三期植物组合，有助于对有关地层的划分、对比以及对某些问题的进一步研究。

1979 年，李星学与蔡重阳在《地层学杂志》上发表了《中国泥盆纪植物群》一文，在多年研究的基础上对中国泥盆纪植物群进行了综述。根据沉积岩性和植物组合特点，他们将中国泥盆纪植物群分为南、北两区，其中南区主要指秦岭、大别山以南的地区,向西还包括滇西、藏东部分区域;北部主要指西起新疆准噶尔盆地,东至大兴安岭一线附近地带,它和安加拉古陆的南缘大体一致,也包括了新疆喀什和宁夏南部、甘肃东部的少数地方。

在南方区,早泥盆世以工蕨属分布最广,种类最多,主要分布于滇、黔、桂、川,其代表地层为翠峰山群,早、中、晚地层中植物化石特征各不相同。中泥盆世植物统称为纤原始鳞木植物群,纤原始鳞木为中泥盆世世界性标志植物,早期植物群发育较差,已知属种较少;而晚期植物化石内容丰富,分布很广。晚泥盆世植物发育较好,其分布地区与早、中泥盆世相反,主要在东南地区,西部零星出现,此期植物群的面貌比较接近于早石炭世植物群,孢子植物的 3 个大纲和种子蕨以及原始裸子植物都已相当繁盛,内有不少乔木类型,可统称为斜方薄皮木(*Leptophloeum rhombicum*)植物群,也分为早、晚两期。

图 6-1　1992 年,李星学(中)与南古所欧阳舒、蔡重阳在湖南张家界
(南古所古植物室提供)

在北方区,早泥盆世期间,西准噶尔地区的和布克赛尔群下部(乌图布拉克组)的海陆交互沉积中,含有少量植物化石,暂称为原始微蕨组合。中泥盆世植物十分发育,分布广泛,和南方区一样,可统称为纤原始鳞木植物群,早期已知植物分子不多,特征不明显;而晚期与南方区的发育情况相似,

也可命名为纤原始鳞木—杜氏巴兰德木组合。晚泥盆世以原始石松类最为发育,也可命名为斜方薄皮木植物群,其他类群则不如南方植物群丰富,大致可分为早、晚两期。

另外,通过与国外同期植物群的对比还发现,早泥盆世的工蕨植物群主要发育于我国西南地区,其最后阶段大致相当于西欧埃姆斯期的云南工蕨—刺镰蕨组合,为南方区分布广泛和较易识别的一个植物组合。中泥盆世的纤原始鳞木植物群,在南、北两区几乎同样发育,早期都因海相沉积较多,所知较少,但在北半球广泛分布。晚期则很繁盛,属种多,分布广,南北两区都可命名为纤原始鳞木—杜氏巴兰德木组合。晚泥盆世斜方薄皮木植物群,在我国南北两区都发育较好,也是西伯利亚和北美晚泥盆世的标志植物。

通过这些泥盆纪植物的系统研究,初步理清了一些泥盆纪植物的地史、地理分布规律,建立了以时代为单位的三个植物群和几个植物组合,为有关地层的划分、对比和古生态环境、古生物地理分区等,提供了古植物学上的依据。

1982年,李星学与成都地质学院的王洪峰合作完成了《四川龙门山晚泥盆世植物群的发现》。四川西北龙门山北段海相泥盆系上统十分发育,化石也非常丰富,尤其腕足类更加丰富多彩,然而含植物化石的上泥盆统当时还没有可靠的报道。1979年秋,王洪峰在鉴定找矿系76级几位毕业同学所采集的植物化石时,发现其中有两小块具有明显纵沟和纵肋的植物化石,很像古芦木类的茎干印痕碎片,引起了他的兴趣,遂于1980年3月,与朱夔玉、段丽兰两位同事再赴野外实地详细观察和采集标本,同时对出现于本层相当地层的广元县猫儿塘、江油县阳泉等地也进行了较详细的踏勘和采集,并把各地所得的这些植物化石,经初步研究鉴定后,携带标本、文稿到南京和李星学共同研究。

这些植物化石属种虽然不丰富,但对研究龙门山区泥盆纪时的古地理、古气候提供了一些新证据,对化石层位所在剖面的地质时代也提供了证据。从植物群组成内容来看,所发现的古芦木(*Archaeocalamites*)这个属虽然常视为世界性早石炭世的标准分子,但也偶尔出现于晚泥盆世,或延续到中石炭世早期,归于晚泥盆世是合适的。文章首先对上寺、猫儿塘、阳泉3处柱状剖面进行了对比描述,然后对相关属种做了较详细的描述,包括长节间古芦木、西澳多拟鳞木、斜方薄皮木的可疑种等,并将这些属种进行了讨论比较,厘清了相关产地层位。

1984年,李星学与蔡重阳、欧阳舒等人合作完成了《长江下游五通组研究的新进展》。这是应中国地质科学院纪念黄汲清教授80寿辰论文专辑筹备组之邀而撰写的。这篇文章的研究内容是1959年第一届全国地层会议研究工作的延续。

当时,李星学通过对南京龙潭五通组标准剖面的岩性、沉积相、所产动植物化石和有关构造运动等的综合分析,提出五通组属于晚泥盆世的观点,得到了我国地质古生物学界广泛的赞同。经过近20年的不断研究,对五通组的研究又有了新进展。五通组的相当或类似沉积分布于我国东部广大地区。该研究提出的一些新看法,不仅对长江下游相关地层古生物的进一步研究有相当重要的意义,对其他地区类似地层和泥盆、石炭纪有关问题的深入探讨,也有参考价值。

首先,时代上属于晚泥盆世晚期,包括法门期与艾特隆期,内分上段(擂鼓台段)和下段(观山段)。五通组是华南晚泥盆世晚期以陆相为主的代表岩组。第二,五通组的植物群具泥盆、石炭纪的双重色彩,是我国晚泥盆世晚期独具特点的一种植物群。第三,五通组擂鼓台段发现了上、下两个丰富的孢子组合。下部组合时代大致相当于法门期晚期;上部组合时代大致相当于艾特隆期。第四,五通组上段鱼化石时代,据新近看法以晚泥盆世晚期较合适,也符合五通组时代归为晚泥盆世的意见。第五,五通组上段首次发现了其他化石门类,如疑源类和可能生活于半咸水或咸水滨海环境的叶肢介,以及海相沉积页岩,证明五通组并非纯陆相沉积,内有少许滨海相夹层。第六,五通组的下界,以观山段与下伏晚志留世茅山群或中志留世坟头组之间的间断面为界。其上界以擂鼓台段与早石炭世地层的接触关系,可能随各地基底高低和海浸时间不一而非到处一致。本区以间断为主,但也很可能在不同地区有不同的接触关系。

1986年,李星学与新疆地质局区域地质调查大队的窦亚伟、孙喆华等人合作,完成了《论薄皮木属——据发现于新疆准噶尔地区的新材料》。薄皮木属创名以来已有 150 多年的历史。它不仅广布于北半球各大洲,在南半球的澳大利亚、南非等地也常有发现。薄皮木属在中国的确认较晚,自斯行健1952 年发表《中国上泥盆纪植物化石》一文以来,产地发现之多,所获标本之佳,均为各国少见。但它的形态特征、分类位置和种的数目等仍存在诸多疑点。在全面总结国内外文献和材料的基础上,李星学等人对这一世界性分布的晚泥盆世标志植物的属及种征进行了修订,肯定其为单种属(即本属内仅有一个种)植物,并对这一植物形态进行了复原(见插图),根据其外部形态和内部构造特征将其分类位置进行了调整。该文获得 1988 年中科院科技进步奖三等奖。

基于新疆准噶尔地区发现包括有生殖部分化石的新材料,李星学综合中外有关资料进行了全面研究,得出了较可靠的结论。首先,对薄皮木属生殖部分、营养叶及其叶座的形态和结构,和澳大利亚、美国、日本等地的研究材料进行了对比,并详细描述。

第二,对其叶舌有无问题进行了讨论,确定其为有叶舌的一类植物,但其形状和是否可见,则随化石保存状态不同而有所变化,识别方法也有所不同。

第三,对于其茎干的基部及其顶部分枝情况、解剖后的构造特征进行了论述。薄皮木属主干基部可能具有多次二歧分叉的根座或根托(见插图)。茎干的主要结构为:木质部横切面近椭圆形,中央为一原生中柱,未见生长轮;皮层部分未保存。

第四,确定斜方薄皮木是薄皮木属唯一的种,因此是单种属植物,并绘制了复原图。

第五,在分类系统上将薄皮木属暂归于鳞木目之内,而其具体亲缘关系无法确定。

第六,就其地理分布情况来看,薄皮木

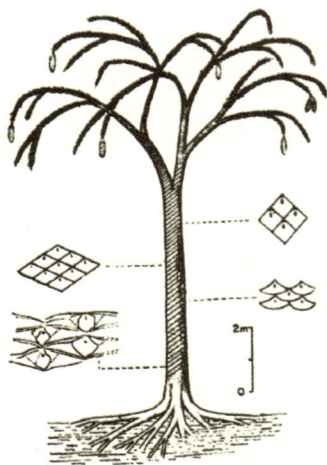

图 6-2 李星学等完成的薄皮木属植物的复原图(1986 年,图中特别显示了主干上不同位置的叶座形态变化很大)

属广泛分布于北半球美国缅因州、苏联哈萨克、日本岩手县和中国除华北陆台以外的广大地区；南半球的澳大利亚的昆士兰、新南威尔士和维多利亚州、南非开普省、拉丁美洲的阿根廷、玻利维亚等地。地质分布方面，综合中国新疆、美国、日本、苏联哈萨克、澳大利亚、欧洲的情况，薄皮木属基本是繁盛于晚泥盆世的一种全球性分布的植物，它可能始现于中泥盆世之末，灭绝于泥盆—石炭纪之交。

第七，关于其生长环境，由于发现化石地理、地质情况复杂，难以准确推断其生长环境。但从它的一些形态特征来看，应和石炭纪鳞木类植物相近，很可能是生长于气候温暖、湿润，或者离海不远，甚至局部相通的沼泽环境中。

第八，对属种特征进行了订正。

至此，对泥盆纪植物的认识，根据对有限的几个植物群的研究，可分为南北两个植物地理区、11 个植物组合。华南早泥盆世工蕨植物群十分丰富，仅工蕨一属就有 20 余种，比国外已知的种还要多。这一重要的研究成果拓宽了泥盆纪植物的研究思路，使后续研究能够从整体上把握这一古老植物的兴盛、衰亡过程。

对青藏高原古植物及地层、地理区划的研究

西起帕米尔高原，东迄横断山区，北界昆仑山—祁连山，南抵喜马拉雅山的青藏高原面积达 250 万平方公里，是全球海拔最高的一个独特地域单元，素有"世界屋脊"之誉。它的隆起是数百万年来地球自然史上最重大的事件之一。青藏高原是研究岩石圈形成演化、探讨地壳运动机制的理想区域；晚新生代以来高原的隆起对其自身及毗邻地区自然环境的演化和分异影响深刻；高原自然环境和生态系统在全球占有特殊席位，并且与全球环境变化息息相关，区域响应明显。因此，青藏高原是我国地学、生物学、资源与环境科学有特色的优势研究领域，对解决岩石圈地球动力学和全球环境变

化有重要意义,对高原区域可持续发展也有广阔的应用前景。

自 19 世纪下半叶起,一些外国探险家和科学家在青藏高原进行过各种考察和调查。20 世纪 30 年代,我国科学家刘慎谔、徐近之、孙健初等曾分别在青藏高原对植物、地理和地质进行考察。这一阶段的考察对于科学地认识青藏高原的自然界有积极意义,但由于比较零散、局限,青藏高原大部分地区仍处于科学空白状态。20 世纪 50 年代以后进入我国科学家独立自主地对青藏高原开展科学考察研究的新时代,在青藏高原的基础理论及应用研究方面都取得了举世瞩目的成就。

中科院于 1972 年制订了《青藏高原 1973—1980 年综合科学考察规划》,1973 年组建成立的中科院青藏高原综合科学考察队开始了新阶段的科学考察工作:20 世纪 70 年代对西藏自治区进行全面系统的综合考察;80 年代对横断山区、南迦巴瓦峰地区、喀喇昆仑山—昆仑山地区和可可西里地区的综合科学考察等,这一时期的工作可称之为第一阶段。90 年代,“青藏高原形成演化、环境变迁与生态系统研究”和“青藏高原形成演化及其环境资源效应”被分别列入国家攀登计划和国家重点基础研究计划项目,青藏高原综合考察研究工作进入第二阶段。

20 世纪 80 年代初期,李星学积极响应国家号召,参加了由中国地质科学院主办的青藏高原联合科学考察项目。作为国内古植物学界的领路人,他主动负责并组织人员进行青藏高原相关领域的考察任务,1980 年还以花甲之龄进入高原不毛之地,对西藏地区相关的古植物及地层进行考察。他在 1978 年 5 月“青藏高原学术讨论会”的工作笔记中,详细地记录了各学科专家对西藏地层分区情况的意见、西藏相关区域的板块构造问题,包括喜马拉雅山、秦岭、唐古拉横断山区等地成因和气候环境状况等,公开发表了数篇关于西藏古植物群的研究成果。1992 年,李星学积极申请进入中国青藏高原研究会,并与来自西藏、青海、甘肃、四川、河北、中科院相关研究单位的 1 000 多位代表被批准为中国青藏高原研究会第一批会员。

1982 年,李星学与姚兆奇、邓龙华等合作发表了《西藏昌都妥坝晚二叠

图6-3 1980年6月，李星学参加北京青藏高原国际科学讨论会后，到西藏日喀则考察地质（前排：左二章炳高，左三美国E.G. Kauffman教授，左四李星学，右一陈旭，右二文世宣；后排：右二国际地层委员会主席瑞典A.Martinsson）（南古所古植物室提供）

世植物群》①一文。位于昌都妥坝植物群共有36种，包括真菌纲、石松纲、木贼纲、真蕨纲和种子蕨纲、银杏纲，地方性特征突出，显示了此地良好的植物生存环境。其次，通过与华北上石盒子组植物群、华南龙潭组植物群等我国同期植物群的对比，妥坝植物群时代被确定为晚二叠世。再次，妥坝植物群反映了当时炎热、潮湿或温暖、多雨的热带—亚热带气候条件，由此可见，我国晚二叠世早期植物群在南方和北方，由于所处自然条件的不同，南北植物群面貌存在巨大差异。最后，根据前人成果和中科院青藏高原综合科学考察队近年来的大量工作可以发现，妥坝植物群正位于原属冈瓦纳古陆的印度板块与亚欧古陆的中国板块②相碰时，基本沿雅鲁藏布江东西向分布的地缝合线（不同构造单元相互碰撞后的构造接触带）最东端、急转南下的转折点附近，因而，在大地构造和古植物地理区划上具有重要意义。

值得一提的是，由于李星学在中国古植物学领域取得了重要成就，奠定

①《西藏古生物》（第五分册）。北京：科学出版社，第17－44页。
② 印度板块和中国板块指现在的印度和中国在当时，也就是晚二叠世，即距今2.52—2.65亿年时所代表的地质构造单元，称之为板块。

了他的学术研究地位,很多地方地质调查队等生产一线单位经常会提供一些化石标本要求鉴定。对此,李星学始终不遗余力地给予帮助,同时也为古植物学的研究带来了许多机会,一定程度上实现了生产实践与科研的完美结合,为他的后续研究积累了丰富的基础资料。

作为青藏高原综合科学考察的另一项古植物学研究成果,李星学与姚兆奇、中科院植物研究所的段淑英等人联合发表了《西藏北部双湖地区晚二叠世植物群》①。1976 年,中科院青藏高原综合科学考察队的文世宣和李渤生等人在藏北双湖办事处以北的热觉茶卡南岸,大致位于北纬33.6 度,东经86.8 度的地方发现了这批材料,包括石松纲、楔叶纲、真蕨纲和种子蕨纲以及分类位置不明的植物共 17 种。李星学等人经过研究,对这批植物化石做了系统描述,同时对这一植物群的性质和时代等问题进行了讨论。经过这次研究,已基本弄清了西藏北部地区晚期华夏植物群最后一个组合的大致面貌,这在植物学或地层学上都有重要意义。而且,通过这批材料的研究,他们还发现在双湖—乌丽一线的广大区域内,有可能存在大量的煤系和植物化石,这为在西藏北部找寻煤炭资源提供了一个比较可靠的线索。

1983 年,李星学在《古生物学报》上发表了《对藏南曲布组舌羊齿植物群三种新植物归属的质疑兼论曲布组的时代问题》一文。这篇文章主要针对著名古植物学家徐仁确定的藏南曲布组舌羊齿植物群中 3 个新属:曲布盘叶(*Raniganjia qubuensis* Hsu)、曲布对囊蕨(*Dizeugotheca qubuensis* Hsu)、曲布叉脉蕨(*Dichotomopteris qubuensis* Hsu)的建立及其时代问题提出了质疑。李星学通过查阅大量文献资料,将曲布组舌羊齿植物群已发表的论文、图片和其相关文献进行了重新研究比较,以确凿的证据说明了这 3 个新属的建立存在一些不确定因素,并由此带来了其相关时代问题的不确定性。同时,在现存事实依据的基础上,他根据植物分类学和地层学划分的理论支持,将上述 3 个新属重新厘定,并将藏南曲布组归于早二叠世晚期。

从事自然科学研究工作,必须紧密围绕事实来合理解释现象,任何离开事实的推断都是不科学的。李星学在长期的研究工作中,形成了缜密、严谨

---

① 《西藏古生物》(第五分册)。北京:科学出版社,第 1—16 页。

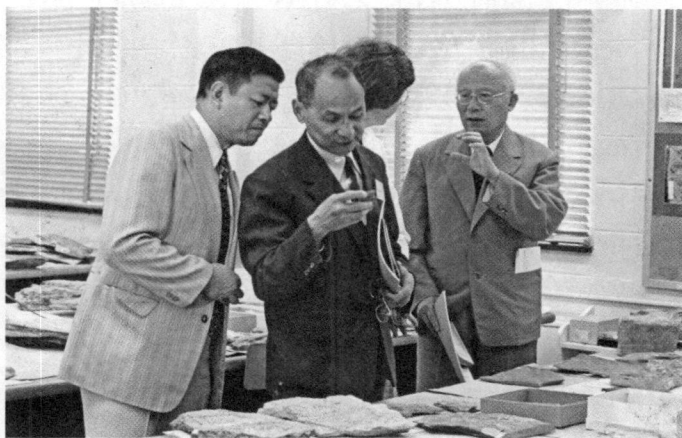

图6-4 1979年5月,李星学(左二)与徐仁教授(右一)、戴威廉教授在美国北卡罗来纳州立大学植物系观看植物化石(南古所古植物室提供)

的思维习惯,这与他实事求是、不畏权威的科学态度是密不可分的。

1985年,李星学与西藏地质队的吴一民等人,合作撰写了《西藏改则县夏岗江二叠纪混合植物群的初步研究及其古生物地理区系意义》[①]一文。此文发表前于1984年6月在成都举行的"喜马拉雅地质科学国际讨论会"上宣读;夏岗江植物群的研究对本区古生物的发展演化、大地构造单元的区划和古生物地理区系的探讨,都具有重要的意义。

改则县夏岗江的二叠纪植物早在1971年就有发现,经初步鉴定,认为其植物群与所在地层,和华南龙潭组相当,时代属晚二叠世。由于原材料遗失,无法核对,对其鉴定结果,李星学等一直持以怀疑态度(1981)。1983年夏,吴一民和傅在斌重赴该地进行了较系统的地质工作,采得较多的植物化石,是为本文研究的基础。

夏岗江位于改则县城东南约120公里,东经84°15′和北纬30°26′处。化石所在地层坚扎弄组是一套厚度很大的富含植物化石的含煤沉积,以黑色至暗灰色碳质页岩、砂质页岩并夹杂一些灰白色粉砂岩为主。据岩性可分为上、中、下三部分,此文涉及的四个化石层和一层无烟煤都含于中、下部约

---

① 《古生物学报》,24(2):150-170。

50米之内,最下一个层位的化石很少,而且四个层位的属种不多,无明显区别,又未见动物化石,因而统作一个植物群。由于夏岗江处于缝合带或深大断裂附近,沉积物和煤层受挤压变质程度较大,化石全部保存为印痕形式,叶脉虽然清晰但角质层缺失严重。某些印痕标本的表面虽保存少许碳质薄层,经化学处理后,并无微细构造可见;有的标本经过孢粉分析,也无任何发现。因而,这批材料的数量虽不少,却很难鉴定,甚至多数属种的名称也难肯定,所以文中描述的植物,大都根据其大化石的形态特征进行了初步鉴定。

首先,对现有的夏岗江二叠纪植物群化石进行了描述,包括楔叶类植物(杯叶属,裂鞘叶属以及其他不能鉴定的楔叶类碎片化石)、蕨叶型植物(楔羊齿属、枥羊齿属、座延羊齿属)、科达类植物(匙叶属)、分类位置不明植物(斜羽叶属)、分类位置不明的裸子植物种子(心籽属、石籽属)。

其次,对夏岗江植物群的组成成分和性质进行了研究,发现这一植物群具有冈瓦纳舌羊齿植物群与北半球华夏植物群的双重性质,但缺少舌羊齿植物群的代表属和华夏植物群中的大羽羊齿类等标志植物,为一个二叠纪的冈瓦纳—华夏混生植物群。而这一混生植物群产生的原因,和李春昱等(1983)的中间板块说或黄汲清等(1984)在讨论青藏高原各大构造单元和板块活动情况时提出的"手风琴式运动"①有关。

再次,关于植物群的时代问题。夏岗江植物群属于早二叠世末期的可能性较大。

最后,植物群的古生物地理区系意义重大。夏岗江混生植物群显示的特点,对于划分冈瓦纳古陆北界及印度斯河—雅鲁藏布江缝合带是否为印度板块与欧亚板块之间的边界问题提供了依据。更为重要的是,根据夏岗江植物群的研究,可以推断藏南曲布组植物群和克什米尔地区 Mamal 组植物群是同一性质的混生植物群,由此可能对相关大地构造单元的解释、古生物地理区划和古气候环境的深入探讨产生更大影响。

---

① 扩张与压缩两种地球动力学机制的相互转化,使地壳时开时合,此开彼合。这种扩张与压缩的交替,犹如拉手风琴,黄汲清称之为"手风琴式运动"。地壳正是在这种不断开裂与拼合的转化中由简单向复杂呈螺旋式演化。

关于《北祁连山东段纳缪尔期地层和生物群》一书

祁连山一名就是古代匈奴语,意为"天之山"。游牧在这里的匈奴人的直系后裔——尧熬尔人仍然叫祁连山为"腾格里大坂",意思也是"天之山"。祁连山前的河西走廊自古就是内地通往西北的天然通道,文化遗迹和名胜众多。在汉代和唐代,著名的"丝绸之路"即由此通过,留下众多中西文化交流的古迹和关口、城镇,例如,嘉峪关、黑水国汉墓、马蹄寺石窟、西夏碑、炳灵寺石窟等。

祁连山脉位于青海省东北部与甘肃省西部边境。由多条西北—东南走向的平行山脉和宽谷组成。因位于河西走廊南侧,又名南山。东西长 800 公里,南北宽 200—400 公里,海拔 4 000—6 000 米,共有冰川 3 306 条,面积约 2 062 平方公里。西端在当金山口与阿尔金山脉相接,东端至黄河谷地,与秦岭、六盘山相连,长近 1 000 千米,属褶皱断块山,最宽处在酒泉市与柴达木盆地之间,达 300 千米。山峰多,海拔 4 000—5 000 米,最高峰疏勒南山的团结峰海拔 5 808 米。海拔 4 000 米以上的山峰终年积雪,山间谷地也在海拔 3 000—3 500 米之间。祁连山原为古生代的大地槽,后经古生代早期的加里东运动和古生代晚期的华力西运动等大规模的造山运动,形成褶皱带。白垩纪以来,祁连山主要处于断块升降运动中,最后形成一系列平行地垒(或山岭)和地堑(谷地、盆地)。

北祁连山地区石炭纪地层发育,生物化石丰富,露头良好,构造简单,剖面清晰,代表海洋环境的海相地层与代表海洋与陆地环境交替存在的海陆交互相地层发育良好,动、植物化石在层位上交替产出,相互佐证,是我国石炭纪地层研究的理想地区之一。早在 19 世纪末,一些国外学者(Loczy,1893;Loczy 和 Laurenth,1899;Obrutschev,1900)就曾涉足该区,考察研究过该区内的石炭系。20 世纪 20 年代以来,除仍有少数国外地质古生物学家考察或论述区内的石炭纪古生物地层外(Grabau,1927;Bexell,1935;

Halle，1935；Bohlin，1971，1976；Durante，1980），我国许多著名地质古生物学家，或亲自调查研究过区内石炭系（谢家荣，1924；袁复礼①，1925；孙建初，1936，1942；曾鼎乾②，1944；黄汲清，1945；李树勋，1946；胡敏，1948；路兆洽、陈梦熊，1949），或研究过采自本区的石炭纪生物化石（李四光，1927，1931；赵亚曾，1926，1927，1928；斯行健，1933；尹赞勋，1935；王钰，1936；俞建章，1938；斯行健和李星学，1945），为祁连山区石炭系的划分、对比及古生物群的综合研究，奠定了较好的基础。

新中国成立后，除区测、煤田、冶金、建材部门和大专院校的广大地质工作者继续研究过该区的石炭系外，在尹赞勋的亲自主持下，中科院祁连山综合考察队在该区做了大量研究工作，积累了丰富的地层古生物资料，其研究成果反映于多卷集《祁连山地质志》中。斯行健、李星学、高联达等人对该区的地层和植物孢粉等进行了深入研究。1974 年，李星学与姚兆奇、蔡重阳、吴秀元等人合作完成了《甘肃靖远石炭纪生物地层》一文，开创了祁连山地区纳缪尔期生物地层系统研究的先河，更促成了一批专门论述本区纳缪尔期生物地层学论著的相继问世，使我国纳缪尔期生物地层学的研究工作，跻身于世界先进行列。另外，由于石炭系的中间界线在纳缪尔期地层内通过，北祁连山地区更成为我国石炭系中间界线标准——层型剖面的候选地区之一。

1965 年，李星学带领吴秀元、姚兆奇、蔡重阳等人多次奔赴甘肃靖远等地，对那里的地层剖面进行了详细的勘察，并采集到大量的植物化石标本，发表了《华北晚古生代植物群的发育层序》等文章。

自 1985 年以来，在国家自然科学基金的资助下，李星学、吴秀元等人在石炭纪地层发育完好的北祁连山东段开展了广泛深入的调查研究，先后测制了靖远大水沟、磁窑榆树梁、红土洼、井儿川、上碱水；景泰小芦塘、福禄村、红水堡；中卫下河沿；天祝磨石沟等剖面，系统采集了各门类生物化石。为了便于横向对比，李星学还对天祝臭牛沟、武威西营、永昌红山窑、山丹羊

---

① 袁复礼（1893—1987），河北省徐水县人，地质学家。参见程裕淇、陈梦熊：《前地质调查所（1916—1950）的回顾》。北京：地质出版社，1996 年。
② 曾鼎乾（1912—2000），四川省华阳县人，石油地质学家。参见王铁：《江水精神——记共产党员、石油地质科学家曾鼎乾》。《中国石油企业》，2005 年第 4 期。

虎沟和张掖药草洼等石炭纪剖面进行了实地考察和对比分析,对北祁连东段的石炭系尤其是纳缪尔期生物地层有了进一步的了解。

1987 年 8 月 31 日—9 月 4 日,第十一届国际石炭纪地层和地质大会(XI ICCSG)在北京召开。此次国际会议的召开促进和加快了李星学及其领导的研究团队对这一领域的研究,他对纳缪尔期地层和相关生物群逐渐形成了比较系统、完善的学术观点。

自 1929 年在荷兰召开首届大会以来,每四年举行一次,前十届都是在西欧、苏联、美国召开的。第十一届大会首次在发展中国家召开,也是在我国召开的第一个规模较大的世界性地质大会,我国成为了欧美以外的第一个大会东道国。这标志着我国石炭纪地层和地质研究工作达到了一个新的水平,中国的地质工作者开始活跃于国际交流活动之中。这次大会给我国有关的地层、地质工作者提供了良好的学习机会,对于促进地质工作的发展和经济建设的进步都起到了很好的作用。石油部部长王涛、地矿部部长朱训和冶金工业部副部长徐大铨等领导人出席了大会,约有来自 26 个国家和地区的 246 名外国专家以及国内 200 余名学者参加了这次盛会。大会的主要议题主要包括石炭纪的古生物学、古生态学、古气候和古地理学、煤田地质和煤岩学、经济地质(包括煤、铝土矿等)、沉积岩石学和地球化学、大地构造和地球物理学等;专题讨论会有关于泥盆系与石炭系界线、石炭系与二叠系界线、石炭系内部界线、冈瓦纳的石炭系和二叠系、石炭纪和二叠纪特提斯海(当时的海洋,我国大部分是分布在该海洋中的岛屿)的演化,石炭纪和二叠纪全球性事件的内容等。

早在 1985 年 7 月,自大会发出第一轮通知开始,李星学就广泛接触了法国、美国、澳大利亚、日本等国际同行,对会议相关议题和报告进行了讨论,与他们有大量的书信往来,期间还陆续接待了来访的法国古植物学家 J. P. Laveine 教授、美国古植物学家 C. B. Beck、德国古植物学家 H. J. Schweitzer 夫妇等人。通过这些国际交流,李星学敏锐地捕捉到当时国际古植物学界研究热点和发展趋势,使他能够立足于中国的学术发展现状,有效地利用中国丰富的化石资源和多时代的地层条件,在前人研究的基础上把中国的石炭纪地层及其植物研究更推进一步。

图 6-5　1985 年 7 月，第十一届国际石炭纪地层与地质大会组织委员会第一次会议，李星学（前右一）与部分专家于南京大学（后右一为南古所盛金章院士，中为法国古植物学家 J. P. Laveine 教授，前右四为南古所吴望始所长）（南古所古植物室提供）

在第十一届国际石炭纪地层和地质大会召开之际，李星学陆续公布了一些相关的研究成果：①《甘肃靖远的石炭系》（英文）；②《甘肃靖远石炭系中间界线的建议层型剖面》（英文）；③《中国石炭系中间界线附近的牙形石序列及其与英国北美地区的对比》（英文）；④《中国北部和西北部石炭纪和早二叠世牙形石带》（英文）；⑤《甘肃靖远石炭系研究新进展》；⑥《中国甘肃锉木（*Eleutherophyllum* Stur）的新材料及其分类位置》；⑦《甘肃靖远石炭纪菊石》（英文）；⑧《甘肃靖远纳缪尔期 A 期孢粉和生物地层学的研究》（英文）；⑨《甘肃靖远纳缪尔期植物群》（英文）；⑩《甘肃靖远磁窑地区石炭纪沉积环境》；⑪《甘肃东部靖远石炭纪地层研究新进展》（英文）；⑫《甘肃靖远纳缪尔 A 期孢粉及生物地层》（英文）。

1987 年，李星学被任命为第十一届国际石炭纪地层和地质大会石炭纪中间界线划分小组负责人，和沈光隆、吴秀元等人向大会提交了上述关于石炭纪地层的论文，并在分组会议上做了"关于甘肃东部靖远作为中国石炭系上下界线层型的建议"（Proposed boundary statotype in Jingyuan, eastern

图6-6 1980年,李星学(后排右二)在甘肃靖远红土洼地质考察(南古所古植物室提供)

Gansu for the Upper and Lower Carboniferous of China)①,此文后刊于大会论文集,并收录于《中国石炭系界线》一书。此书荣获中科院科技进步二等奖。作为大会一项重要学术交流的内容,李星学所建议的层型剖面堪称为世界石炭纪海陆交互相区的典型代表,国际石炭系中间界线工作组主席、副主席和秘书长等11个国家和地区的20多位专家专程赴野外现场进行考察,对这一成果给予了高度评价。

1989年,李星学等人在《古生物学报》上发表了《中国甘肃 *Eleutherophyllum Stur* 的新材料及其分类位置》②的论文。由于锉木已被证实是纳缪尔 A 期 E 带的重要标志植物化石,在识别石炭系中间界线上发挥着重要作用,李星学等在靖远和磁窑煤矿附近进行了大量的石炭纪生物地层学的补充研究工作,该文对锉木的研究历史、种群的形态特征、地质地理分布和系统分类位置等做了详尽全面的论述。锉木属共有4种:奇异锉木、瓦登堡锉木、镰木形锉木、钩叶锉木。其中,奇异锉木发现于甘肃龙首山,呈粗地下茎状,保存的

---

① Carboniferous boundaries in China (中国石炭系界线). Beijing: *Science Press*. 69 - 88.
② 《古生物学报》,28(3):283 - 295。

长度为 11 厘米,宽 2.5 厘米,无中央维管束显露,主要分布在捷克和斯洛伐克、中国甘肃山丹龙首山。瓦登堡锉木茎粗 0.6—1 厘米,二歧式分叉,茎面上有时有中央维管束显露,主要分布在捷克和斯洛伐克、波兰、比利时、荷兰、保加利亚、土耳其、中国甘肃靖远大水沟、榆树梁的相关地层。镰木形锉木仅保留一茎干残段,宽约 3 毫米,长约 3.5 毫米,分节与节间,未见分叉,主要分布于捷克和斯洛伐克、波兰、苏联顿涅茨盆地、中国甘肃大水沟、磁窑。钩叶锉木茎直,粗 6.5—7.5 毫米,未见分叉,无中央维管束显露,主要分布于德国鲁尔煤田。这些物种在世界范围内的地质时代信息有力地佐证了甘肃靖远等地相关地层的地质时代。

1992 年,李星学与沈光隆、吴秀元等人在《古生物学报》上发表了《偶脉羊齿类的始现时间和迁移扩散问题》。脉羊齿类是北半球石炭纪分布极为广泛的一类种子蕨植物,常被当作欧美植物区的典型代表分子看待。长期以来,欧美地区已知的化石记录是,脉羊齿类植物在地层中的始现层位,偶脉羊齿(*Paripteris*)与网羊齿(*Linopteris*)一般都比脉羊齿(*Neuropteris*)、脉延羊齿(*Neuralethopteris*)和麻羊齿(*Reticulopteris*)的高一些。针对这种较原始的植物出现稍晚,较进化的植物反而出现较早的现象,李星学根据 10 多年的研究材料,得出偶脉羊齿类的出现并不比脉延羊齿类和脉齿羊齿类出现的晚的结论,从而也说明,脉羊齿类植物在中国首先出现,随着地质时代的推移,后来才由中国逐渐扩散迁移至欧美地区。

此文对脉羊齿类植物的分布、层位、扩散迁移等问题进行了讨论,提出脉羊齿类植物起源于中国,然后由中国向西迁移,经小亚细亚向西北至西欧,并进而由西欧迁移至北美;另一支由小亚细亚向北苏联欧洲部分并扩散至东欧和中亚。偶脉羊齿类植物的顶峰带,由中国→西欧→北美呈相互消长之势,也是脉羊齿类植物由东向西迁移扩散的体现。

1993 年,李星学与沈光隆、吴秀元等人合作发表了《石炭纪一植物新属 *Reticalethopteris* gen. nov. ——对 *Palaeoweichselia yuani* Sze 的再研究》。20 世纪 30 年代,斯行健在研究袁复礼采自甘肃景泰红水堡的石炭纪植物化石时,曾将一些形态特别的标本定作杂羊齿(*Palaeoweichselia*)属的 1 新种,即袁氏杂羊齿(*Palaeoweichselia yuani*)。由于杂羊齿是德国、法国边境萨尔煤田的一个地方性单型种植物,很多古植物学者对甘肃标本定为杂羊齿始终未予以肯定。后来斯行健(1953)本人也认为他之前使用的杂羊齿应存质疑。20世纪80年代,李星学在北祁连山东段(包括红水堡)和鄂尔多斯盆地西缘从事野外地质工作时,又采集到一些这种类型的化石标本,经研究及对相关文献资料的系统整理与分析,发现甘肃景泰红水堡晚石炭世早期的杂羊齿属与西欧的模式标本存在明显差异,遂另建一新属——网延羊齿(*Reticalethopteris*)。新属与脉延羊齿(*Neuralethopteris*)是脉延羊齿类植物中分别代表网状叶脉和羽状叶脉的一对姐妹属。对这一新属的重新确定和深入研究,为进一步进行广大的北祁连山东段石炭纪剖面的相关问题研究奠定了基础。

　　总体来看,李星学等人对早、中石炭世植物研究的重大突破成就,是青海欧龙布鲁克纳缪尔期植物群的发现,和甘肃靖远组纳缪尔期植物群在东亚的确立。自纳缪尔期起,我国就出现具有网状叶脉的植物,这是植物演化上的一个飞跃。结合以上成果,李星学等人将20世纪70年代在祁连山地区采集到的生物化石重新分析整理,并补充了大量的室内、野外工作,于1993年将关于祁连山地区地层、植物群等的系列研究成果出版成《北祁连山东段纳缪尔期地层和生物群》一书。

　　《北祁连山东段纳缪尔期地层和生物群》一书从古生物学和生物地层学角度详细研究了我国海陆交互相纳缪尔期地层唯一发育地区——北祁连山东段甘肃靖远、景泰等地区石炭纪地层及生物群,系统描述其中的植物、孢粉和头足类动物化石218属494种(2新属50新种),总结了我国建立的由动、植物化石互为印证的海陆交互相纳缪尔期地层,提供石炭系中间界线候选层型剖面。中科院院士、蜓类及二叠纪生物地层学

图6-7　1993年由山东科学技术出版社出版的李星学后期代表作《北祁连山东段纳缪尔期地层和生物群》(南古所图书馆提供)

研究专家,也是李星学的大学同窗好友盛金章研究员于1993年专门著文,对于这部著作进行了详细评述。鉴于本书是李星学一生最后一部基于第一手的原始化石和地层资料进行学术研究的著作,本课题组在仔细研读的基础上,对这一书评进行了总结归纳,具体如下。

这部著作系统研究的纳缪尔期植物群,不仅属种丰富,且内容奇特,兼具欧美、早期华夏植物群分子,在了解全球植被的发生、发展和演替上极为重要。我国是华夏植物群的故乡,但华夏植物群的初期和前期面貌,仍模糊不清。华北地台上极少发育纳缪尔期地层,华南此时又是以海洋为主的环境,无法提供研究的充分素材。北祁连山以其得天独厚的优越条件向人们展示了纳缪尔期植物的丰富内容,这是继西里西亚盆地以后又一保存丰富完整的纳缪尔期重要植物群。同时,若干国外视为同一时期标志化石的植物属种,在我国的出现还要早一些,这对探索石炭、二叠纪植物的起源、扩散和迁移,提供了确凿的证据。以往视为经典的若干理论,也将因北祁连山纳缪尔期植物群的公之于世而改写。纳缪尔期植物群正处在早石炭世全球单一植物群与石炭纪晚期起全球出现明显植被分区的关键时刻,国内外对它的研究均极为重视,但苦于缺乏实际材料而停滞不前。这部著作的出版,引起了国内外同行的高度重视,在地质古生物学界产生了巨大影响,推动了这一研究领域的发展和深化。

另外,在这一著作里,李星学首次提出了"前华夏植物群"的概念,以区分欧美植物群,并探讨了和华夏植物群的渊源关系,提出偶脉羊齿类等属于欧美植物群植物的常见类群,实为华夏植物群先驱植物的证据,为进一步研究华夏植物群的起源、发展与演替打下了基础。

第二,这部著作以翔实的剖面资料、丰富的生物化石内容,系统阐述了北祁连山东段的石炭纪纳缪尔期地层,厘定各岩石地层单元、生物地层单元及年代地层单元的含义及界线,并与国内外同期地层做了对比,从而大大提高了地层对比精度,为该区煤、油、气源及其他非金属矿产资源的赋存位置、形成条件,勘探设计以及远景预测,提供了系统的基础地质资料。

第三,在这部著作里建议的石炭系中间界线,堪称海陆交互相区的代表,其生物组合内容,对海陆交互相地层进行了对比,有利于提高陆相地层的划分及时代确定，为陆相地层内的矿产资源勘探，积累了实际材料。同时，通常国内外界线的层型剖面选定，大多在单一岩相内进行，不利于生产单位的应用，越来越遭到生产单位的反对和非难，使理论研究成果难以在生产实践中推广。此书的研究内容，有机地将海陆交互相融为一体，避免了上述偏颇。其中推荐的石炭系中间界线层型剖面，可供国际石炭系中间界线工作组选择，兼具理论与实践上的重要意义。

第四，在此书中，关于纳缪尔期孢粉组合的内容丰富、层位连续，不仅国内绝无仅有，就是在国外也不多见。同时，这些孢粉微体化石又与本区的纳缪尔期植物群大化石相互配合、互为佐证，更充实了我国纳缪尔期植物群的组成内容，为全球石炭、二叠纪植被的发育与演替积累了难得的实证资料。这些微体化石的系统研究，把油田勘探领域井下地层的划分与对比的精度提高到了一个新的台阶。

第五，国际石炭纪地层的分阶划带，历来是以头足类化石为基础而进行的。多年来，我国古生物学家们花了大量的时间和精力，致力于石炭纪完整地层剖面的寻找与头足类化石的采集研究，但终因地质条件的局限而未获得满意结果。此书系统总结的北祁连山石炭纪头足类，正填补了这一空白。研究表明，北祁连山地区从早石炭世至晚石炭世，均有头足类化石分布，尤其是纳缪尔期地层内，头足类化石更为丰富，并据此建立了几个化石带，沟通了国内外石炭系生物地层对比，使我国石炭纪地层的分阶划带，更臻于完善。

第六，此书系统总结的北祁连山东段石炭纪纳缪尔期生物地层问题，勾画出该区石炭纪纳缪尔期的岩相古地理面貌，这对探讨该区的古地理环境及古气候演变，提供了实际材料。矿产资源的形成与富集，均与一定的古地理环境及古气候条件密切相关。毫无疑问，此书将给煤田、石油及其他沉积矿产资源的进一步勘探，提供重要的基础资料。同时，本区生物群的演变及区系划分将有利于古纬度的确定和验证，在大地构造方面提供有价值的资料，对我国的板块构造研究及祁连山的形成与演化等相关问题的深入探讨，均有重要的学术参考价值。

第七，此书的研究地区，正处于腾格里沙漠的东南缘。腾格里沙漠现今虽为沙漠掩盖，但据新的调查分析，在地震地质综合研究的基础上发现并落实各种构造圈闭数十个，盆地具有良好的油气生、储、盖条件。腾格里沙漠可能将是我国又一重要石油勘探的后备基地。此书的研究内容，为腾格里沙漠以后的石油地质工作提供了极为重要的区域地质参考资料，从而在油、气资源勘探上发挥重要作用，具有巨大的潜在经济效益。正如其他自然科学基础理论的研究成果一样，此书的出版虽不能直接计算出它的经济效益，但它在生产实际中所起的作用却是显而易见的。

第八，我国的生物地层学研究，以往多集中在东部和南部地区，经济不发达和交通不便的西北地区，研究极为薄弱。此书涉及的研究范围，有利于沟通我国东部地区和西北地区的生物地层，这对促进我国大西北的开发与经济发展，将起到推动作用。此书的研究领域及内容，也将填补我国起步较晚的一段生物地层的空白，有利于我国石炭纪生物地层的系统研究的完整性。同时，此书的研究结果，也为我国广大青少年和其他地学、生物学爱好者提供了一部内容充实的业余科技读物，有利于民族素质的提高，其社会效益也不言而喻。

对白垩纪植物的研究

1980 年 7 月，李星学参加了在英国伦敦举办的"第一届国际古植物学大会"。22 个国家的约 120 名古植物学者参加了这次会议，这是中国古植物学工作者第一次参加"国际古植物学会"的学术活动。南京地质古生物研究所提交了 7 篇论文，受到与会者注目。李星学提交了他与叶美娜、姚兆奇分别合作的《中国吉林早白垩世中晚期植物群》和《亚洲华夏植物群研究新进展概要》两篇文章，其中《亚洲华夏植物群研究新进展概要》一文被列为大会的 4 篇论文主题报告之一，反映了国际古植物学界对来自中国的化石材料和研究成果的高度重视。

值得一提的是，李星学在这次会议上初次见到了国际著名学术刊物

图 6-8　1989 年，李星学（左五）、H. Kerp（右一）与出席第二十八届国际地质大会的古植物学家们在华盛顿合影（南古所古植物室提供）

Review of Palaeobotany and Palynology（《古植物和孢粉学论评》）现任主编 H. Kerp 教授。作为古植物学界的老前辈、资深教授，李星学并没有表现出高高在上的权威情结，他主动和各国学者，尤其是年轻学者交流彼此的研究经验、进展及今后的发展方向。这种平易近人的态度给当时还是学生身份、名不见经传的 H. Kerp 留下了深刻印象。1989 年 7 月，在美国华盛顿召开的第二十八届国际地质大会上，两人第二次握手，彼此有了更深的认识和交流。李星学即使在退出一线研究岗位之后，也一直积极推动中国古植物学的国际化进程，鼓励青年学者走向国际学术舞台。自 2006 年起，他的学生王军和 H. Kerp 教授就美羊齿类植物进行了深入研究，并取得了一系列突破性研究进展。时隔二十多年之后，H. Kerp 教授已成为化石表皮研究和美羊齿类植物研究的国际权威，他在接受"李星学学术成长采集工作"课题组的音视频访谈时，特别强调了数次国际会议上，李星学独特的人格魅力给他留下的深刻印象。

1981 年 7 月，李星学随中科院植物学家代表团参加了在澳大利亚举办的第十三届国际植物学大会。会上李星学宣读了与姚兆奇等人合著的关于

"Current studies of gigantoptopterids(大羽羊齿类植物的研究现状)"①，公布了在华南首次发现的大羽羊齿类植物的生殖器官化石及其研究进展，引起了国际学术界的广泛关注。

图6-9　1981年7月，李星学(中)参加澳大利亚第十三届国际植物学(含古植物学)大会后，在悉尼考察海岸地质(左为美国 L. Hickey 博士，右为日本 H. Tanai 教授)(南古所古植物室提供)

通过和国际同行的交流沟通，李星学对中国古植物学研究中存在的问题和未来的发展有了更深入的认识，在他会后的工作总结中对这些问题进行了认真思考。从国际古植物学界的发展状况和研究趋势来看，中国古、中生代植物大化石方面的单项研究较接近国际水平，但晚白垩世、新生代、第四纪植物的研究都属于薄弱领域，前寒武纪微体古生物和某些藻类化石的研究都有待于大力发展。电子扫描照相技术等在国际上已属常规手段，中国在这些技术应用方面尚属起步阶段，植物大化石研究中的如何应用还在摸索中前进。其次，中国古植物学者多出身于地质学系，工作性质着重于解决地质问题，这和国外古植物学者大部分属于植物学专业出身，工作上重视植物学的性质很不同，这种局面极不利于追赶国际先进水平。

另外，国际古植物学界研究课题的重要趋势，除了泥盆纪植物和早期被子植物，中生代的某些松柏类，如掌鳞杉科植物，也是热门课题，而我国在这

① Palaeontologia Cathayana, 1:319-326。

些课题的材料很多，却重视不够。据此，他提出要充分利用我国化石资源丰富的有利条件，在旧有资料的基础上，加大采集化石和定向研究的力度；引进和应用新设备、新方法进行研究，建立专用实验室，从技术层面上跟进；最重要的是，在培养古植物学人才方面，必须倾向于植物学的学习，拓宽知识面，加强薄弱领域的专业学习，从根本上解决人才培养问题。

李星学将他对中国古植物学发展的思考充分地体现在后续的研究工作中。从 20 世纪 80 年代初开始，他就根据已有的"中国吉林早白垩世中晚期植物群"研究成果，联合叶美娜、周志炎，不断补充丰富原有化石材料，并通过大量的实验室分析处理，对这一保存完美的特殊植物群进行了角质层和原位孢子的研究，经过 6 年的努力，于 1986 年共同完成了《中国吉林蛟河杉松早白垩世晚期植物群》一文，此文共描述了 27 属 42 种植物化石，其中 1 新属 5 新种和 4 新组合种，重新确定了某些植物的分类位置，具有重要的植物学意义。

同年，李星学带领叶美娜、周志炎等人还完成了文章《论东北亚中生代独特的松柏类——扇杉属 *Rhipidiocladus* Prynada》[①]。扇杉属是一个当时还不为人们熟知的中生代晚期松柏类。模式种小扇杉 *Rhipidiocladus flabellatus* 发现于前苏联亚洲地区布列亚河流域上侏罗统，所根据的只是一块极为破碎的标本。至 1963 年，在苏联西伯利亚北部勒拿河流域下白垩统发现另一块标本，也被定为同一个种。由于发现材料太少，研究程度不高，当时还没有发现任何扇杉属的繁殖器官，也无法将它确切地纳入现代科属等分类单位中去。李星学等人在 1962—1964 年间，研究东北中生代地层时，曾从吉林蛟河县杉松早白垩世魔石砬子组中采得一些保存完好的扇杉和其他早白垩世植物化石，并作了初步研究和报道，其成果还被引用转载于《东北地区古生物图册》(二)一书的植物部分。因此，他们具备了对该植物类群进行深入研究的基础。

该文章研究的扇杉属标本共 5 块，均保存在同一层灰色泥岩中。通过对小扇杉、短尖扇杉、渐尖扇杉 3 个种的研究，对其形态特征有了一些新的重要

---

① 《古植物学与孢粉学文集》，1：1 - 12。

认识。首先,是它的分枝情况。扇杉属的侧枝系统至少有三级分枝,它们都分布在同一平面上,互生或对生。它的末级小枝,特别是在末二级枝基部的末级小枝由于生长受到抑制,常呈短枝状,其上着生叶簇。第二是扇杉属的叶序。在小扇杉(模式种)和短尖扇杉的长枝上,叶明显地成对生出,每对叶和上、下两对叶成 90 度角交错。第三是扇杉属的表皮特征。短尖扇杉的叶背面气孔带是很狭窄的,靠近中间叶脉;气孔器排列很不规则。在研究材料中,渐尖扇杉叶的角质层上没有保存气孔器。基于以上事实,也可推测此植物类型可能属于紫杉目而非松柏目;它不是旱生或盐生,而是温暖湿润气候下山地生长的常绿植物。这些新的重要认识极大地填补了中生代早白垩世植物化石研究的空白。

"华夏植物群"①的研究开端

自从瑞典古植物学家 Halle 教授 1935 年首次发现并提出"华夏植物群"以来,"华夏植物群"与"欧美植物群"、"冈瓦纳植物群"、"安加拉植物群"成为晚古生代四大植物群。半个多世纪以来,华夏植物群(区系)和欧美植物群(区系)、安加拉植物群(区系)、冈瓦纳植物群(区系)这些古植物学区系名词一样,以同等重要的地位在各国地质古生物学界普遍使用。

华夏植物群不但以它本身的特性和广泛的地理分布,而且以它在东亚地史上与最富有的含煤沉积的密切关系,向来被地质古生物学界重视。中国是华夏植物群的摇篮,也是全球兼具石炭、二叠纪上述四大植物地理区系的唯一国家。"华夏"是中国古代的别称,用它作为古植物学的专门术语是由瑞典古植物学家 Halle 于 1935 年开始的。他选用的这一古老别称,则是

---

① 1980 年,中山大学植物学教授张宏达另创"华夏植物区系"一名,用来研究被子植物的起源和演化等,是"华夏植物群"的晚出同名异义术语,与文中的"华夏植物群"是两个不同的概念。(参见王军等:《华夏植物群的沿革和应用范围》。《植物研究》,1996(2):175 – 178)

源出于美国地质学家葛利普(A. W. Grabau)早在 1923—1924 年的著作《中国地层学》,就于其古地理图中使用"华夏古陆"(Palaeozoic landmass Cathaysia)一名。

Halle 首创"华夏植物群 Cathaysia Flora"一名时,是因为在此之前东亚常用"大羽羊齿植物群"(*Gigantopteris* Flora)来代表晚古生代的植物群。但是,大羽羊齿类植物(gigantopterids)只生存在古生代较晚时期的二叠纪,石炭纪还没有出现,Halle 遂改用"华夏植物群"来包括石炭纪与二叠纪的全部植物群。因而,华夏植物群

图 6－10　瑞典古植物学家 T. G. Halle(1898—1964)教授(南古所古植物室提供)

也可以说是内容扩大的或广义的"大羽羊齿植物群"。新中国成立前,许多中外学者对大羽羊齿类植物的研究做出过不少贡献。其中以 Halle 于 1927 年出版的《山西中部古生代植物化石》最重要,公认是有关东亚石炭、二叠纪植物群的经典著作。

新中国成立后,首先是斯行健先后写了不少有关华夏植物群化石的论文,特别是他的遗著《内蒙古清水河及山西河曲晚古生代植物群》(1989)一书,内容丰富,论述精辟,为华夏植物群的研究者留下了一笔重要的科学财富。此外,赵修祜等(1980)对贵州六盘水煤田二叠纪植物群、王自强等(1986)对华北石千峰群植物群、田宝霖等(1985,1995)对中国二叠纪煤核植物群的研究,杨关秀等(2006)对豫西禹州二叠纪植物群,特别是对其中大羽羊齿类化石的研究(1987)等,何锡麟等(1990)对内蒙古准格尔旗晚古生代植物群的研究,何锡麟等(1996)对中国江西二叠纪植物群的研究等,都做出过一些贡献。

提出"华夏植物群"的植物组合序列

华夏植物群是李星学做过的较系统和颇具特色的晚古生代植物群,"对

它及其相关问题进行较深入的研究是中国古植物学者的特有机遇和责无旁贷的天职"[1]。李星学在 1963 年出版的《华北月门沟群植物化石》一书中,首次勾勒出华夏植物群的演替概况,并分为早、中、晚三个时期。早期华夏植物群称为假蛋形脉羊齿—博茨须鳞木组合,属于晚石炭世或斯蒂芬期,产出该植物组合的代表岩组为华北月门沟群下部的太原群。此期植物群最主要的特色为鳞木类和栉羊齿一属植物特别繁荣,欧美型植物仍占优势,但已有相当数量华夏植物群标准分子的出现,华南没有发现和此相当的植物群。中期华夏植物群称为三角织羊齿—带羊齿系,是我国早二叠世最典型植物组合的代表。其主要特征为早期华夏植物群的许多特殊分子已不存在,晚期华夏植物群的许多重要属种还不发育,虽然早、晚两期植物群的某些特殊分子也偶有和此期植物群共生的现象。

另一方面,此一植物群不只是早期华夏植物群到晚期华夏植物群的一种过渡类型的植物组合,也是一种颇具特色的东亚早二叠世的标准植物群。三角织羊齿为此期最重要、最具特征的化石,自可视为首要代表分子。根据其中某些植物在地层上发生的次序、盛衰状况以及其所在岩层性质的不同,再按时间顺序分为 A、B 两期或两个组合。

A 期植物群(三角织羊齿—翅编羊齿组合)属于早二叠世,代表岩组为华北月门沟群上部的山西组。B 期植物群(三角织羊齿—怀特华夏羊齿组合)属于早二叠世晚期,代表从山西组较老植物群到上石盒子组较新植物群的一种过渡类型,缺乏普遍可靠的标准化石。晚期华夏植物群称为烟叶大羽羊齿-瓣轮叶系,分为 A、B 两期。A 期(烟叶大羽羊齿—平安瓣轮叶组合)植物组合所在的代表沉积在华北为上石盒子组及其相当的地层,在华南为海陆交替相的龙潭组及其相当地层,属于晚二叠世早期。B 期(瓣状拟扇叶—布朗乌尔曼杉组合)植物组合可能是以晚期华夏植物群(包括部分欧美区分子)为主,并掺杂着不少含美羊齿 Callipteris 库兹涅茨克植物群分子的混杂组合。此期在华北的代表沉积为石千峰组,其时代暂归于晚二叠世晚期。

---

[1] 李星学:《自述》。见:《李星学文集》编辑组:《李星学文集》。合肥:中国科学技术大学出版社,2007 年,第 621 页。

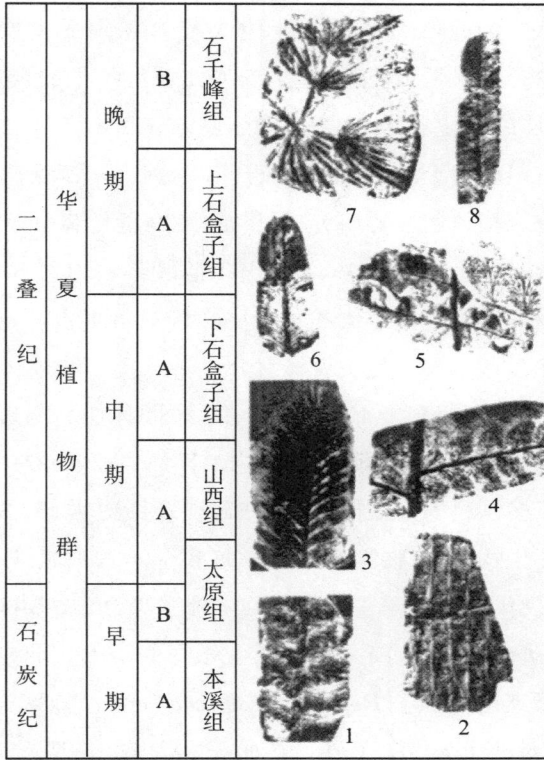

图6-11 李星学最具代表性的成果——华夏植物群代表植物示意图（南古所古植物室提供）

1. 贝叶　2. 鳞木　3. 齿叶　4. 织羊齿　5. 单网羊齿
6. 带羊齿　7. 瓣轮叶　8. 束羊齿

　　李星学在参考他人研究成果的基础上，系统地描述分析了华夏植物群主要期、系或组合的划分和演替。同时，他也认为，除了了解每一层序或组合植物群的组成内容和总的特点，还应当知道其中某些重要分子在各个阶段发生的次序、盛衰状况，以及种与种之间的共生状况和相互消长的关系。只有既考虑到整个植物群的主导面貌，又注意到某些特殊分子的出现和缺失，以及其他相关因素，才能准确、深入地认识华夏植物群的整体发展状况。

　　1966—1972年，在对贵州六盘水煤田进行调查勘探的过程中，李星学和其他同事向煤炭部门提供了煤层对比急需的地层古生物图谱，进一步划分对比了晚二叠世地层统称宣威组的层段及顶底界线。同时他们也欣喜地发现了大羽羊齿植物群分布于整个二叠系和三叠系底部，以及二叠系顶部的煤层中；另外，从作为成煤的主要材料、华夏植物群最后发展阶段的大羽羊齿类植物的这一分布来看，也证实了全部晚二叠世都是成煤期，而含煤地层中，主要可采煤层的变化趋势是，由东向西逐渐递高。

华夏植物群最后一个化石组合的研究，一直以来都是比较欠缺和有待加强的。对这一个植物组合的研究，最早是由 20 世纪 20—30 年代中瑞西北科学考察团所涉及的。李星学 1963 年出版他最著名的两本专著《华北月门沟群植物化石》和《中国晚古生代陆相地层》时，对该组合植物群面貌的化石材料的发现仍然数该考察团的发现最有分量。

中瑞西北科学考察团，指 1927 年中国学术团体协会与瑞典探险家斯文赫定（Sven Hedin）联合组成的西北科学考察团。它于 1927—1935 年对我国西北地区进行了多学科的大规模科学考察，涉及历史学、考古学、民俗学、地理学、地质学、古生物学、生物学和气象学等多个学术领域，取得了令人瞩目的成就，是我国现代学术界第一次真正的中外平等合作，影响深远。从 1937 年起，其考察及研究成果以《斯文赫定博士领导的中国—瑞典考察团在中国西北各省科学考察的报告》（*Reports from the scientific expedition to the North-western provinces of China under the leadership of Dr. Sven Hedin*）为总标题，在斯德哥尔摩陆续出版，现已达 50 余种。国内也有部分考察成果出版，但均为零散的，未成系列。

考察团（1930—1933）在甘肃南山（祁连山西端）所发现的含植物化石层位，由地层学家柏克塞耳[1]公布。随后，相关化石的植物群意义由古植物学家赫勒[2]

---

[1] Bexell, 1935, 甘肃南山古生代和中生代含植物化石沉积的地层学研究 On the stratigraphy of the plant-bearing deposits of Late Palaeozoic and Mesozoic age in the Nanshan region (Kansu)：Geografisk Annuler, 35, 62 - 65。

[2] Halle, 1935, 亚洲晚古生代植物群的分布 On the distribution of the Late Palaeozoic flora in Asia. Geogr Ann, 17：106 - 111；Halle, 1937, 东北亚晚古生代植物群的相互关系 The relation between the late Palaeozoic floras of eastern and northern Asia. Compt. Rend. Congr. Stratigr. Carbon., 2nd, Heerlen, 1, 237 - 245。由于这批标本的重要性，比 Halle 年轻一代的前苏联古植物学家杜兰特 M. V. Durante 后来又对此进行了系统描述和研究（1992, 中国北方南山剖面的晚二叠世安加拉植物群 Angara Upper Permian flora of the Nan-shan section (northern China). - *In*：Reports from the scientific expedition to the north-western province of China under the leadership of Dr. Sven Hedin - the Sino-Swedish expedition, publication 55. IV. 3 Palaeobotany. Stockholm：The Sven Hedin Foundation. 7 - 68, pls. 1 - 13。）

又重新进行了系统深入地研究和描述。其最关键的发现是：剖面下部产出华夏植物群，上部的化石层位产出安加拉植物群，于是相关研究者就得出了安加拉植物群比华夏植物群年轻的认识。该结论引发了地质古生物界的轰动和高度关注，因为它涉及古生物地理区系及二叠纪时亚洲各古板块间的相互关系，中国和国外学者之间意见分歧较大。为行文方便，这部分内容在本书第七章做了比较详细的交代，于此不予赘述。

值得在此说明的是，李星学对关于植物地理区系上华夏和安加拉植物群之间的关系的认识未参与过多的讨论或争辩，但是从地层的年龄和对比上给予了高度重视。他在上述提到的两本专著里都具体详实地引用了Bexel 对相关（1935）剖面和化石层位的描述，强调了中瑞西北科学考察团南山植物群的发现，对揭示华夏植物群最晚期面貌和鉴定华北石千峰组地质年代具有重要价值。

1980 年，李星学发表了《东亚华夏植物群的鳞木类植物》一文。鳞木类，特别是其中最重要的鳞木目植物为欧美石炭纪沼泽森林中最主要的造煤植物类群之一。从前以为鳞木目是广布全球各大洲和只繁盛于早、中石炭世的植物。后来才逐渐明了亚洲北部的安加拉植物群和南半球冈瓦纳植物群分布区，并没有真正的鳞木目，但它们各有另一套独特的鳞木类植物。东亚华夏植物群具有鳞木类植物和它们可以延续到二叠纪的情况，在 20 世纪初就已经知道了。中国古植物学者近几十年来研究成果确认，鳞木类植物约有 7 属，26 种，在晚石炭世或早期华夏植物群中十分发育，在早二叠世或中期华夏植物群仍很繁盛。鳞木类在东亚的这种独特繁茂情况，是华夏植物群的重要特点。

在主要成分方面，以猫眼鳞木为例，它的地质历程几乎与华夏植物群的兴盛衰亡共始终；地理分布也很广，除常见于我国东部石炭、二叠系外，北至朝鲜，西到我国甘肃酒泉，南到马来西亚都有其踪迹。在综合特征方面，华夏植物群区晚石炭世是鳞木类大盛时期，直到晚二叠世依然有少数种相当繁盛着，而且这些鳞木类植物几乎全为新属、新种。

其次，在欧美区地质分布最高的扁圆封印木在东亚的晚石炭世和二叠纪地层中从未发现，它仅有的可靠记录见于江西中石炭世梓山群的上部。

就目前所知,东亚尚无可靠的真封印木亚属的发现,亚封印木也仅有如上提及的个别种而已。

再次,东方型鳞木是华夏植物群特有的优势类型。它们的主要标志有:叶痕较大,其中三小点基本在同一水平线上;叶舌痕紧位于叶痕顶角处;叶痕下无通气道痕;有些种的叶座往往出现四边形至六边形的各种过渡形态。

最后,窝木属的叶痕也相对较大,疤木属在中国的已知种都以叶座比较纵长而不同于西欧的典型种。

纵观华夏植物群中鳞木类植物的起源和繁荣原因,通过和欧洲中石炭世、东亚的石炭、二叠纪,以及我国中石炭世晚期本溪组的一些鳞木植物的对比分析,可以看出,华夏植物群的鳞木类植物发源于东亚中石炭世欧美型植物群的同类植物。

另外,我国华北和朝鲜最主要的成煤时期是晚石炭世的太原群和早二叠世的山西组,这表明东亚地区当时为温暖潮湿的热带—亚热带环境,沼泽森林发育,宜于鳞木类生长。进入二叠纪后,西欧一带逐渐出现大幅度的干旱气候,波及我国西北、华北、东北地区,使我国北方森林逐渐衰退,成煤环境日益不佳。但石炭纪以来的鳞木类多数种也像欧洲同类植物一样趋于灭亡的时候,我国南方仍然海水进退频繁,受干旱影响不大,沼泽森林继续存在,因而鳞木类的少数属、种依然能生存下来并且还相当繁盛。直到二叠纪末,伴随着海水从华南进一步退却,干旱气候居于统治地位,它们才趋于灭亡。

总的来说,这些鳞木类植物不论从地质地理分布、古植物学的形态分类,以及标志的生态环境来看,都大大地丰富了我们关于这类植物的知识;仅以东方型鳞木和华夏木(Cathaysiodendron)所显示的形态特点,就如上述各属所处的重要地位一样,它们也应该是华夏植物群特有的一类标志植物,而且,是华夏植物群与东亚以外同期类似植物群之间最突出的不同点。

从系统分类的角度来讲,面对学术界存在的一些争议,此文详细陈述了关于创建华夏木属(Cathaysiodendron)的两点必要性。首先是它的叶痕几乎与叶座同形等大,稳定的菱形四方形的特点,并不见于人们所以为的与该属类似的大青山鳞木;后者的叶痕与叶座不完全同形等大,而且叶座常有五

图 6-12　李星学命名的南票华夏木 *Cathaysiodendron nanpiaoense* Li 1963（南古所古植物室提供）

至六边形的变化。其次，该属的存在有利于理清鳞木属和封印木属之间的区别。它属于两者之间的过渡类型。否则，像华夏木型的植物不仅可以归入鳞木属，同样可以归属于封印木属。

同年，李星学与姚兆奇在《地层学杂志》(4(4):241-255)上还发表了"中国南部二叠纪含煤地层"，对华南大羽羊齿煤系（中国南部二叠纪含煤地层，除栖霞组底部外，都产大羽羊齿化石，因而也泛称大羽羊齿煤系。）的生物组合特征、时代、分层对比、地层区分以及含煤地层的时空变化规律进行了深入研究。

首先，在华南二叠纪含煤地层常见生物组合特征里，李星学等人依次对早二叠世早期——栖霞期、早二叠世晚期——茅口期、晚二叠世早期——龙潭期、晚二叠世晚期——长兴期的生物组合特征进行了描述。其中，大羽羊齿在茅口期早、中期的文笔山组顶部就有发现，在童子岩组下部已比较常见，至茅口期末相当繁盛，这与华北下石盒子组的植物群不同，证明了自早二叠世晚期起，华夏植物群在华北与华南有了比较明显的分异。而在晚二叠世早期的龙潭期，名为烟叶大羽羊齿—多叶瓣轮叶的植物组合非常繁盛，还增添了代表苏铁类、银杏类和松柏类的新成员和分类位置未定的多裂掌叶，具有了纯粹的华夏型面貌。在晚二叠世晚期的长兴期，其植物群面貌与龙潭期基本相同，但是一个已过繁盛阶段而渐趋衰落的华夏植物群。长兴期植物群最大特点是属种开始贫化，栉羊齿类小羽片的边缘往往有反卷和加厚现象，这些都是受北方干旱气候影响的结果。长兴期末，鳞木类完全绝灭，华夏植物群的分子基本衰亡，只有少数属种进入中生代，并经过一段时间后才先后绝迹。

其次，中国南部二叠纪含煤地层分区为东南地层区、江南地层区、扬子地层区、青藏地层区、藏南地层区。其中东南地层区主要含煤地层形成于茅口期，以福建龙岩童子岩煤系和浙江江山礼贤煤系为代表。江南地层区的重要成煤期在龙潭期，重要代表剖面有湖南莱坝口、江苏南京龙潭煤系、广东曲江腊石坝煤系、浙江长兴煤系、江西乐平煤系。扬子地层区的重要成煤期是龙潭期和长兴期，主要的含煤地层以海陆交替为主，代表性剖面有湖北大冶炭山湾煤系、湖南辰溪煤系、广西来宾迁江煤系、四川华蓥山砖厂湾煤系、贵州安顺轿子山煤系、云南宣威煤系。青藏地层区的上二叠统是主要含煤地层，代表剖面有西藏昌都妥坝煤系、西藏双湖热觉茶卡煤系。藏南地层区属冈瓦纳地层大区，地层结构和生物内容与中国南方地层大区不同，还未发现真正的含煤地层。

第三，华南二叠纪主要含煤地层，即大羽羊齿煤系，分属于茅口期至长兴期这一时限内；其时代自东南往西逐渐变新，含煤地层在二叠系剖面中的位置自东南往西渐次递高，从下二叠统上部逐渐上升至下三叠统最底部；主煤层在不同剖面中的位置变化也有一定规律，说明煤层的形成与古地理的关系，成煤期随着海岸线逐渐向西推进而变新；大羽羊齿植物群至长兴期渐趋衰落，华南地区广泛的海浸，迫使植物群退缩至当时地势较高的西部地区，除江南区的个别地点外，成煤作用主要发生在扬子区和青藏区。

1983 年，李星学与姚兆奇合作完成了 Fructifications of Gigantopterids from South China(《大羽羊齿植物生殖器官在华南的发现》)一文，发表在德国古生物图志 *Palaeontographica* B 杂志上。

作为最具特征的华夏植物群的代表，大羽羊齿的研究虽有近百年的历史，但由于未发现过真正的繁殖器官化石，因而其分类位置一直未能确定。日本学者曾声称发现过大羽羊齿的聚合囊，后来又报道发现了它的种子，并根据小羽片和叶脉类型建立了织羊齿系(*Emplectopteris*-series)等几个演化系列。该文记述了大羽羊齿类的雌性器官和雄性器官;论述了这类独特的繁殖器官在植物演化中占有的特殊地位和重要意义,并据此建立了大羽羊齿目。大羽羊齿类繁殖器官的发现,使这类植物的分类位置得到了确证,其演化意义得到了澄清。它与织羊齿等在演化上没有像日本学者所设想的那种亲缘关系,而以往有关聚合囊和种子等的报道也都被证实是一些猜测,并无事实依据。这项研究成果是近百年来对这类植物研究所取得的重大突破,文章一经发表即引起了国内外古植物学者的重视,其中的观点和材料已被国内外古植物学教科书引用,此成果获得了 1987 年中国科学院科技进步三等奖。

对"华夏植物群"的国际合作研究

李星学在对华夏植物群进行深入研究的同时,也十分重视和东亚其他国家的华夏植物群研究的交流和对比,从而使自己的研究始终能够站在一个全面客观的立场上。

1982 年 10—11 月,李星学应"日本学术振兴会"的邀请,对日本进行了为期40 天的学术访问。此次访问由日本著名古植物学家木村达明先生全程安排和接待,双方对中日古植物学发展进行了探讨、交流。

李星学向日本同行介绍了中国近 5 年来有关古植物学和生物地层学的重要成就,并访问了山口、高知地区的植物园、地质古生物陈列馆、札幌北海道大学、国立科学博物馆、东京学艺大学理学院天文与地学系、早稻田大学、东京大学、千叶大学、筑波日本地质调查所陈列馆等地。期间,李星学和木村达明还参加了在三重大学举行的"日本古生物学会第 130 次学术讨论会",并应邀在东京学艺大学理学院做了两场报告:①中国大羽羊齿类植物研究新进展概况;②中国中生代的植物组合序列。报告引起了很大反响,会后木村达明邀请李星学将有关大羽羊齿类植物的研究报告发表在日本的外文刊物上,李星学婉转拒绝,表示该文已计划刊于中国的相关英文古生物学刊物上。后于 1983 年发表于《华夏古生物志》①。

值得一提的是,木村达明多年来一直和李星学保持着良好的国际合作。他不仅精通英文,中文功底也十分深厚,甚至可以用中文给李星学写信,表达自己的想法。木村达明于 2001 年去世,李星学签发悼念文章,怀念这位国际友人,他在 6 月 19 日的日记中写道:"木村比我小 10 岁,不幸骤而辞世。他是我老知交之一。1982 年在日本访问全由他促成,并亲自驾车与我到日本各地参观访问近一个月……"

图 6-13 1982 年 10 月,李星学访日期间与日本著名古植物学家木村达明野外留影(南古所古植物室提供)

1984 年 11 月 26 日—12 月 7 日,李星学与周志炎访问世界著名古植物研究中心——印度萨尼古植物研究所,并于加尔各答与印度自然科学院院长 A. K. Sharma 教授进行了会谈。期间作了学术报告"华夏和冈瓦纳混生植物群"(The Mixed Permian Cathaysia Gondwana flora),对华夏植物群、华夏和冈瓦纳混生植物群的特征进行了描述和比对,厘清了两种植物群的概念和异同,为华夏植物群的进一步研究打下了基础,此文后发表于印度出版的 *PALAEOBOTANIST* 第 35 卷第 2 期。

---

① Li Xingxue, Yao Zhaoqi, 1983, Current studies of gigantopterids. Palaeontologia Cathayana, 1: 319-326。

图 6-14　1987 年 9 月，日本古植物学家木村达明应邀来宁学术访问，期间和李
星学全家合影（南古所古植物室提供）

　　其中，访印期间还发生了一次难忘的"车祸事件"，让李星学感慨国际合作的不易，也使这篇论文有了沉甸甸的分量。李星学与周志炎结束了加尔各答的访问之后，乘飞机回到新德里机场，并在机场搭了一辆出租车返回驻地。出租车司机是一名二十来岁的小伙子，年轻气盛，车子开得飞快，起初两人并未在意。可是，中途司机在一次加速超车时，对面忽然来了一辆大卡车，说时迟那时快，大卡车与出租车擦肩而过，只见车身一歪！停车一看，出租车右侧挡轮板上留下了一条印痕，大家险些丧身轮下。到了驻地，司机还向他们多要了 10 个卢比做修车费。后来，李星学回忆起这段往事，风趣地描述到：小伙子的刮雨器玻璃上挂了一件小饰品，上书"God blessing"，幸亏上帝显灵了，要不然大家全都完了。

　　在华夏植物群研究方面与日本和印度同行的合作，对理清华夏植物群在东亚的分布范围、对比关系以及与南半球冈瓦纳（舌羊齿）植物群的区系界线起了促进作用。然而，真正与华夏植物群具有可比性或者说密切相关的是欧美植物群，因为石炭、二叠纪时的中国（发育华夏植物群）和欧洲、北美洲（发育欧美植物群）同处于赤道热带、亚热带，相似的气候条件决定了植物群的相似性。因此，寻求与研究欧美植物群的同行合作，是提高华夏植物

图 6-15 1984 年 12 月 7 日,印度自然科学院院长 A. K. Sharma 教授 (右)在加尔各答会见李星学(南古所古植物室提供)

群研究水平的必经之路。

李星学没有留学经历,因此不像他的导师、前辈斯行健那样,留学期间就结识了许多国际同行,甚至结为好友,为职业生涯的学术合作奠定了基础。他建立与国际同行的合作完全是基于共同的研究兴趣和对古植物学事业的志同道合。一直以来,他同国际同行建立友谊和合作主要依靠书信往来,直到改革开放后,1978 年美国植物学会代表团访问南京及南古所,以及次年他作为中国植物学家代表团成员访问美国,参加第九届国际石炭纪地层与地质大会,才逐渐与一些原先有过书信往来的同行见面。特别是 1980 年参加在英国里丁大学召开的第一届国际古植物学大会,是他与欧美同行见面或接触交流的绝佳机遇,从此与国际同行的交流就比较频繁。李星学自己认为,西班牙的 R. H. Wagner 教授是他一生最亲密的合作者,是他了解欧美植物群研究进展的一个窗口。

Wagner 教授是与李星学同时代的国际著名的晚古生代地质古生物学家,比李星学年轻一些,长期就职于西班牙科尔多瓦(Cordoba)植物园的古植物部。他也是古植物学柏林学派的代表人物,懂多种语言,关于欧美植物群,特别是石炭纪植物群的系统分类和地层划分著述很多。可以说,李星学的代表性成果——关于华北晚古生代陆相地层的植物组合序列的划分,正是借鉴了 Wagner 在欧洲的石炭纪地层的植物组合划分成果。据另一位美国同行、美国宾夕法尼亚大学 Pfefferkorn 教授说，Wagner 教授的个人图书馆是国际上收藏有关石炭纪植物和地层研究的文献资料最全的。直到现在，已经 85 岁高龄的 Wagner 教授仍然非常活跃，见到有新发表的相关文献，他都立即收集，如果无法通过网络下载，他都写信或发邮件向作者本人索取。这方面，不少同行都感同身受，因为他们都可能收到过 Wagner 教授本人的索求论文及论文单行本的信件。他个人一生经历很丰富，有过在日本、印度尼西亚等亚洲国家的工作经历，乐于与华人打交道并对汉文化颇有兴趣。

2014 年 7 月，国际地层委员会石炭纪分会和二叠纪分会在德国 Freiberg 组织一次关于海相—陆相地层对比问题的讨论会，课题组负责人王军在本次会议上与 Wagner 教授相遇。两人虽然年岁差距较大，但都为晚古生代古植物学界的活跃同行，实际上并不陌生。除了一直相互交流发表的论文和成果外，2007 年国际石炭纪和二叠纪地质大会在南京召开之际，王军负责组织了庆祝李星学院士 90 岁生日暨文集出版发行的分会场会议。在筹备此项活动时，李星学点名邀请了 Wagner 教授，他欣然受约。可惜，后来由于家里临时变故，Wagner 教授未能成行。由于那段时间的频繁联系，加上李星学同他的电子邮件和信件联系也都是由王军负责接收、回复和邮寄的，王军与 Wagner 教授两人已经比较熟悉。

本次会议上，除了室内口头报告交流，Wagner 教授还全程参加会议之后的野外考察，王军得以聆听他亲自对一系列地质剖面的故事讲解，可以说涉及了大多数他当年和李星学以通信方式进行深入讨论和切磋的问题，即归根结底的欧美植物群与华夏植物群的地层对比。

通过本次共同考察欧洲的若干石炭、二叠纪剖面，王军吃惊地认识到，欧洲的石炭、二叠纪植物群（欧美植物群的欧洲部分）和中国的华夏植物群有一个巨大的差别：欧洲保存欧美植物群的地质剖面数量多而露头局部。每个剖面保存的地层时代跨度十分局限，整个石炭、二叠纪的植物群演替面貌，需要通过一系列的剖面把各个不同时段的植物组合面貌整合起来，才能够有一个完整的概念。因此，欧洲各地石炭、二叠纪植物群及其之间的地层对比是高难度的。

中国华夏植物群的情况要好得多，华北、华南的地质剖面都十分连续完整，很多剖面直接包括了石炭、二叠纪的大部分时间，这样一条剖面上就能够反映华夏植物群的整体演替过程。剖面之间的对比也相对变得容易。中国和欧洲之间的根本不同，是由于石炭、二叠纪时欧洲欧美植物群发育在为数众多的规模不大的山间盆地，彼此之间孤立而缺乏沟通；中国则由大的克拉通盆地（即盆地为一整体，构造隆升或沉降具有一体性）构成，如华北就是一个大的沉积体系，各个具体沉积盆地之间的水域彼此多少都有联系。

中国和欧洲晚古生代植物群发育的古地理条件的巨大不同，自然增加了华夏植物群和欧美植物群对比上的困难，尤其是如何正确理解欧美植物区和华夏植物区的地层对比，没有实际考察地质剖面，仅凭借参考文献中的剖面和植物群描述，加上相互间的通信联系讨论，理清上述植物群和地层对比关系实属不易。李星学在 20 世纪 60 年代就能够基本完好地完成华夏植物群的组合序列划分，以及与欧美植物群之间的植物群比较和地层对比关系，与他深厚的地质学功底是分不开的。

在李星学个人收藏的论文单行本中，Wagner 教授的论文是数量最多和最完整的，足以反映他和 Wagner 教授深入的交流合作。2007 年，李星学在其 90 岁寿辰庆祝活动和文集出版发行仪式时，明确提出自己一生思考而尚未得到理想结果，希望下一代古植物学者继续探索的 3 个学术问题当中（参见本书第七章），有两个都是与 Wagner 的合作研究密切相关的：即关于中国斯蒂芬期植物群及相应的地层沉积如何与欧洲对比，以及华夏植物群与其他三大植物群的混生区系的形成及其机制。例如，他们俩很早就关注了华夏植物群与冈瓦纳及安加拉植物群分子在中东土耳其和沙特阿拉伯等地的混生现象。

2000 年，在指导王军的博士后研究项目完成之后，为了增加王军与欧美植物群研究者的合作经历和锻炼，李星学曾经与王军谈话，坦露自己和Wagner 教授是非常要好的朋友，他可以考虑到西班牙跟随 Wagner 教授做一个博士后研究课题，题目就围绕华夏植物群与其他三大植物群的混生问题。我国及中亚、中东地区已经发现的混生植物群的一系列化石产地就是着眼点。此事后来由于王军与李星学的另外一位十分友好的美国同行

图 6-16 1987 年,西班牙古植物学家 R. Wagner 教授(左二)访问南古所,与李星学(右二)、周志炎(左一)、蔡重阳(右一)合影(南古所古植物室提供)

Pfefferkorn 教授的合作率先启动而搁浅。2014 年德国 Freiberg 会议期间王军与 Wagner 教授商量,他将短期访问西班牙,与 Wagner 教授合作,避免老人承受长途飞行和旅途劳顿来中国。

除了继续李星学提出的关于植物地理区系的合作研究外,王军还准备拓展合作研究领域,和 Wagner 教授同时进行古植物系统分类研究的合作。其深刻的内在原因是:前已述及,华夏植物群和欧美植物群由于相似的古气候背景,导致有许多相似,甚至相同的植物群属种。这样,研究两大植物群的学者们如果不充分交流合作,就会导致很多相同的植物被专业背景不同的学者们命名成了不同的物种。这方面中国学者和欧美学者都很有感触。在李星学看来,Wagner 教授是欧美学者中对植物化石压型、印痕标本鉴定最有经验和功底的专家,通过与他进行标本鉴定上的切磋,不仅将增加双方对华夏植物群和欧美植物群物种鉴定的可靠性,更有利于深度观察和厘清两大植物群之间整体上异同及其根源。

可以预期,李星学与 Wagner 教授关于华夏植物群与欧美植物群比较的合作,不仅通过他自己的工作实现了植物群和地层对比关系的确立,而且通过以王军为代表的年轻一代的进一步合作,将在植物群系统分类及其与环境的协同演化上，获得更加深入广泛的合作成果。

另一方面，一定程度上讲，可以说李星学关于中国的斯蒂芬期植物群及地层和欧美植物群的对比问题的思考，年轻一代已经在组织国际合作探讨该问题。长期以来，在国家繁荣发展的大好形势下，基础科学持久地受到国家支持，广泛而深入的国际合作也得以持续发展。南古所古植物学同仁已经建立起了与国际上大多数国家和地区同行的双边或多边合作，相关科学问题的探索和研究已经或将获得新进展。

对"华夏植物群"的持续深入研究

正如李星学在自传中提到的，在多年的科研工作中，他始终坚持"内外结合，博约兼顾"的研究作风。同样的，在华夏植物群的研究中，他不仅对传统意义上中国地区石炭、二叠纪华夏植物群进行深入细致的持续研究，不断进行阶段性总结，纠正前人的偏差，还在参考大量相关文献的基础上，运用板块学说、古地理、沉积学等理论对东南亚、东亚，乃至其他地区古生代，特别是石炭、二叠纪时期的植物群进行综合研究，并通过与华夏植物群的对比研究，大大提高了学界对华夏植物群的认识水平。

1980 年 7 月 7—17 日，在法国巴黎举行了第二十六届国际地质大会，约有 120 个国家和地区的 5 300 名地质学家参加，提交论文 2 700 篇。中国派出了以中国地质学会理事长黄汲清为团长，由中国科学院、煤炭部、二机部、石油部、冶金部、教育部、地质部和国家地震局的地质学家和工作人员组成的 40 人代表团，提交论文 120 篇。

李星学为大会提交了《华夏植物群研究的新进展》①一文，把 20 世纪 60 年代以后，我国学者对华夏植物群的组成内容、基本特征、某些代表属种的鉴定、分类及其地质、地理分布做了完整的综述；对华夏植物群的地理分区、

———————————

① 《国际交流地质学术论文集(4)——地层古生物》。北京：地质出版社，第 73 - 81 页。

起源、发展、迁移和衰亡问题，也进行了一定的探讨。这是李星学第一次对华夏植物群的研究进行专题阶段性总结。1974 年出版的《中国古生代植物》一书中，也涉及了对当时的华夏植物群某些方面的研究进展，但并未做针对性的全面总结。

此文整体分为四部分：中国北部华夏植物群的有关研究、中国南部华夏植物群的有关研究、国外有关工作简评、华夏植物群的起源、分布、迁移和衰亡。首先，在中国北部华夏植物群的研究中，将太原群植物群确认为早期华夏植物群，时代属于晚石炭世或斯蒂芬期；山西组的上下界线得以厘定，以往中外许多类似地层划分、对比混乱的现象，得以基本澄清；山西组植物群的面貌首次被确认，其丰富程度和主要特点与下石盒子组十分相似，归于早二叠世早期；确定束羊齿为一新属，它也是晚二叠世华夏植物群的标志属；太原西山连续沉积于上石盒子组之上的石千峰组，其含义和时代的归属也有所变动。另外，斯行健的重要遗著《内蒙古清水河地区及山西河曲晚古生代植物群》一书当时正在整理出版中，对这一中石炭世至晚二叠世的植物群进行了详细论述，极大地提高了华夏植物群的研究广度和深度。

其次，在中国南部华夏植物群的有关研究中，改正了泛称的龙潭组或大羽羊齿煤系及其植物群的时代局限于晚二叠世早期和仅相当于北方上石盒子组的旧概念；中国南部在整个二叠纪时期，只要具备有利的地理条件，都可成煤。不过，东南各省的主要成煤时期为早二叠世晚期或茅口期，晚二叠世龙潭期和长兴期的成煤作用则以包括青藏高原在内的西南地区为发育；晚期华夏植物群的植物数量很多，类型奇特。另外，对西藏双湖地区植物群的研究，证明其时代之新和所在层位之高，都是国内外已知二叠纪植物群不可比拟的；西藏昌都妥坝煤系植物群位于印度板块与亚欧板块之间的雅鲁藏布江河谷地缝合线东端的转折点附近，因而这一植物群的研究对大地构造和古地理区划都有很大意义。

再次，总揽国外有关华夏植物群的研究，结合东亚地区、西亚地区、中亚地区和美洲地区，重点指出了对这一类植物群的研究还存在的很多分歧和不同观点。

最后，关于华夏植物群的起源、分布、迁移和衰亡研究的认识：它起源于晚石炭世,二叠纪时大盛于东亚,至晚二叠世时为其鼎盛阶段,三叠纪初才趋于衰亡;华夏植物群的地理分布,东北起自日本本州,东南达于苏门答腊,向北可以塔里木盆地——兴安岭一线为界,西南则止于平行于藏南雅鲁藏布江河谷的板块地缝合线附近,但其最西还远及于西亚的伊拉克和土耳其;在其迁移问题上,由于晚石炭世和早二叠世华夏植物群只见于东亚,西亚的晚二叠世华夏植物群应当自东方迁移而来。另外,有资料表明,在华南华夏植物群可能在三叠纪初趋于衰亡。

1983 年,李星学与姚兆奇合作完成了《东亚石炭纪和二叠纪植物地理分区》[1]一文。在植物地理区系上,东亚很早就以具有 4 个不同的石炭、二叠纪植物群而著称于世。亚洲北部和东南部的 3 个植物群,即欧美植物群、安加拉植物群和华夏植物群组成所谓"北极圈石炭纪植物区",其中的第四个,即舌羊齿植物群则代表"南极圈石炭纪植物区"或"冈瓦纳植物区"。瑞典古植物学家 Halle 教授(1937)最先为此提供过一幅大致的地理分布图。之后,不少学者试图说明它们之间的时间和空间的关系时,也做过一些类似的分布图,但进展不大。鉴于有关东亚,特别是中国境内石炭纪和二叠纪植物群的地质地理分布已积累了大量材料,李星学着手对这一批材料进行了详细研究,绘制了一幅较详细的植物地理分区图,并对各植物区做了论述。

首先,安加拉植物群在西伯利亚和蒙古的地质历程为早石炭世至晚二叠世。同一时期,它也生存于中国西起新疆的准噶尔盆地,东经甘肃西部,内蒙古北缘,直至东北地区北部的广大区域。

第二,冈瓦纳(舌羊齿)植物群不仅分布于南亚地区,中国西藏南部。位于世界最高峰——珠穆朗玛峰北坡的定日和定结一带还发现了以习见舌羊齿、印度舌羊齿,美楔叶为特征的舌羊齿植物群。

第三,华夏植物群可分为北方亚区和南方亚区。二者通常以西起青藏高原的昆仑山,东经北秦岭、湖北大别山和安徽"淮阳地盾"这一东西向带状山岭为界,但其最东端由于郯庐大断裂影响而转向东北,直指苏北连云港与滨海县之间。北方亚区主要包括中朝准地台的广大区域,其中早、中、晚期

---

[1]《中国古生物地理区系》。北京:科学出版社,第 74－82 页。

华夏植物群都十分发育,而且从晚石炭世或斯蒂芬期到晚二叠世之间的植物群或植物组合所在的地层顺序连续而无间断,为广大地区的植物组合及其所在地层的划分对比提供了良好的依据。早期华夏植物群的代表岩组为山西中部的太原群,主要为具海相夹层的陆源沉积,而中、晚期华夏植物群所在地层则几乎全为陆相沉积,但偶有含舌形贝等的滨海或泻湖相夹层。南方亚区包括东南亚地区在内,植物组合顺序与北方区不同,常是不连续的,这里含植物化石的地层大都被火山碎屑岩或海相夹层所干扰。南北两亚区的出现,主要始于二叠纪。而中国南部二叠纪华夏植物群,与北方亚区有点相似,也可分为4个组合,晚二叠世的两个组合,由于常受滨海湿润气候影响,植物的演化缓慢,彼此间的区别不明显。南方亚区的早二叠世早期植物群,大多零散发现于湘西北、鄂西和滇东等地。大羽羊齿植物群在南方亚区的地层分布,又俗称"大羽羊齿煤系",研究表明,它的地质历程自早二叠世晚期开始一直延续至晚二叠世末,少量分子甚至可以生存于早三叠世之初。

第四,在早、中石炭世欧美植物区里,在东亚能够确认的欧美植物群不仅存在于早石炭世(主要是维宪期)经纳缪尔期到维斯发期这一时间内,在中国南方和西北广大区域内还发现了多形产羊齿、大脉羊齿等世界性的标志植物化石。这说明东亚的早、中石炭世还生存着一个尚未发生明显分异的欧美植物群,可大致分为4个植物组合:高骊山鳞木—原始鳞木—锉拟鳞木组合、多形产羊齿—钝三裂羊齿—浅沟古芦木组合、奇异锉木—网羊齿—欧龙布鲁克鳞木组合、大脉羊齿—脉网羊齿组合。

第五,关于各植物区的分界线,可归纳为:①华夏植物群与舌羊齿植物群分界线和印度板块与亚洲板块的缝合线或深大断裂带相一致,但这两个板块之间的缝合线应该从喜马拉雅山的南坡改划在我国西藏南部,大致沿着雅鲁藏布江河谷东西向延伸的深大断裂带。②天山—兴安岭大地槽,是一个分布于西起新疆准噶尔盆地、东至中朝准地台北缘的广大地带,自晚志留世至晚二叠世早期之间,一直是海水分布区,可看作安加拉植物群与华夏植物群之间的天然屏障。③昆仑—秦岭大地槽和大致平行于其北侧的、几个断断续续的古陆形成的古地轴,可以看作华夏植物群北方亚区与南方亚区之间的天然分界线。在这一带状地域,虽然这一分界线的确切位置与规模的大小,随时间不同而有所变化,但自早古生代起一直是华南与北方中朝准地台之间的天然界线。

1994 年,为庆祝著名地质学家黄汲清先生 90 寿辰而举办的学术研讨会,李星学与西北大学沈光隆教授合作递交了《东南亚二叠纪植物群简评及其植物地理区划》一文,而后发表于《地球学报》①。早在 19 世纪末叶,有关东南亚大化石植物群(以下简称植物群)的发现就曾有过报道。然而,过去比较系统的研究而且著称于世的仅有 20 世纪 30 年代经高腾(Gothan)和容曼士(Jongmans)(1935)正规研究过的占碑(Djambi)植物群。其他植物群大都是由日本学者于 20 世纪六七十年代才进行较系统的研究。对东南亚二叠纪植物群区划界线存在着许多不同的意见。有的研究冈瓦纳植物群的学者甚至倾向于将整个东南亚划归冈瓦纳植物群区,而徐仁(1978)、李星学(1985)等则一度追随 Halle 教授的意见,将整个东南亚归属于华夏植物群区内。后来随着研究的不断深入及资料的不断丰富,这种观点李星学等已有所变化。此外,对东南亚是否存在着二叠纪的华夏—冈瓦纳混生植物群也有些不同看法。因此,讨论或补正这一地区有关植物群某些重要属种的鉴定及其名称,有利于统一上述不同意见。

首先,关于东南亚二叠纪植物群重要产地和一般特征进行了详细描述,包括中国云南、泰国、马来西亚、印度尼西亚、新几内亚西部、越南与老挝、婆罗洲(加里曼丹)等地。其次,对东南亚某些二叠纪植物的属种鉴定与分类命名问题进行了讨论,包括冈瓦纳植物群的典型代表类群舌羊齿类、化石广布全球各大洲的裂鞘叶、有关楔叶属的几个问题。最后,关于东南亚的二叠纪植物古地理问题,由于在泰马半岛东部和苏门答腊的占碑地区发现了相当丰富的华夏植物群,而其他地区很少,所以对东南亚二叠纪植物古地理的划分,实际上就是如何划分华夏植物群与冈瓦纳植物群区间的分界线。本文主张有关华夏植物群与冈瓦纳植物群的分界大致为一南、北走向分界线:北起中国滇西,南经缅甸东北角而穿入泰马半岛中部,再接于稍南的苏门答

---

① 《中国地质科学院院报》,(3-4):211-225。

腊占碑的西侧。此文通过对东南亚二叠纪植物群地理区划的深入研究,进一步推进了有关华夏植物群在东南亚地理分布的研究,从而为把握华夏植物群发展演化的整体格局提供了理论依据。

在由李星学主编、1995 年出版的《中国地质时期植物群》(中英文同时出版)一书中,李星学等人在多年的研究基础上,对我国石炭纪、二叠纪华夏植物群整体面貌及相关地理区划、生态环境等方面进行了进一步的探讨。

1995 年,由李星学发起并组织的"地质时期陆地植物分异及进化国际会议"在南京召开,李星学任大会组委会主任,周志炎任副主任,西北大学沈光隆负责二叠纪讨论会,宜昌地质矿产研究所孟繁松负责三叠纪的讨论会。大会邀请了来自美国、英国、德国、法国、波兰、俄罗斯、西班牙、日本等国的专家,与会代表大约 60 多人。大会对李星学主编的《中国地质时期植物群》一书进行了高度评价,其中关于华夏植物群研究的新进展引起了国际学术界的瞩目,基于丰富而准确的资料之上的明确观点,为华夏植物群某些问题的深入研究提供了帮助,体现了李星学在此领域的重要学术成就。

首先,关于植物群的组分及整体面貌。华北是华夏植物群所在地层发育得最完全的地区,从晚石炭世初到二叠纪末的代表岩组,即从本溪组直到最高的石千峰组基本为连续沉积;位于下部的岩组为海陆交互相沉积,往上逐渐为陆相所取代。植物群内容总数增至约 103 属和 405 种,并结合天津地质矿产研究所王自强于 1989 年的统计,对华北各个代表岩组植物群(组合)的主要成分进行了补充描述。华夏植物群的整体面貌在早期和欧美区晚石炭世植物群没有大的差别,但出现了一些特有属种;中期阶段,增加了对鳞木类的研究(李星学,1980),鳞木类经历了从繁盛到衰微的过程,但在早二叠世末期的下石盒子组沉积时期,华夏植物群的繁盛却达到了顶峰,尤其是最重要代表类群大羽羊齿类的大羽羊齿、单网羊齿、齿叶、三角织羊齿、带羊齿等都得到了极大发展。晚期阶段,我国西北与华北本部已先后成了干旱地区,沉积了以杂色碎屑岩为主的上石盒子组,但在某些层位仍富含植物化石。到晚二叠世晚期,中国北方干旱问题更为加剧,明显地反映在石千峰组红色岩层上,只在某些夹层的泥质砂岩大结核中保存了一些耐旱性能较好的植物化石。华南亚区华夏植物群的面貌,除晚石炭世无从得知和晚二叠世晚期的完全不同于华北石千峰组的外，其他时期基本相似，只是由于气候较为湿润，出现了较多的地方性属种。

第二，将华夏植物群的代表类群补充修订为8个：大羽羊齿类、织羊齿类、瓣轮叶类、齿叶类、束羊齿类、贝叶（Conchophyllum）属、带羊齿类、东方型鳞木类。

第三，关于植物群的地理划分，沿西祁连南麓，经秦岭北侧而连接于大别山北缘一线，再向东延伸，可能在连云港以北入海，遥接于日本中部北纬40度附近的米谷（Maiya）北侧，分为华北、华南两个亚区。两个亚区划分的界线基本维持了原先的认识。

第四，有关植物群的古地理、气候和生态环境方面，华北与华南两大陆块在石炭、二叠纪时古地理位置大概分别位于赤道南、北附近，分隔其间的海域并不广阔。晚石炭世及二叠纪之初，华南几乎全部为海域所占；华北陆块则时断时续地为浅海淹没，并在热带—亚热带的燥热潮湿环境的滨海沼泽地带，丛生茂密的森林。早二叠世晚期起，华北陆块的气候与生态环境都有所变化，主要反映在鳞木类的明显衰退，海相夹层的逐渐减少以至全为陆相取代，并不时有红层出现。晚二叠世初的上石盒子组沉积时，某些比较耐旱的楔叶纲植物特别发育，松柏类羽杉的出现和华北本部造煤环境的消失，表明更加干旱的环境已经来临。晚二叠世时华南陆块的气候环境处在湿热、多雨的滨海沼泽丛林中。

第五，关于植物群的起源、演替和衰亡方面的新进展。基于大量的植物化石的研究，通过对以往的地层古生物的对比，李星学等人在1993年出版的《北祁连山东段纳缪尔期地层和生物群》一书中，提出华夏植物群可能起源于东亚本地的前华夏植物群（Procathaysian flora）的新观点。华夏植物群的衰亡主要是在二叠纪全球性干旱气候逐渐自西向东来的影响下造成的。华北亚区华夏植物群的主要类群，先是在晚二叠世晚期石千峰组植物群中，为松柏类所取代，只残存少量比较耐旱的属种，到二叠纪、三叠纪之交或三叠纪之初，生态环境进一步变化并发生古、中生代之交的生物过渡或发生大灭绝事件时（王自强，1989），华夏植物群就趋于全部灭绝。在华南亚区，晚二叠世晚期还发生过广泛的海侵，直到三叠纪初才逐渐退缩，黔、滇交界和青藏高原部分地区晚期华夏植物群,在海洋湿润气候的良好环境下,依然生长茂盛还有造煤作用,并且大部分属种一直繁衍到二叠纪之末,有的类群如大羽羊齿类甚至在入三叠纪初才灭绝。

《中国地质时期植物群》是60年来结合中外学者,特别是中国学者逾千篇论文(包括专著和资料)的基础上,撰写的一部综合性、系统的著作。通过大量出自我国学者调查研究的第一手资料,此书证明了我国是研究地质时期全球性植物群及其区划与历史演变不可缺少的重要地区,同时还证明了我国是最早陆生植物的故乡之一。其材料对研究陆生维管植物早期分化、演变有及其重要的价值,证明了我国是石炭、二叠系华夏植物群的摇篮和故乡,是当时四大植物群交汇的唯一地区。在1996年第8期出版的 *Acta Botanica Sinica*(《植物学报》)杂志上,中科院昆明植物研究所吴征镒院士对该书进行了高度评价,称此书"体现了中国学者对有关问题的研究深度和广度,常有精细论述和精辟见解,对有关学科都起着启发和指导作用,因此,本书具有既全面概括而又重点突出的特点,是中国在古植物学领域的主要成就"。

另外,李星学等人将华夏植物群的代表类群——大羽羊齿类植物作为一个专题进行论述。长期以来,李星学等人通过对晚古生代热带雨林中攀援木质藤本植物的针对性研究,发现了大羽羊齿类植物的雌性和雄性繁殖器官,逐步搞清了它们的分类位置和演化上的特殊意义。这是近百年来大羽羊齿类植物研究史上的一大突破,也是古植物学的一大发现。从已有的资料来看,大羽羊齿类植物的起源与演化过程,可能既有缓慢的定向演变,也存在着爆发式的无定向的随机突变现象。而且,由于它的内容庞杂,叶形、脉序的多样化,它很可能并不代表一个自然的植物类群,它的起源与演化可能是多源而繁杂的。李星学等人结合中外古植物学者的研究成果,对大羽羊齿类植物的分类和不同的演化路线进行综述,对这一类群植物的深入研究提出了新的方向和思路。

1997年,李星学在《古生物学报》上发表《华夏植物群的起源、演替和分布》一文,对自己毕生研究的华夏植物群做了一个回顾与概略性总结,并以客观的分析,对以往研究中存在的问题,比如植物化石组合序列传统划分方

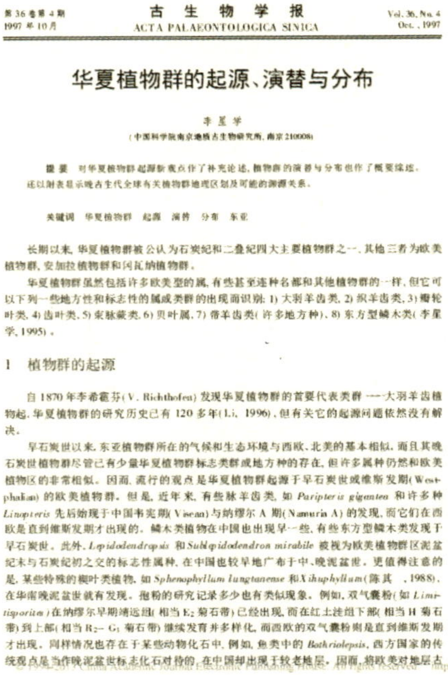

第 36 卷第 4 期　1997 年 10 月　古 生 物 学 报　ACTA PALAEONTOLOGICA SINICA　Vol. 36, No. 4　Oct., 1997

华夏植物群的起源、演替与分布

李星学

（中国科学院南京地质古生物研究所，南京 210008）

提要　对华夏植物群起源新观点作了补充论述，植物群的演替与分布也作了概要综述。还以附表显示晚古生代全球有关植物群地理区划及可能的渊源关系。

关键词　华夏植物群　起源　演替　分布　东亚

长期以来，华夏植物群被公认为石炭纪和二叠纪四大主要植物群之一，其他三者为欧美植物群、安加拉植物群和冈瓦纳植物群。

华夏植物群虽然包括许多欧美型的属，有些甚至连种名都和其他植物群的一样，但它可以下列一些地方性和标志性的属或类群的出现而识别：1) 大羽羊齿类，2) 织羊齿类，3) 瓣轮叶类，4) 齿叶类，5) 束脉蕨类，6) 贝叶属，7) 带羊齿类（许多地方种）、8) 东方型鳞木类（李星学，1995）。

1　植物群的起源

自 1870 年李希霍芬（V. Richthofen）发现华夏植物群的首要代表类群——大羽羊齿植物起，华夏植物群的研究历史已有 120 多年（Li，1996），但有关它的起源问题依然没有解决。

早石炭世以来，东亚植物群所在的气候和生态环境与西欧、北美的基本相似，而且其晚石炭世植物群尽管已有少量华夏植物群标志类群或地方种的存在，但许多属种仍然和欧美植物区的非常相似。因而，流行的观点是华夏植物群起源于早石炭世或维斯发期（Westphalian）的欧美植物群。但是，近年来，有些脉羊齿类，如 *Paripteris gigantea* 和许多种 *Linopteris* 先后始现于中国韦宪期（Visean）与纳缪尔 A 期（Namuria A）的发现，而它们在西欧是直到维斯发期才出现的。鳞木类植物在中国也出现早一些，有些东方型鳞木类发现于早石炭世。此外，*Lepidodendropsis* 和 *Sublepidodendron mirabile* 被视为欧美植物群区泥盆纪末与石炭纪初之交的标志性属种，在中国也较早地广布于中、晚泥盆世。更值得注意的是，某些特殊的楔叶类植物，如 *Sphenophyllum lungtanense* 和 *Xihuphyllum*（陈其　，1988），在华南晚泥盆世就有发现。孢粉的研究记录多少也有类似现象。例如，双气囊粉（如 *Limitisporites*）在纳缪尔早期靖远组（相当 E_2 菊石带）已经出现，而在红土洼组下部（相当 H 菊石带）到上部（相当 R_2—G_1 菊石带）继续发育并多样化，而西欧的双气囊粉则是直到维斯发期才出现。同样情况也存在于某些动物化石中，例如，鱼类中的 *Bothriolepsis*，西方国家的传统观点是当作晚泥盆世标志化石对待的，在中国却出现于较老地层。因而，将欧美对地层古

图 6－17　1997 年，李星学发表《华夏植物群的起源、演替和分布》一文，最后对自己毕生研究的华夏植物群做了一个回顾与总结。此页为该论文第一页（南古所图书馆提供）

案的局部不合理现象等提出质疑。李星学对华夏植物群的研究极大地提高了中国古植物学的研究水平，推动了相关学科的发展。华夏植物群分布于世界各地，从石炭纪到二叠纪长期繁盛于东亚地区，涉及古植物学、古气候学、古地理学等诸多学科领域，对这一领域的研究还将继续。

对中国古植物学研究状况的总结和评价

在进行基础研究的同时，李星学还不断著文评介我国在古植物学研究方面的进展和成果。他独立或与他人合写的《中国古植物学三十年》、《中国古植物学十年来研究的新进展》、《亚洲华夏植物群研究近况论评》、《中国志

留泥盆纪大植物群研究述评》《中国古植物学的发展史和展望:一个世纪评述》等论文在国际会议和国内外学术刊物上宣读和发表,全面介绍了新中国成立以来我国古植物学研究的新成果,使国内外学者对我国古植物学研究状况有了比较清楚的了解,特别有助于提高我国古植物学在国际上的地位和促进国际间的学术交流,促使我国古植物学的研究水平不断提高。另外,李星学也注重普及古植物学的社会影响,把自己多年积累的专业知识转化为通俗易懂的科普读物,成为他举一己之力宣传古植物学的重要渠道。

1979 年 4 月 16—22 日,中国古生物学会第三次会员代表大会和第十二届学术年会在苏州市举行,这是庆祝学会成立 50 周年,检阅新中国成立 30 年来我国古生物学研究成果的一次盛会,300 多人出席了这次大会。李星学作了关于中国古植物学 30 年研究状况的报告。1981 年,李星学与周志炎、宋之琛(古生物所专事新生代孢粉研究)、欧阳舒等人将这次会议的报告《中国古植物学三十年》一文发表在《中国古生物学会第十二届学术年会论文选集》[①]上,英文版同年发表在美国地质学会特刊[②]上。该文从高等植物、低等植物、孢子花粉三个方面着手,对新中国成立以来中国古植物学的发展进行了归纳分析和概括总结。

在高等植物(维管束植物)方面,首先,泥盆纪植物群的研究有了很大发展。自 1952 年斯行健在中国古生物志上发表《中国上泥盆纪植物化石》一文后,1966 年徐仁对云南曲靖的材料进行深入研究,首次报道了工蕨(*Zosterophyllum*)在我国的发现。1972 年以来,李星学及其学生蔡重阳等人对华南泥盆纪的植物和地层资料进行了系统研究,仅工蕨一属就描述了 20 多种,比国外所有的已知种还多,而且他们对云南翠峰山早泥盆世标准剖面也进行了持续研究,全面论述了我国泥盆纪植物的地理分布和各时期的组合面貌,讨论了国内外泥盆纪地层的划分对比。

其次,有关石炭、二叠纪植物群的研究中,陆续有斯行健、李星学、张善桢等人,对甘肃、宁夏、青海等地的纳缪尔期和维斯发期植物群进行报道,其

---

① 《中国古生物学会编辑》。北京:科学出版社,第 15 – 25 页。
② Geological Society of America, Special Paper, 187:21 – 31.

中东亚首次发现的青海欧龙布鲁克的纳缪尔期植物群最为重要,而且在靖远组植物群中有多种网羊齿(*Linopteris*)出现,证明了欧美植物群的某些分子在我国出现的更早。1963 年出版的《华北月门沟群植物化石》一书,对山西太原标准剖面的重新研究以及许多重要属种的发现和报道,也使这一领域的研究更加丰富和完整。另外,周志炎、赵修祜、李星学、姚兆奇等人对华夏植物群的研究有重大突破,尤其是其时代鉴定和雄雌生殖器官的发现,深化了华夏植物群的研究内容,极大提高了我国学者在这一领域的研究水平。

再次,在三叠纪植物的研究中,主要有王立新、周惠琴、叶美娜、斯行健、李佩娟等人做了大量工作,使我国的三叠纪植物化石及地层划分对比研究有了比较系统的成果和依据。最后,在侏罗纪和白垩纪的研究工作中,主要有斯行健、沈光隆、顾道源、吴舜卿等人,对此时期植物形态、解剖、分类、演化,以及相关的古气候、古地理和地质构造都提出了新的观点。

在低等植物方面,围绕前寒武纪叠层石和藻类等、轮藻、钙藻和非钙藻、硅藻、沟鞭藻和疑源类、真菌等六点,简要介绍了我国学者在此领域的贡献。在孢子花粉方面,以前寒武纪和古生代、晚古生代、中生代、新生代的时间顺序,对我国 30 年来孢粉研究的主要成就进行了概述。

总的说来,新中国成立以来,中国古植物学发展迅速,成就令人鼓舞。目前的古植物学有了一定的基础和较雄厚的科研力量,但由于原来的基础很不平衡,许多重要的分支如古植物学中孢子花粉、新生代植物和藻类等研究方向都很薄弱,有的甚至是零基础上发展起来,所以许多分支学科还不能满足国家建设需要,离国际水平也有相当距离。急需在科研队伍的培养和提高,学术刊物的创办,国外先进技术的引进和推广应用,填补空白和加强薄弱门类,加强各门类化石的基本材料的积累和描述,以及开展综合性基础理论研究等方面做出努力。

为庆祝中国古生物学会成立 60 周年,中国古生物学会于 1989 年 4 月 20—25 日在武汉市中国地质大学召开了第五届会员代表大会暨第十五次学术年会。参加会议的有来自全国生产、教学和科研系统的 318 名代表,提交论文摘要 195 篇,近 200 名代表在会上作了学术报告。李星学作了关于古植物学和生物地层学十年研究进展报告,详细陈述了十年来我国古生物研究所取得的成就和今后的展望。他与周志炎、宋之琛、欧阳舒、曹瑞骥等人合作撰文,发表了《中国古植物学十年来研究的新进展》①一文。

和十年前相比,李星学对中国古植物学研究发展的思考,打破了国内研究历史的局限。通过长期和国际同行的交流合作,他从国际研究前沿的角度,开始综合考量中国古植物学的研究现状和未来走向,吸收了国外研究的经验教训,在立足于现有研究水平的基础上,对专业学术组织的建立、专业刊物的创办、人才的培养、国外新理论、新技术的引进和应用等方面,提出了许多意见和建议。尤其在研究技术与方法上,和世界先进水平相比,中国古植物学研究还存在不小差距,且在实际工作中,研究工作者多仅限于采用传统的研究方法或是国际上早已普遍采用的一些成熟方法,所以必须"走出去,引进来",鼓励中青年学者赴国外留学或进修,以加强新方法、新理论的应用传播,培养他们应用板块学说、聚类分析法、间断平衡学说、分支系统学说、叶结构分析法等探讨解决相关问题。

1998 年 10 月,中国地质学会地质学史研究会和中国地质大学地质学史研究所共同举办了第十三届学术年会,提出了对建国 50 年来地质科学的发展进行简要回顾与展望并出版专著的建议,得到了与会专家、学者的热烈响应。《中国地质科学五十年》一书,历时 8 个月,有 51 位学者(其中有中科院和中国工程院院士 17 人)撰写的文稿 38 篇,集中反映了 50 年来中国地质科学各分支学科发展历程和主要成就,由中国地质大学出版社出版,向建国 50 年献礼。李星学和王军合作完成的《中国古植物学》一文,收在《中国地质科学五十年》一书中。在此基础上,2000 年,李星学撰文 General history and prospects of China's palaeobotany: a century review(《中国古植物学的发展史和展望:一个世纪评述》)②,将"中国古植物学"的思想内容进一步深化,特别结合中国古植物学研究现状,以冷静、成熟的眼光审视取得的成就和存在

---

① 《古生物学报》,28(2):129-150。
② 为了行文的需要,特将此篇文章作为"对中国古植物学研究的总结和评价"的一部分安排在第六章。

的问题。在李星学所有关于古植物学综述的论文中,这篇文章被认为是最全面、最深刻地反映了一百年来中国古植物学发展历史、现状和未来的论述。

该文以英文版发表在 2000 年《古生物学报》增刊上。着重总结了 1980 年以来中国古植物学取得的重要成果,彰显了中国古植物学在国际学术界的重要地位。长期以来,西方学者对中国各时代古植物群的研究及观点,极大地影响了中国学者。特别是改革开放后,大量的中外学术交流活动积极推动了中国古植物学的发展,也推动了世界古植物学的发展。在展望未来的同时,李星学特别指出,要开展某些植物类群的起源、系统分类、演化、古生态、古气候、古生物地理区系以及相关事件地层学等一些开拓性边缘领域的研究;注重在国际一流学术刊物发表成果的同时,要团结和配合全体古生物学界,加强对自己学术刊物的建设。这些意见和建议反映了李星学在不同时期对于国际学术发展动态的把握和对自身研究思想的反省和总结。纵观全局,对中国的古植物学研究进行阶段性评价和总结。此外,李星学还编写了一些专业知识的科普书籍,扩大古植物学普及范围。《中国中生代植物》(1963)和《中国古生代植物》(1974)两书系统总结了近百年来有关的研究文献资料,加以简要综述及图示,对普及我国地学界的古植物学知识,推动我国古植物学的迅速发展起了相当重要的作用。在本书的第四章、第五章中已分别对这两本书作了叙述和相关分析总结,这里不再赘述。

1981 年,李星学与周志炎、郭双兴合编了《植物界的发展和演化》一书。通过哲学思辨的理性思维,他把丰富多彩、历史悠久的植物学知识分门别类,组织成不同的章节,进行阐述。此书行文流畅,条理清晰,通俗易懂,至今仍是许多后辈学者的必读参考书。

"植物是地球生物圈中重要而不可缺少的组成部分,无论对自然环境的改造还是人类社会的发展都有难以估量的作用和价值。但这些绚丽多彩、蔚为大观的植物究竟从什么时候起成为地球上的居住者?它们又经历了怎样的变化呢?即便是同一属种的植物,它们的形态和习性也不同,它们是从何而来呢?"

这本书根据野外采集到的大量植物化石标本,结合各地质历史时期地质环境的变迁,叙述了从最原始的菌藻植物直至高等被子植物出现的发展演化过程,以及植物界继续繁荣发展的现状,并通过植物的生活环境,对大气、动物和人类以至整个地球的演进过程与植物发展演化的关系进行了阐述,揭示了植物由水生到陆生,由没有分化到有器官和性的分化,由单细胞到多细胞,由简单到复杂的进化规律。

人类进入文明社会以来,一直在探索生物的起源、发展和演化,它涉及整个宏观和微观世界,而这个探索过程是以人们形形色色的认识论为指导的。直到19世纪达尔文进化论的出现,人们才逐渐认识到生物进化的客观规律,能够在唯物辩证法思想的指导

图6-18 1981年,李星学与周志炎、郭双兴合编了《植物界的发展和演化》一书(南古所古植物室提供)

下探索生命的奥秘。《植物界的发展和演化》一书从科普角度出发,阐述了植物发展演化包括菌藻植物、裸蕨植物、蕨类植物、裸子植物和被子植物时代等5个演进阶段的生命历程。全面、系统的叙述呈现出非常清晰的哲学思想脉络,体现了其广阔的哲学视野,从而也帮助读者能够站在辩证唯物主义思想的高度上学科学,爱科学,用正确的认识论为指导,分析解决工作学习中的问题。

其一,植物的进化反映了事物发展的客观规律。唯物辩证法认为,事物是一个由简单到复杂、由低级到高级的变化过程,其实质是新事物的产生和旧事物的灭亡。一个事物的发展往往是一个"不平衡→平衡→新的不平衡→新的平衡"的波浪式前进、循环往复式上升的过程。随着地球自然环境的变迁,植物界自身在不断的矛盾斗争中运动和发展着。在一定地质时期中占支配地位的类型,在发展过程中被较为进化的另一类植物所取代,这时植物界就发生了质的变化,进入了一个新的发展阶段。接着,植物界中另一更为进化的类型又从原来的劣势地位向优势方向转化,而植物界原先的"优胜者"逐步趋向衰微,又开始了另一个新的发展阶段,各个门类和属种在这个

过程中同样地经历着新生和灭亡，盛衰和相互消长的变化。以裸子植物取代蕨类植物获得统治地位这一论题为例："为什么裸子植物在发展演化过程中取代了占优势地位的蕨类植物而一跃成为植物界的主角呢?"基于对两类植物起支撑和输导作用的木质部组织、起控制水分和防御寒冷、干旱等调节作用的叶表皮以及繁殖器官对环境水分的依赖性的综合比较，"很明显，和蕨类植物相比较，裸子植物在适应陆地生活环境的机能上已经有了质的飞跃。"说明裸子植物才是真正的"陆地征服者"。"这就是裸子植物之所以能在地质历史时期，自然环境发生巨变的客观条件下取代蕨类植物而繁荣兴盛起来的根据。"

其二，植物多样性是内外因共同作用的结果。唯物辩证法认为，事物的发展是内外因共同作用的结果，内因是事物变化发展的根据，外因是事物变化发展的条件，外因通过内因而起作用。在生物进化的历史长河中，自然环境的变化对于植物发展有重要影响。例如，对"陆生维管植物兴起于泥盆纪的原因"的阐述，一方面从内因来看，"这先要从植物界本身的不断变异来说，在泥盆纪以前的漫长发展时期中，某些水生藻类的演化已为维管植物出现的飞跃发展创造了一些有利条件……"；另一方面，从外因来看，"自然环境的变化也告诉我们，裸蕨植物肇始于晚志留世和大发展于泥盆纪，比那些发生在更早时期的植物具有更为有利的条件……"。因此，"从晚志留世到早、中泥盆世，以裸蕨植物为代表的陆生维管植物的产生和大发展，是地球上无机界和有机界的长期相互矛盾、相互影响和发展，以及植物界内部矛盾的长期斗争和变化、发展的必然结果。"

再如，关于古生代和中生代末期生物界的巨变，该书对"新灾变说"的反驳，也是运用唯物辩证法质变、量变原理和否定之否定原理对大量的地质古生物事实进行深刻分析论证的典型范例。

可以说，在古植物学发展近两百年以来为数众多的学科教材当中，《植物界的发展和演化》是最成功地运用唯物辩证法系统阐述植物界的发展和演化这一科学论题的著作之一。

桃李满天下

　　在 60 多年的学术生涯中，李星学一直秉承着"学贵有恒，业精于勤"的治学精神，并以身作则，为新中国培养了一批又一批的古植物学人才。在教学中，他非常重视提高学生的外语水平，培养他们的实践能力、端正其治学态度。从 20 世纪 50 年代后期开始，李星学先后带出了 8 个硕士，3 个博士研究生，同时也为相关的科研院所和生产单位培养了一批学术带头人和生产骨干。除了 60 年代招收了蔡重阳、姚兆奇两个学生之外，"文革"之后，他又陆续招收数名研究生。1978 年 9 月—1981 年 5 月，赵文杰师从李星学，专事前寒武纪叠层石研究，硕士论文为《甘肃北山之古生代叠层石及其地层意义》；1978 年 9 月—1982 年 5 月，李军师从李星学，专事前寒武纪叠层石及微化石研究，硕士论文为《吉林南部前寒武纪浑江群叠层石组合及其地层意义》；1978 年 9 月—1982 年 6 月，刘陆军师从李星学，专事古生代植物学研究，硕士论文为《山西大同煤田晚古生代植物群及其有关地层问题》；1979 年 9 月—1985 年 6 月，孙革师从李星学，专事中生代植物研究，攻读硕士、博士学位，硕士论文为《黑龙江东宁老黑山晚三叠世植物群及其地层意义》，博士论文为《中国吉林天桥岭晚三叠世植物群》，他是李星学招收的第一个博士研究生，也是中国古植物学界自己培养的第一个博士研究生。后来，李星学又陆续招收了孙阜生、王怿、朱怀诚、王军等硕士、博士研究生和博士后，经过悉心培养和锻炼，现在他们大都成为南古所科研岗位的中坚力量。

李星学培养学生概况

学习时间	学生姓名	毕业论文题目（或出站报告）	学位	供职单位
1963—1967	蔡重阳	/	硕士研究生	南古所（已退休）
1964—1967	姚兆奇	/	硕士研究生	南古所（已退休）
1978—1981	赵文杰	甘肃北山之古生代叠层石及其地层意义	硕士研究生	/

（续表）

学习时间	学生姓名	毕业论文题目（或出站报告）	学位	供职单位
1978—1982	李军	吉林南部前寒武纪浑江群叠层石组合及其地层意义	硕士研究生	南古所
1978—1982	刘陆军	山西大同煤田晚古生代植物群及其有关地层问题	硕士研究生	南古所
1979—1982	孙革	黑龙江东宁老黑山晚三叠世植物群及其地层意义	硕士研究生	南古所（后调至吉林大学）
1982—1985	孙革	中国吉林天桥岭晚三叠世植物群	博士研究生	南古所（后调至吉林大学）
1983—1986	王怿	郝氏三叉穗在中国五通组的首次发现	硕士研究生	南古所
1989—1992	王怿	华南泥盆—石炭纪植物—孢子组合和生物地层	博士研究生	南古所
1986—1989	孙阜生	新疆吐鲁番盆地晚二叠世安加拉植物群——兼论安加拉植物区的再划分	硕士研究生	/
1995—1999	朱怀诚	塔里木盆地晚古生代孢粉及生物地层研究	博士研究生	南古所
1997—1999	王军	瓢叶目一种孢子叶球盘穗 *Discinites* Feistmantel, 1880 的形态及解剖学研究	博士后	南古所

在长期的古植物学人才教育过程中,李星学一直非常重视培养学生的外语水平。据李星学的第一个研究生、已近耄耋之年的南古所研究员蔡重阳回忆说[1],在他入学的第二年,为尽快提高他的英文水平,李星学在百忙中每周都要定期以古植物学的名著为教材,逐字逐句进行解读,还专门借给他一些英文通俗读物,通过广泛阅读,扩大词汇量,增进了他的理解和阅读能力,并认真修改其论文,还常以斯行健为榜样,督促他学好地道英语。

跟随李星学完成硕士、博士学业的南古所研究员王怿在《尊师教诲铭记永久》[2]中提到,1994年他参与了李星学主持的中国晚泥盆世晚期一种有节类植物的研究工作,其研究成果的论文是以英文在国外发表。李星学放手让他试写了论文第一稿,并对该稿进行了全面修改和调整。文稿修改过程

① 蔡重阳:《难忘教诲受益终生》。见:中国古生物学会古植物学分会编:《华夏之子根深叶茂》。吉林:吉林大学出版社,2007年,第32页。
② 王怿:《尊师教诲铭记永久》。见:中国古生物学会古植物学分会编:《华夏之子根深叶茂》。吉林:吉林大学出版社,2007年,第63页。

中,李星学详细解释了修改的理由和英文论文写作中的注意事项及中外论文写作的差异,使他领会了英文论文写作的基本要领,其基本思路一直指导着他后来的英文论文写作。经过长期学习积累,王怿已在国内外学术刊物上发表论文 120 多篇。

"文革"以后,李星学虽已是花甲之年,可他身上的担子有增无减,除了培养多位研究生外,他还不断地与国外同行联系,把古植物室的年轻学者陆续送往国外深造,学习国外先进的理论、技术和方法。在 20 世纪 80 年代初,中科院组织出国留学人员英语口语培训班,古植物室的李浩敏在研究所布告栏看到这一消息,正好碰见李星学,他鼓励李浩敏报名参加。当时,李浩敏觉得自己都 40 多岁了,公派希望渺茫,可是在李星学极力劝说下,打消了她对年龄太大的顾虑,4 个月后,李浩敏以第一名的成绩顺利拿到出国留学英语合格证,英语水平有了飞跃式进步,随后获得了美国耶鲁大学布朗奖学金,到该校生物系做了访问学者。经过一年多的学习研究,她学到了当时最先进的理论和方法,进入了新生代植物研究的前沿阵地。

李浩敏在撰文庆祝李星学 90 岁华诞时回忆[1],"如果没有李老师的引导和鼓励,这个令我一辈子受益匪浅的进修的机会就可能与我擦肩而过,我也不可能取得今天这些成就。由此我想到,李老师真像一位超级钢琴大师,他深思熟虑,深谙诸多弟子的品行特点,像对我这样有时有点愚钝的弟子,他只需在琴键上轻轻一点,问题就迎刃而解了。"

在关心学生专业知识学习的同时,他还常常要求学生参加鉴定化石标本,由他亲自过目把关,将鉴定中的难点及时解决,从而使学生领会化石鉴定和描述的基本思路,在鉴定的同时,熟悉相关文献,将书本知识真正用于实践,不仅如此,他还经常带学生去野外观测地层剖面,采集植物化石。

据蔡重阳的回忆[2],在他入学的第二年,李星学就要求他一边学习专业知识,一边参加鉴定地质勘探部门送来的大批植物化石标本,最后经李星学

---

① 李浩敏:《师恩浩荡》。见:中国古生物学会古植物学分会编:《华夏之子根深叶茂》。吉林:吉林大学出版社,2007 年,第 43 页。

② 蔡重阳:《难忘教诲受益终生》。见:中国古生物学会古植物学分会编:《华夏之子根深叶茂》。吉林:吉林大学出版社,2007 年,第 33 页。

亲自把关,及时帮助其解决鉴定中遇到的难题,从中领会化石鉴定和描述的心得。1972 年,他在广西工作时,李星学给他写信,指导他的野外工作,并勾画出地质透明图,帮助他顺利地找到了中泥盆世"小山砂岩"组的重要命名剖面,完成了既定任务。1975 年夏天,李星学已是花甲之年,带领蔡重阳和欧阳舒冒着酷暑,对南方六省的志留系及泥盆系含植物地层进行为期一个多月的实地考察和指导。期间,在云南曲靖观察早泥盆世翠峰山群标准剖面时,每天需要步行 15—20 千米。有一次,蔡重阳发现,李星学严重拉肚子,但始终瞒着学生们,坚持工作。"回想他以前告诉我们他当年与边兆祥老师在宁夏进行艰苦而危险的野外工作相比,我想在他的脑海里,这点困难哪能与之相比[①]。"

已经退休的李浩敏清楚地记得,1987 年,李星学交给她 5 块产自南极的被子植物化石标本,希望她深入研究。这是时任海洋局系统一位总工派人送来的。李浩敏把这些标本视若珍宝,但这些化石既无具体产地,也没有地层资料,后在李星学的大力帮助下,终于找到化石采集人的相关信息。同时,李浩敏也全力以赴地在图书馆遍查我国南极考察情况及国际上有关资料。从此,我国的南极植物化石研究开始起步,李浩敏自己也开始了一个全新的研究领域,并一直坚持下来。"无疑,这一次我的引路人还是李星学老师[②]",20 年后李浩敏如是说。

南古所研究员吴秀元在《我的导师——李星学院士》一文中提到,李星学常常将一些地质、石油部门的野外勘探队寄来的古植物标本交由学生鉴定,并复查校正,以提高学生的实践能力。另外,他还带领学生深入野外,从事苏、浙、皖晚泥盆世五通群的研究,华南早石炭世植物群及其煤系地层研究等,这些工作都取得了一系列研究成果。

李星学还注重培养学生实事求是的治学态度,并以宽以待人,知人善任,提携后进的作风影响学生,推动中国古植物学在严谨、团结、和谐的气氛中不断前进。

---

① 蔡重阳:《难忘教诲受益终生》。见:中国古生物学会古植物学分会编:《华夏之子根深叶茂》。吉林:吉林大学出版社,2007 年,第 33 页。
② 李浩敏:《师恩浩荡》。见:中国古生物学会古植物学分会编:《华夏之子根深叶茂》。吉林:吉林大学出版社,2007 年,第 43 页。

据蔡重阳回忆①,1983年,他与李星学合写了一篇题为《中国志留纪和泥盆纪植物群评述》(A Review of Silurian and Devonian Macrofloras in China)的论文,成文后,蔡重阳感到这篇论文是李星学多年教导的结果,遂将他列为第一作者,但李星学在修改文章时却用红笔将作者顺序颠倒过来;还特别指出,在论文中不但要对他人工作提出评述,而且也应对自身的不足加以指正。后来在李星学与他人合作的另一篇文章里,蔡重阳对植物化石鉴定和时代确定种存在的问题提出自己的不同意见,李星学听后表示同意,并以此完善自己的见解,达到了教学相长的目的。

"文革"期间,李星学受到了很大冲击,后来解脱了"牛棚"式的遭遇后,对包括蔡重阳在内的一些群众的过火言行都不予计较,采取了理解和包容的态度。事后,李星学还主动推荐他参加了1978年9月在英国召开的"国际泥盆系会议",在会上他首次向国际同行宣读了和李星学共同撰写的《中国泥盆系植物群》论文,深受与会同行的重视和好评。会后两年,李星学又主动推荐他申请德国洪堡基金,使他成为我国古植物学界第一个洪堡学者。

南古所研究员、现任古生物学与地层学国家重点实验室副主任王怿,自

图6-19　1996年,李星学(右二)与蔡重阳、欧阳舒在南京出席博士研究生王怿答辩会合影(南古所古植物室提供)

---

① 蔡重阳:《难忘教诲受益终生》。见:中国古生物学会古植物学分会编:《华夏之子根深叶茂》。吉林:吉林大学出版社,2007年,第32页。

1983 年起师从李星学,主要开展早期陆生维管植物起源和演化的研究工作。1993 年 8 月,时值南京炎热高温,他完成了博士论文的初稿。当时,李星学已是 75 岁高龄,但仍然冒着高温,放弃休息,对王怿的博士论文进行了仔细的审阅。他不但对论文总体思路、方法、结论提出了确实可行和有效的建议,同时,也十分重视论文的中文文法,细到标点符号的使用。李星学严谨的治学态度对王怿以后的科研工作起到了十分重要的作用。随后,王怿参与了李星学主编的《中国地质时期植物群》一书的写作,此成果 1997 年荣获了中国科学院自然科学二等奖。此后数年,王怿在两方面取得了突破性的科研成果:一是有关早期陆生植物的研究。他提出了在早志留世具有多种具维管束植物的观点,并在我国首次开展了对晚奥陶世的隐孢子的研究,认为在晚奥陶世就有陆生植物的存在。上述研究对探讨全球早期陆生植物起源具有十分重要的意义。二是对晚泥盆—石炭纪植物及孢子进行了详细研究,对有节类、石松类和种子蕨的起源和演化进行了较深入的探讨,具有重要的古植物学意义。此外,他根据对泥盆—石炭纪的孢子组合的系统研究,对我国的泥盆—石炭纪界线的划分提出了新观点。

不仅如此,李星学也十分关注年轻人的思想动态,总是不失时机地给予他们精神鼓励。1996 年,由中国科学院学部联合办公室主编了《中国科学院院士自述》丛书,其中有李星学撰写的文章,他结合自身经历,谈及了从事科研工作的基本素质。这套丛书出版后,他特地买了 3 本,送给古植物室的王怿、冷琴、刘裕生等年轻人,并在扉页上留言:"希望你能从这本小册子中吸取一些精神财富①。"

其实,在学生们的心目中,李星学不仅在学术上是位严师,他的认真和勤奋也体现在生活中,却又不乏温情。随着年事渐高,李星学不是每天来所里上班,通常每周来两次,所以他并不熟悉古植物室新来的学生。可是在院子里、楼道里碰到的时候,学生们常常会主动和他打招呼,一来二去,李星学还是不能每个人"对号入座"。于是,他找到王军,让王军悄悄告诉他几个学生的名字、特征,然后认真地记在一个随身带的小本子上。后来再遇到这些

---

① 摘自李星学 1996 年 11 月 26 日日记。

学生的时候,李星学总能从容地叫出他们的名字,学生们既兴奋又吃惊,他们可能不知道,这个八十多岁的老人是在用心和他们打招呼的。

王军1997—1999年在南古所做博士后,合作导师就是李星学。入所初期,他对李星学充满了敬畏却无亲近感,生活中的李星学是什么样子,毫无感受。逐渐熟悉之后,他发现李星学的生活真是再平凡不过了。除了业务上对他严格要求,生活上也关怀备至,有空时聊起体育、音乐、国际形势等各种话题,"李先生兴致很高"。而且李星学对周围的每一个人都充满了爱心,王军对这一点深有感触。1997年,由于到南京生活不久,王军夫妇生活方面尚未适应,颇有漂泊流离之感。李星学及夫人给予了他们无微不至的关心。特别是在王军妻子怀孕期间,李星学偕夫人上门看望,还特地收集了一些音乐磁带送给他们,有的还是国外同行所赠。王军表示,这其中的收获和温暖是无法用语言表达的。长期以来,在李星学的言传身教下,他的后辈们也学会了充满爱心地对待自己的学生,对待周围的每一个人。

在几十年的科研生涯里,遇到的学生性格各异,可是人人都需要尊重,学会尊重才会真正尊重自己和自己所从事的研究。李星学深谙此道。

他对学生的称呼一贯礼貌而风趣,无论是早年的助手,还是新来的学生,他经常以"老某"称之。他称早已退休、曾经做过他的助手的吴秀元老师

图6-20　1999年9月,由李星学(右三)、吴秀元(左一)、赵修祜(左二)、孙革(右二)主持的王军(左三)博士后出站报告答辩会合影(南古所古植物室提供)

为"老吴",甚至有时称比他小五十多岁的学生王军为"老王"。据王军回忆,有一次他去李星学家里汇报工作,李星学叫他"老王",当时王军吓了一跳,没有答应,可是周围再无旁人,王军才最终确认自己就是"老王"。后来每每说起这个"老王"的典故,王军都要感慨李星学的为师之道和他的人格魅力。

负责学术刊物和学术机构的工作

在中国老一代古植物学家的传统思想中,不仅要做好研究工作,更要围绕学科建设,承担起知识分子的社会责任,斯行健、徐仁等都是如此。斯行健是全国人民代表大会第一、二届代表,1955 年当选为中国科学院学部委员。曾任中国古生物学会理事。自 1953 年《古生物学报》创刊以来,斯行健连任编委,也是中国《古生物志》的编委。在导师的耳濡目染下,李星学不仅继承了斯行健勤奋、严谨的科学精神,同时也沿袭其不遗余力努力发展学科建设的传统思想。在立足做好本职研究工作的基础上,李星学还积极参与、承担了许多国内外的学术机构的工作,热心于学术刊物的编纂和出版,积极参与地质地层的相关工作,为推动中国古植物学及地层学的发展献计献策,

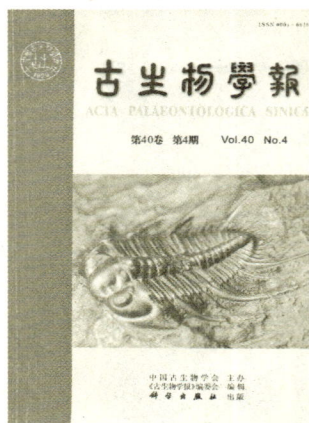

图 6-21　李星学于 1985—2005 年期间担任《古生物学报》主编（南古所提供）

投入了大量宝贵的时间和精力。另外他还担任了江苏省第五届、第六届政协委员,积极参政议政,贡献余热。

"文革"以后,李星学陆续担任了中科院南古所编辑出版委员会编委(1978 年 8 月—1980 年 4 月)、《中国古生物志》编委(1979—1989)、《华夏古植物志》副主编(1983—2005)、《古生物学报》主编(1985—2005)、《古植物学与孢粉学文集》编辑委员会主编(1983—2005),另外还一直担任《地层学杂志》的编委(1966 年 3 月—2000 年 5 月)。

《古生物学报》自1953年创刊至今已有六十多年的历史。它的前身是中国古生物学会会刊，主要刊载会员学术文章，促进学术交流和学科的繁荣发展。1927年，孙云铸、杨钟健等人商议成立中国古生物学会。两年之后，我国首批古生物学家于北平中信堂，召开我国古生物学会的正式创立大会，选孙云铸为会长。虽然学会成立后，开展了一些活动，但由于经费困难，学会活动渐渐陷入停顿状态。抗战胜利后，大部分古生物学家回到南京中央地质调查所，并于1947年重新召开中国古生物学会会议。1951年，南古所成立，从此中国古生物学会以研究所为依靠，学会力量迅速发展壮大。相应地，初期作为中国古生物学会的会刊，《古生物学报》的主题也逐步扩大，内容涵盖了包括学科动态和讨论研究、新研究技术和方法的介绍、国内外典型的古生物论著简介和评述等。时至今日，《古生物学报》已经成为我国古生物学界的一个重要的综合性的学术刊物，是广大地质古生物工作者不可缺少的重要的参考书，在国际古生物学界也有一定影响。

李星学担任主编时期正是我国结束"十年动乱"、科技发展的春天。1985年2月，李星学出席了在北京召开的古生物学会常务理事扩大会议暨纪念尹赞勋逝世一周年学术活动会议，及第十一届国际石炭纪地层地质大会筹办商讨会议。卢衍豪院士是当时的中国古生物学会理事长，他找到李星学，力邀李星学担任《古生物学报》的主编，这一建议在这次大会上顺利通过。从此，李星学开始了长达20年的主编工作。

在任职《古生物学报》主编的20年里，李星学认真细致、严谨治学的优良作风给编辑部的其他同仁以极其深刻的影响。他经常教导后辈们：成果的出版是研究工作一个阶段的结束，也预示着另一个研究目标的产生，编辑

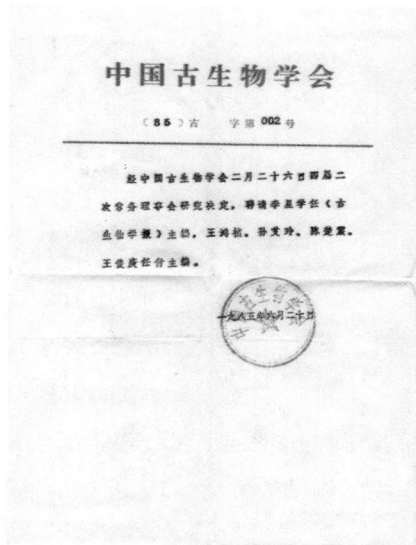

图6-22　1985年，中国古生物学会聘请李星学担任《古生物学报》主编（南古所古植物室提供）

出版工作好比是"机器的总装车间",工作很重要,不能有一丝一毫的马虎;文章是要世代传承下去的,出版出了错是要贻误后人的。因此,在学报每次发稿前他都要亲自仔仔细细、一字一句地认真审阅文稿,对图版、插图、表格也是认真审查,严格要求;特别是对涉及国界的地理图件,都要求编辑人员送有关专业部门审查。

当时《古生物学报》来稿很多,李星学十分关心、重视年轻人和产业部门科技人员的来稿,常常对大家说,年轻人的稿件要找经验丰富的专家好好审,指出的问题要明确,修改后能录用的尽量不要退稿,因为年轻人的研究工作刚刚起步,有时一篇稿件可能决定他们的学术前途。对产业部门科技人员的来稿,李星学也是百般爱护。他认为,这些科技人员平时生产任务很重,写一篇论文不容易,只要有科学意义,能够修改的尽量采用。在每期稿件的安排上,李星学都会仔细考虑研究院所、高校、产业部门的稿件的平衡,尽量将投稿较少的作者的文章优先安排。在李星学这种鼎力培植后人精神的引导下,《古生物学报》长期以来形成了一个广泛的作者队伍,为培育和壮大我国古生物学科技队伍,以及我国古生物学科发展做出了贡献。

人们常说"编辑工作是为他人做嫁衣裳",编辑之间也常会产生一些矛盾,为此有人就有了一些"活思想",影响到工作积极性。李星学发现这些苗头以后,诚恳地劝说大家,工作没有贵贱之分,编辑出版工作与研究工作一样,都是为了发展我国的古生物学,目标是一样的,彼此不能分离。"实际上李老师的身教胜于言传,我们看到他这么大学问的科学家耄耋之年仍在孜孜不倦、一丝不苟地为他人审改文稿,还在默默无闻地为大家服务,我们还有什么想不通的呢!由此坚定了我们继续做好编辑工作的信心[①]。"

李星学本着严谨细致的审稿态度和爱护人才的审稿心态,不断扩大《古生物学报》的收录范围,刊印了大量的古生物学论著和研究成果,丰富了古生物学领域的资料库,大面积地普及了古生物相关知识。他在任期之间,出

---

① 《古生物学报》编辑部:《李星学院士与〈古生物学报〉》。见:中国古生物学会古植物学分会编:《华夏之子根深叶茂》。吉林:吉林大学出版社,2007年,第68页。

版学报 24 卷(第 23 卷至第 46 卷),每卷 6 期,每期约 13 篇,共刊印了文章近 1 600 篇,其中一些优秀论文多次被国内外期刊和专著广泛引用。

在李星学担任主编期间,《古生物学报》多次荣获中国科学院、华东地区优秀期刊奖,连续三次被评为江苏省十佳期刊,并被多家权威机构认证为核心期刊。1992 年,学报入选中国自然科学核心期刊,在使用引文法鉴定的 100 种期刊中,名列第 50 位,是古生物学科进入百名表的两个期刊之一。

图 6-23　1990 年 1 月,李星学在南古所办公室审稿(南古所古植物室提供)

从踏入重庆大学地质系学习一直到退休,李星学曾在许多学术机构任职。特别是"文革"后,基于他在古生物学界的威望和高深的学术造诣,国内外一些重要学术机构纷纷邀请他担任要职,李星学不仅认真对待每一种任职,而且尽力发挥作为科学院院士的学术作用和社会影响力。他先后担任过的职务主要有:国际古植物学协会中国地区代表(1982—1985)、国际植物命名委员会植物化石委员会委员(1981—1992)、国际地科联地层委员会石炭纪地层分会选举委员(1983—1994)、国际地科联地层委员会冈瓦纳地层分会选举委员(1985—2003)、中国科学院与法国科学研究中心有关中国古生代植物合作研究项目中方首席代表(1986—1991)、联合国教科文组织国际地质对比计划(IGCP-237 项目)科学顾问(1991—1995)、中国古生物学会理事长(1989—1993)、南京早期人类文化遗址综合研究专家组组长(1994年 3 月—2002 年 12 月)等等,在此不能一一列举。

在庆贺李星学院士 90 华诞而出版的专辑中,中国古生物学会评价李星学的工作"李先生自 60 年前的中国古生物学会复会活动以来,一直热情关怀、亲切指导和积极支持中国古生物学会的工作,在学术交流、科学普及、人才培养和学会建设等方面倾注了大量的心血,做出了重要贡献①。"

日本中央大学教授、国际古植物学会日本地区代表西田治文评价"和平和自由才是引导科学和社会走向正确方向的主要源泉,是李教授(李星学)在日本打开了展示中国真正的门窗。我衷心地希望通过这个窗口,继续吹来中国在各个领域更多的、和煦的风②。"

德国森肯堡科学研究所所长、国际古植物学会副主席 Volker Mosbrugger 评价道"我个人始终记得李教授(李星学)在作为 IOPC－Ⅵ 组委会主席所发挥的重要作用。他赢得了他的国内外同行们的尊敬和爱戴③。"

中科院院士、中科院南古所研究员戎嘉余这样评价"2000 年初,李老师(李星学)已届耄耋之年,作为所学位委员会委员的他,尽管年事已高,但'老骥伏枥,志在千里',开会从不迟到早退;对后学优异者,褒奖有加;对纪律违反者,不予姑息。学位委员会工作能顺利开展是与李老师的榜样作用分不开的④。"

中国科学院院士任纪舜谈起李星学与 IGCP321 项目的工作,他说:"国际地质对比计划批准建立 IGCP321 项目(Gondwana Dispersion and Asian Accretion),旨在研究冈瓦纳与亚洲大陆的构造演化关系。我作为国际工作组组长,鉴于李先生(李星学)在古生物学方面的深厚造诣,特别是对华夏植

---

① 中国古生物学会.《贺信》。见:中国古生物学会古植物学分会编:《华夏之子根深叶茂》。吉林:吉林大学出版社,2007 年,第 74 页。
② 西田治文.《烁星庆贺李教授的 90 岁生日》。见:中国古生物学会古植物学分会编:《华夏之子根深叶茂》。吉林:吉林大学出版社,2007 年,第 45 页。
③ Volker Mosbrugger.《赞颂李星学教授和他对古植物学的贡献》。见:国古生物学会古植物学分会编:《华夏之子根深叶茂》。吉林:吉林大学出版社,2007 年,第 37 页。
④ 戎嘉余.《庆贺李星学老师 90 华诞》。见:中国古生物学会古植物学分会编:《华夏之子根深叶茂》。吉林:吉林大学出版社,2007 年,第 19 页。

物群及其与冈瓦纳植物群混生带的深入研究,特邀李先生担任项目的科学顾问。他欣然接受,并偕夫人出席了在昆明举行的第一次国际学术会议,使会议大为生辉①。"

基于李星学在学术界的高深造诣和重要影响力,每年许多相关学术机构都会邀请他主持、参与一些重要的地层学会议,李星学总是挤出时间,尽可能地完成好这些相关的社会工作。

1976年6月,李星学应邀参加了由天津地质局主办的天津华北地区地层表验收审查会,同时与会的还有古生物研究所同事杨敬之研究员及其研究生章森贵,杨敬之与李星学为此次会议领导小组成员。一行3人被安排在天津宾馆,此宾馆高约12层,是当时该市最好的建筑之一。会议进行到第三天,天津市的近邻唐山市发生了7.8级地震。大约凌晨三、四点,李星学被惊醒,窗外亮光闪闪,房间里的热水瓶已倾倒,电灯已熄灭,他和同房的章森贵两人摸黑跑出房间,意识到发生地震了,走廊里横七竖八地挤满了惊恐的人群,之后余震不断,直到天明,与外界的联系也中断。两人在天津宾馆的简易帐篷里住了3天,才间接联系到天津地质局,后在天津地质局的协助下,转道北京与杨敬之汇合。由于地震引发了交通瘫痪,他们又在地质科学院的帐篷里等了两三天,才搭飞机离开北京,飞往上海,然后坐火车返回南京。

当时李星学已年近花甲,他在生死考验面前表现出了从容不迫和乐观豁达的人生态度,这与他在长期以来的治学态度是一致的,也是他取得重要学术成就的精神力量。

在学会的创建上,他也付出了许多精力,为学科的发展、活跃和推进同行之间的学术交流起到了重要作用。1983年5月24—28日,经过他的精心筹备,中国古生物学会古植物专业委员会成立大会暨首届学术讨论会在西安召开,他同时担任中国古植物学会理事长(1983—1992),为中国古植物学同行的交流创建了良好开端和专业平台。时至今日,该学会仍然是活跃在地质古生物学界的一支重要力量。

---

① 任纪舜:《李先生与IGCP321》。见:中国古生物学会古植物学分会编:《华夏之子根深叶茂》。吉林:吉林大学出版社,2007年,第16页。

图6－24　1983年5月，中国古生物学会古植物专业委员会成立大会暨首届学术讨论会在西安召开，李星学担任中国古生物学会古植物专业委员会理事长（1983—1992）（前排中为李星学，南古所古植物室提供）

当选学部委员①

院士最早起源于古希腊的神话故事。17世纪，法国成立了皇家科学院，到科学院工作的著名科学家首次被称为院士。后来，欧美很多国家纷纷使用"院士"一词来称呼自己国家最杰出的科学家，院士成为学术界给予科学家的最高荣誉称号。

中国最早的院士产生于1948年3月，即中央研究院院士，通过层层选拔，81人当选为第一届中国院士，包含自然科学和人文社会科学学科的著名

---

① 本节相关数据信息来自中国科学院 http://www.cas.cn/、南京地质古生物研究所网站 http://www.nigpas.cas.cn。

学者。其中最长者为 83 岁的吴敬恒，最年轻者为 37 岁的陈省身。这次选举中，除了中央研究机构以外，获选人数最多的四所大学是北京大学、清华大学、南京大学、浙江大学。

1955 年，中国科学院选聘学部委员（1994 年改称院士）233 人，华罗庚、苏步青、竺可桢、茅以升等 46 位著名科学家进入新中国第一批学部委员的行列。地学部有 24 人当选，其中古生物学领域包括李四光、斯行健、杨钟健和裴文中等人。

1979 年 1 月，中央批准中国科学院学部恢复，此时原有的 190 位学部委员（自然学科），只剩下 110 余位，平均年龄高达 73 岁。当时，中科院主要领导方毅等人认为，中科院必须实现从行政领导为主过渡到以学术领导为主的体制转变。为了加强学部力量，增选学部委员随即展开。1979 年开始的此次增选，是在全国拨乱反正、党中央大力调整知识分子政策的形势下进行的。所以，从增选工作一开始，就明确了从现有学部委员民主选举产生新的学部委员的原则，从根本上保障了学部委员选举的独立性和自主性。

1980 年 11 月，中科院增补学部委员 283 人，其中地学部 64 人，包括李星学在内的从事地层古生物学领域研究的共 12 人。有来自中国地质大学的杨遵仪、郝诒纯；中科院古脊椎动物与古人类研究所的贾兰坡、吴汝康、周明

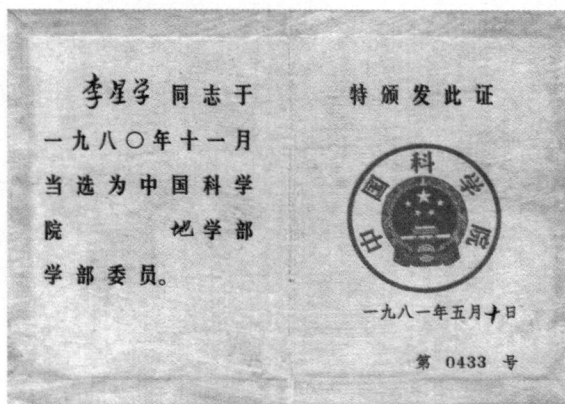

图 6-25　李星学的院士证原件（李克洪提供）

镇;中科院植物研究所的徐仁;其他 6 人均来自南古所(赵金科、王钰、卢衍豪、穆恩之、顾知微、李星学)。可以说,南古所是当时这一领域拥有最多院士的单位,科研实力强劲。

从专业上看,除了李星学和徐仁从事古植物学研究,其他人都以古动物学为主要研究方向。徐仁是中国从生物学角度研究化石植物的分类学派代表人物,而且他对古孢粉学的研究也成就卓著。他和李星学对藏南舌羊齿植物群都曾有深入的研究,并展开过热烈讨论①。而李星学的主要学术贡献在于他对华夏植物群植物组合序列的创立和东亚晚古生代煤田地层的划分。

在南古所当选的院士中,赵金科与王钰两人年龄较大,当选时已年过 70 岁。卢衍豪、穆恩之、顾知微 3 人与李星学年纪相仿,平均 65 岁左右。从 1948 年产生第一届院士开始,数次增选院士,可以发现,和其他学科相比,地质古生物学似乎并不钟情于年轻人,这与其学科本身的性质密切相关。地质古生物学是一门实践性学科,只有积累大量的野外经验,才可能在理论水平上有所突破。这是一个漫长的过程。李星学等人在兵荒马乱的抗战和"文革"的政治背景下,坚持追求自己的研究事业,从不懈怠,所以他们能在年逾六旬当选为院士并不奇怪,也是当之无愧的。

当时正值十年浩劫结束不久,地层古生物学学科人才培养断档,李星学等人虽然年龄偏大,但他们无论从研究能力还是实践经验上都处于成熟阶段,所以仍然是中国古生物学界的中坚力量。正是他们撑起的这一片天,中国的古生物学科才得以复苏,迈出了走向世界的步伐。另一方面,这几位学部委员在不同时期都担任了不同的行政职务。其中赵金科、穆恩之、卢衍豪曾任南古所所长、副所长,李星学、顾知微、王钰曾任研究室主任。显然,学术、行政一肩挑对于他们是常态。繁忙的行政工作并没有影响他们的学术发展,反而在压力下激发了更高的工作热情,而学术眼界往往决定了行政权力的走向和效果。事实证明,两者的完美结合,使南古所的发展蒸蒸日上,后来逐渐发展成为亚洲乃至世界重要的古生物研究中心。

---

① 见本书第六章。

1980 年地层古生物学科当选学部委员统计表

姓名	当选年龄	工作单位	主要学术贡献
赵金科	74	中科院南古所	地质构造及头足类动物研究
王钰	71	中科院南古所	古生代地层和腕足动物研究
卢衍豪	67	中科院南古所	寒武系地层及三叶虫研究
穆恩之	63	中科院南古所	笔石研究和相关地层划分
李星学	63	中科院南古所	古植物学和相关地层学
顾知微	62	中科院南古所	侏罗纪和白垩纪多门类化石综合研究
杨遵仪	72	中国地质大学	无脊椎古生物的多门类研究及其相关地层研究
郝诒纯	60	中国地质大学	微体古生物研究
徐仁	70	中科院植物所	古孢粉学及其在地层学、矿产开发中的运用。
贾兰坡	72	中科院古脊椎动物与古人类研究所	旧石器考古和古人类的起源进化
吴汝康	64	中科院古脊椎动物与古人类研究所	古人类学综合研究
周明镇	62	中科院古脊椎动物与古人类研究所	古脊椎动物学研究

第七章
老骥伏枥 志在千里（1997—2009）

1997 年以后，随着年岁的增高，李星学逐步退出了一线研究岗位，但他仍然在古植物学领域里辛勤耕耘，积极参加国内外学术活动，每年都有新的研究成果发表。除了指导研究生工作，他还热心为年轻学者发表论著写序，积极为申请项目或奖学金写推荐信。他凭借自己多年来在国际学术界确立的威信和结交的朋友，帮助所里年轻人申请国外知名奖学金，不遗余力地将年轻人推向古生物学界的国际舞台，为提高我国古生物学研究的国际地位做出了重要贡献。另外，他还致力于我国科普事业的发展，并著有内容丰富的科普文集。李星学的科普思想不仅闪耀着逻辑思辨的理性光芒，更折射出一种求实奋进、和谐发展的人文精神，对于新时期中国科普工作的探索具有借鉴和启发意义。

从事科普工作

如前所述，李星学在青年时期就对文史类学科感兴趣，并阅读了大量哲学书籍，大大拓宽了他的思维空间，极大地激发了他的创新灵感，使他始终能够站在唯物辩证的角度思考问题。李星学所著的科普论著和文章中无不体现出哲学思辨的重要思想，这一点也是他的科普著作的重要特征。《还我大自然——地球敲响了警钟》、《生物的奥秘》代序言、《勤奋是做学问和立身之本》、《勤能补拙》、《成功的人没有不勤奋的》等人文科普著述至今仍是我们学习的典范。

改革开放30多年来，我国经济建设取得了举世瞩目的成就，GPD每年以10%左右的高速增长。可是，这辉煌成果的相当一部分（每年约数百亿元人民币），被环境的损失抵消了！因为人们往往急功近利，不顾长远，把我们赖以生存的这个唯一的地球家园，当作聚宝盆、摇钱树和垃圾桶、废水池，任意掠夺糟蹋。它的生态系统，已被严重污染、破坏了，不得不花大钱去治理：包括大气、水域、土壤、森林、生物多样性等；绿地和耕地面积、矿产资源在急剧减少，沙漠和臭氧层空洞则在扩大，沙尘暴、旱涝等灾害此起彼伏。

图 7-1　2000 年，李星学、王仁农编著的科普著作《还我大自然——地球敲响了警钟》由清华大学出版社出版（南古所古植物室提供）

正是在这样的历史大背景下，李星学与多年的老友、原煤炭部地质普查大队总工程师王仁农合作完成了《还我大自然——地球敲响了警钟》一书，这本书作为院士科普书系之一，2000 年由清华大学出版社出版。李星学在此书前言中写道，"想通过这本科普书唤起国人的警觉和良知，这有助于提高全民族的生态环保意识，合理开发利用各种自然资源，使我国社会主义经济的高速发展，逐步建立在与大自然和谐共处及可持续发展的更为科学的基础上，对一切建设设施可能造成的环境污染做未雨绸缪的规划防范，人人都来参与爱护地球、保护环境、保护生物多样性的事业①。"

李星学在长期的科研工作中，通过对国内外大量的地质剖面的实地考

① 李星学：《还我大自然——地球敲响了警钟》前言。

察研究，早已深深意识到人类对地球的破坏。他在该书中，旁征博引了古今中外的众多实例，从人口控制、资源开发、环境保护等方面，以大量客观翔实的数据描述了当今地球承受的各种压力，从而引发了大自然各种失衡现象。面对严重的环境污染和生态危机，保护环境、学会与自然的和谐相处将是解决问题，防患于未然的唯一途径。李星学对大气、土壤、海洋以及人类社会等影响地球环境的因素进行了总结分析，呼吁必须改变人类以自我为中心的观念，提升对大自然的道德感，在约束自我的同时顺应自然规律的发展变化，这与道家提倡的"无为而治"的思想不谋而合，但同时也通过《中国在觉醒》《中国环境保护在行动》等章节，提倡人类应该以更加积极的态度适应这种变化，使之为我所用，进一步让读者从"天人合一"的哲学层面上认识人与自然和谐统一的重要性和紧迫性。

在由卢嘉锡、吴阶平等人主编的《院士思维》、李士主编的《心迹——中国院士实话实说》、韩存志主编的《新世纪的嘱托——院士寄语青年》等科普文集中，李星学多次谈到"学贵有恒，业精于勤"，并以他自身学外语的经历，诠释了这个简单而深刻的道理。另外，当李星学谈及理想与事业的话题时，他认为自己最自豪的事情之一是在 20 世纪 50 年代初，在内蒙古等地进行了四、五年的地质矿产调查勘探工作，虽然条件十分艰苦，但却为解放初期的国民经济建设做出了贡献。他表示，个人的兴趣爱好首先要服从国家的需要，"华北月门沟群植物化石"这一重大科研成果的发表是为了满足 50—60 年代煤田地质勘探和国民经济建设需要，理顺含煤地层划分对比关系；《中国古生代植物》《中国中生代植物》等也都是应当时地质野外工作者之急需的较通俗实用的专业书籍；《中国晚古生代陆相地层》则为了第一届全国地层大会之急；"西藏北部双湖地区晚二叠世植物群"等青藏高原古植物及地层的研究缘于 1980 年在我国举办的第一次青藏科考国际会议；《北祁连山东段纳缪尔期地层和生物群》始于 1987 年在我国举办的第 11 届国际石炭纪地层会议。为了推荐我国甘肃靖远纳缪尔早期地层作为国际石炭纪中间界线候选层型剖面，李星学及其同仁进行了大量的地层古生物综合研究，并增补了后续多方面相关工作积累的专著。凡此种种，均缘于特定时期的国家需求。正是李星学朴实无华的爱国主义情感成为他最主要的成就动机，就像俄国著名生理学家巴甫洛夫所说:"我愿用我全部的生命,从事研究科学,来贡献给生育我、栽培我的祖国和人民。"

"科学工作是一种非常艰辛复杂的劳动,特别是地学工作,要有不畏艰险、不怕牺牲的坚强意志,要有勇于实践和创新的精神,踏实严肃的工作作风,还要有相当强健的体魄,敢于改正错误的宽阔胸怀,才能取得较大的成就。"——这段话不仅是李星学对其学生的要求,更是他科研人生的写照。

参与中外学术交流

李星学一生出访过美国、法国、澳大利亚、日本、印度等许多国家,并和这些国家的同行建立了密切的学术合作关系,在国际学术界享有很高的知名度。德国森肯堡科学研究所所长、国际古植物学会副主席 V. Mosbrugger 曾说:"如果你不研究李星学的著作,你也就无法研究石炭—二叠纪。"李星学曾于 1992 年荣获"美国植物学会通讯会员"终身荣誉称号,1996 年荣获"萨尼——国际古植物学协会奖章"等。即便是退休以后,李星学还十分关注国际古植物学的前沿发展动态,积极参加各种国际学术会议,吸收新的研究理论和方法。不仅如此,他还主动将国内年轻学者推向国际舞台,促进中外学术交流。

2000 年 7 月 31 日—8 月 3 日,第六届国际古植物学大会(IOPC—VI)在秦皇岛国际饭店成功召开。这是首次在亚洲举办此类会议。这次大会由中国科学院南古所和中科院植物研究所共同主办,李星学任大会组委会主席。

其实,早在 1996 年筹备会议之初,李星学就被大会组委会推选为会议主席,尽管他总是谦虚地表示自己是被"赶鸭子上架",但还是在 80 岁高龄接受这一重任,直接负责会议的组织实施。除了积极联系国际和国内古生物学同行,搭建国际学术交流的平台,他对于大会组织的每个环节都严格把关,事必躬亲,向国际学术界展示了我国古植物学研究水平的提高和中国学者的精神风貌,由此也奠定了我国古植物学研究在国际学术舞台上的重要地位。正如他在日记中写到的："强加于我,但历史使命和责任感使我不得不勇往直前"。包括英、美、德、法、日和中国等国家在内的、来自全球 30 多个国家和地区的 210 多位学者参加了这次盛会,其中来自美国科学院、英国皇家学会、瑞典皇家科学院、俄罗斯科学院的 7 位院士和我国的 4 位院士在大会上令人瞩目。代表们带来了 200 多篇论文,在会上交流了全球古植物学及相关学科的研究成果及进展,探讨了 21 世纪古植物学的科研、教学与合作,揭示了植物各门类的发生、发展和演化,阐述了古植物学给人类生存、社会发展、国家兴盛带来的影响,从而指导人类对生物资源的保护和利用。

李星学提交了 General history and prospects of China's palaeobotany: a century review(《中国古植物学的发展史和展望:一个世纪评述》)一文,并在大会上作了报告。李星学的报告给与会者留下了深刻印象,增加了国际同行对中国古植物学研究的了解和认识(详见第六章)。

2001 年 5 月,中国古生物学会第二十一届学术年会在西安召开,85 岁高龄的李星学应邀与会。在这次大会上,他坚决请辞《古生物学报》的主编工作,并再三强调培养新生力量的重要性。

自 1953 年创立以来,《古生物学报》一直是古生物学者研究、探讨科学问题的重要阵地,在国际古生物学界也具有一定的影响力。自 1985 年担任该杂志主编以来,李星学发扬了"百花齐放,择优录用"的优良传统,鼓励青年学者积极探索,支持他们发表不同看法,为培养古生物学界后备力量起到了极大的推动作用,提高了该杂志的学术影响力。在国际竞争激烈的环境下,为了进一步提高《古生物学报》办刊质量,扩大学术影响力,加之李星学在古生物学领域的杰出贡献和重要地位,中国古生物学会经过慎重考虑,集体决定不接受李星学的请辞要求。李星学最终接受这个决定,再次挑起了主编的担子,直到 2005 年卸任。

会后,由组委会安排,李星学在学生王军的陪同下,登上了中国著名的五岳之一——华山。知道李星学要登山时,王军心里着实没底,85 岁的老人能不能顺利登上雄伟陡峭的华山,大家心里都暗暗地捏了一把汗。结果,他与大家一道乘缆车到达北峰后完全靠自己攀上了五云峰。

天梯是华山最陡峭的一段,这里布满了悬崖峭壁,石级又陡又浅,直插云霄,不觉让人头晕目眩,可谓"一夫当关,万夫莫开"。大家意识到登上天梯不宜半途休息,因为短暂的停留就可能导致后面攀登者的滞留等候,于是在天梯下的一块平地坐下小憩。

"喂,李老师,您真了不起!您甚至在我前面爬到了天梯跟前",同样来自南古所、已退休的刘第墉先生从后面跟了上来,吃惊地问候李星学。

"嗨,刘大哥,您不也上来了嘛,大家彼此彼此。何况我还有保镖呢,没啥大不了的。"李星学用他与刘先生多年来非正式场合一贯的称谓招呼着,他风趣幽默的话语顿时化解了大家的紧张、疲劳。

"了不起,了不起,我到您这年纪恐怕连登山的勇气都没了",刘先生道。

大约 10 分钟之后,李星学起身准备继续前行。

"等我一下,李老师,咱们一起下去。"刘先生也连忙起身,边低头收拾自己的东西边说。

李星学迈着坚定的步伐继续往上走。

"啊?李老师,原来您还要往上走啊!我本来是计划爬到这里返回的,现在看来得霸王硬上弓,陪您继续上啊?"

李星学没有丝毫的犹豫,和年轻人一起,从容地走过了华山最陡峭的天梯。最后终于到达了五云峰,因时间关系,稍作停留就调头返回。沿途不少游客看到当天华山上最年长的攀登者,他们与李星学热心地打招呼,猜其年龄,问其职业,邀其合影,他都一一耐心配合。上山容易下山难,但李星学轻松地按时返回北峰与大部会议代表汇合,途中还兴致勃勃地讲了"斧劈石"、"舍身崖"等有关华山的美丽传说和典故。

"登华山的经历不仅让人吃惊李先生作为地质人所具备的好体质,也看到了他像山一样博大宽广的胸怀,看到了他作为一个普通长辈的平和、慈祥。"王军后来回忆起这段经历,常常这样感慨。

2006 年 6 月,第二届国际古生物学大会在北京大学成功举行。国际古生物学大会是国际古生物学界的最高组织机构"国际古生物学协会(IPA)"的系列学术年会,每四年举行一次,是世界古生物学科最高级别的大会。来自世界各地的 800 余位古生物学工作者和来宾出席了这次大会。李星学作为古生物学界的资深院士参加了大会,并与众多国内外同行一起进行了学术交流。

在这次大会上，李星学见到了久未谋面的朋友们。刘东生院士也出席了这次大会，他与李星学同岁，长期从事地质学研究，尤其在黄土研究领域成就卓越。两人性格投缘，学术上有很多共同语言，曾深入交流过有关青藏高原的地质地貌演化状况。坐在北京大学会议室里，两个老朋友面对面促膝交谈，没有了年轻时的意气风发，却多了一分对彼此的牵挂和关心。李星学的另外一个国际同行、英国皇家学会会员、著名古植物学家 D. Edwards

图 7-2　2006 年 6 月 17 日，在北京第二届国际古生物学大会上，李星学与英国著名古植物学家 D. Edwards 教授喜相逢（南古所古植物室提供）

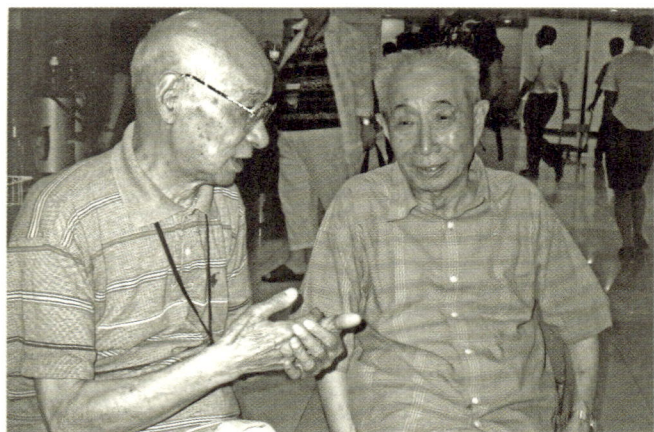

图 7-3　2006 年第二届国际古生物学大会期间，李星学与刘东生院士在北京大学亲切交谈（南古所古植物室提供）

教授也参加了这次会议。Edwards 教授长期保持着与中国同行密切的合作关系,她与李星学的学生王怿多年来共同研究"早期陆生维管植物的起源和演化",成果引人注目。见到 Edwards 教授,李星学非常惊喜,大家谈学科进展、人才培养,也谈过往经历、目前的生活。李星学一直相信知识来源于生活,也应该回归于生活,所以大家不仅是学术上的伙伴,也是生活中的朋友。

2007 年 6 月,第十六届国际石炭—二叠纪地质大会在南京召开,来自美国、加拿大、德国等 29 个国家和地区,及我国石炭—二叠系研究领域最活跃的科学家共 150 余人(其中外国专家近 100 人)出席了会议。中国古生物学会古植物学分会主持分会场会议,组织了庆祝李星学院士九十寿辰暨《李星学文集》发行学术讨论会。来自美国宾夕法尼亚大学的 Hermann Pfefferkorn教授、德国明斯特大学 H. Kerp 教授、法国巴黎大学 Jean Broutin 等国古植物学者和国内大学、研究机构的同行 50 余人参加了这次大会。中外学者们除了给李星学送去生日祝福,也对他的学术成就给予了很高评价。随后李星学在致答谢辞时,表达了对古植物学研究工作的热爱和责任,并提出了自己正在思考的 3 个问题,供后辈们参考。

(1)植物学发展、演化史的主要分界线或大事件,与古动物学(特别是海相无脊椎动物学)发展、演化史的分界线或大绝灭事件(Mass Extinction)的不一致的问题。如晚泥盆世的弗拉阶与法门阶以及晚白垩世与古新世间古动物学上的大绝灭事件,在古植物学上就很不明显。

(2)中国的 Stephanian 沉积及其植物群何在的问题。华北太原群植物群改归于早二叠世,相当于西欧的 Autunian 植物群后,西欧上千米的Stephanian 沉积及其丰富的植物群,在我国至今没找到合适的可信的对应单元。

(3)中国大羽羊齿植物和美国仅见于早二叠世的大羽羊齿类植物到底是真正的同源系列(homologous series)植物群,或者是异地同相的、异源的(heterogonous)类群;再如伊拉克、沙特阿拉伯、土耳其以及委内瑞拉都有大羽羊齿类化石的发现报道,它们之间的关系以及和我国的华夏植物群间联系等问题。除了和西班牙的 Wagner 教授进行过深入探讨,李星学也曾和盛金章院士讨论过这一问题。他们认为:最好是组织一个沿古地中海

图7-4　2007年夏，李星学在"庆祝李星学院士九十寿辰暨《李星学文集》发行学术讨论会"上发言（南古所古植物室提供）

图7-5　2007年夏，在"庆祝李星学院士九十寿辰暨《李星学文集》发行学术讨论会"上，李星学（中）与来自美国、德国、法国的古植物学者合影（南古所古植物室提供）

（Palaeotethys）的国际合作项目，以多学科综合研究古地中海两岸的地层，生物群及含煤沉积等，才有望解决相关生物群的迁徙对比问题。

促进国际合作——对南山植物群的研究

众所周知的中瑞科学考察团于1927—1935年在我国西北地区联合进行

了科学考察,这是我国近代科学史上第一次大规模的国际合作,其丰硕成果以 Reports from the scientific expedition to the North-western provinces of China under the leadership of Dr. Sven Hedin — The Sion-Swedish expedition publications(《斯文赫定博士领导的中国—瑞典考察团在中国西北各省科学考察的报告》)作了系列报道,迄今已发表了56部著作。其中,考察团成员柏克塞尔 Bexell(1935)在甘肃南山剖面上先后连续采集到典型的华夏植物群和安加拉植物群,被当时研究东亚华夏植物群的权威瑞典古植物学家 Halle 教授(1935,1937)在第二届国际石炭纪会议上公布于众,轰动了地质古生物学界。由于在南山剖面上安加拉植物群覆盖于华夏植物群之上,Halle 教授得出了安加拉植物群整体上比华夏植物群年轻的结论。

鉴于上述两大植物群相互关系的重要性,我国学者多次奔赴祁连山寻找南山剖面,并对邻近地区进行了普查。与此同时,当年 Bexell 所采集的标本也几经复查和仔细研究,相关化石的系统描述终于由安加拉植物群研究专家杜兰特(Durante)完成。目前国际学术界对于这个问题的认识是,安加拉植物群与华夏植物群整体上并行发展,古生代末期两者之间有少数代表成员相互穿插。在几十年的研究过程中,我国学者或多或少地强调了两大植物群的混生性质,而杜兰特则强调安加拉植物群分子的统治地位。然而,不容忽视的是,以往所有化石材料都是印痕缺乏表皮解剖特征,因而植物属种的鉴定和相关的其他植物群的比较存在许多不确定因素。正是着眼于这一关键问题,1997—1999 年,王军在李星学指导下从事博士后研究期间,李星学多次提到开展古生代植物表皮研究的重要性。特别是,当王军告诉李星学,1992 年他随同导师沈光隆在北祁连山野外考察期间,看到过那里的表皮标本。李星学听后,当即提出注意加强针对性调查,并细述了上述中外地质古生物同行对南山植物群倾注了极大热情的缘由和进一步取得突破的关键。

1997—1999 年,李星学的办公室里堆满了塔里木盆地桃树园剖面的二叠纪植物群标本,为他的研究生孙阜生于 20 世纪 80 年代采集,这些标本还未正式发表过,正在由蔡重阳整理,考虑出版专著。鉴于晚二叠世塔里木植物群和南山植物群的相似,李星学让王军从这批标本入手,加强南山植物表皮化石材料的搜寻和研究,并可从塔里木的标本着手,尽快熟悉文献和表皮研究的方法技术。李星学凭着对国际同行的了解和个人友情,推荐王军联系德国明斯特大学古植物学教授 H. Kerp 进行合作,那里有国际一流的表皮分析设施和研究基础。2000 年,李星学与 H. Kerp 教授在秦皇岛第六届国际古植物学大会上见面时也推荐了这项合作研究。

图 7-6　2000 年 7 月初,李星学(右)、王军(左)与德国著名古植物学家 V. Mosbrugger 教授(中)合影于秦皇岛市国际饭店(南古所古植物室提供)

但南山地区地质背景十分复杂,构造作用强烈,大多岩石还经受了不同程度的变质作用,要在大套红色陆相干燥气候条件下的地层内找到新的具有角质层保存的化石材料非常困难。王军经过多次对南山的野外考察,均收效甚微。一次又一次的失望之后,他对在那里取得研究突破的热情渐渐消失。时至 2004 年 3 月的一天,李星学将收集到的国内外关于美羊齿类植物研究和 H. Kerp 教授的相关文献装在一个特大号文件袋中交给王军,鼓励他继续这方面的研究,不要轻言放弃。当王军双手接过这个文件袋,内心顿愕! 他所吃惊的不是 87 岁高龄的李星学帮助其收集文献,因为这不是一两次了,李星学经常会从其他报纸杂志上剪贴一些学术研究心得与后辈分享,所以王军对于这种做法早已习以为常。真正令人惊讶的是,李星学对关于南山的科学问题的执着和不舍情结——李星学为何非要他在那个地方干下去呢? 虽然百思不得其解,但工作必须做下去!"每每想到李老师交代文献时所凝聚的殷切希望,我就恢复了当年的激情"①。

2004 年 9—10 月,王军的课题组在玉门大山口的晚二叠世肃南组内终于发现了植物化石角质层保存良好的层位,并对化石材料进行了大量采集。该产地沉积建造属于举世闻名的南山剖面所在的沉积盆地,距该盆地核心区边缘仅 10 千米。这里的二叠系虽然也经受了较为强烈的构造运动,但大多未发生变质,因而化石植物的角质层得以保存。至此,南山植物群的研究可望取得突破性成果。

接下来的进展水到渠成,2005 年在古植物学家 E. M. Friis 教授帮助下,王军访问了瑞典自然历史博物馆古植物学部,查阅了 Bexell 当年采集的标本。2006 年,在德意志学术交流中心(DAAD)的支持下,王军赴德国与明斯特大学 H. Kerp 教授合作,利用其先进的实验设备,深入地研究这批化石材料,并已取得了丰硕的成果。

目前,基于表皮特征可以确定的是:南山的鞑靼叶(*Tatarina*)与松柏类伴生,是俄罗斯地台所常见的;而美羊齿(*Callipteris*)与松柏类的伴生,则为欧美植物群所多见。从美羊齿自身的形态学特征来看,更接近于欧美植物群中十分丰富的密美羊齿(*Callipteris conferta*),而又明显不是同种;鞑靼叶则具有安加拉植物群特色,但也与南山的已知属种不同。另一方面,华夏植物群的特征分子,仅瓣轮叶(*Lobatannularia*)见有踪迹,丰度极低。此外,植物大化石和大块浸解所获分散角质层都表明存在若干暂时无法鉴定的属种。总之,一个更为准确全面的植物群面貌呼之欲出。

2007 年 6 月 21—24 日,在南京召开了第十六届国际石炭、二叠系地质大会。王军等在会上报告了对南山植物群的调查结果,特别是表皮特征所揭示的新信息,并由此提出了新认识。

在对南山植物群研究的过程中,通过系统阅读文献,王军开始明白李星学执着于此的原因。李星学一生最具代表性的成就就是对我国晚古生代植物群演替序列的确立。1963 年的两部专著成为了我国古生代植物群及非海

---

① 王军:《探究南山晚二叠世植物表皮特征》。见:中国古生物学会古植物学分会编:《华夏之子·根深叶茂》。吉林:吉林大学出版社,2007 年,第 65 页。

相地层学研究的经典文献，为世人瞩目；他所确立的演替序列对我国煤田地质勘探和国民经济建设做出了重要贡献。而在所确立的序列之中，最晚期的化石组合一直是李星学最觉差强人意的，虽然20世纪80年代后期王自强研究员对华北石千峰组植物群的研究曾弥补了这一化石组合的不足，但所公布化石材料的保存和采集状况仍不尽人意。南山植物群的化石材料则又可使之进一步充实，从而实现我国华北板块晚古生代植物化石组合序列全面完善。这种在宏观背景上存在的学术价值，对于年轻一代由于学术积累所限，不是能够轻易认识到的。李星学虽年事已高，仍通过力所能及的对年轻一代的指导，谋求我国相关领域的发展。另一方面，南山植物群本身的特殊性即已引人注目，其表皮特征将对揭露南山植物群的真实面貌发挥关键作用，也将影响如何重新审视70多年来中外地质古生物同行对该植物群的观点。

此外，李星学对孢粉、新生代植物等研究方向也给予了大力支持，热心为年轻学者写推荐，鼓励他们开展国际合作交流，积极吸收国外新学说和新技术，同时把中国的科研成果及时地总结发表在国际刊物上或写成英文专著发表，使国际同行理解我国古植物学科的进展和水平，扩大影响。

学术的，更是文化的

国际学术交流是以一定的学术内容为媒介，来自不同国家、不同文化、有共同研究目标的人们组成的固体或松散的合作团队。他们在交流学术思想的同时也不断了解彼此的文化，加深彼此理解和信任，以推进研究目标，分享共同的研究成果。文化的交流可以促进知识结构、思维方式、认知风格的互补融合，脱离文化因素的学术交流往往缺乏可持续性。

李星学虽然没有留过学，可是通过斯行健等人的耳濡目染和自身的体会，一直以来他都非常重视国际交流合作，其中一些重要的国际合作持续了几十年，甚至终身，其国际合作是学术的，也是文化的。这也是李星学在国际学术界享有重要影响力的原因之一。

对于地质古生物学这样地域性特征明显的学科,只有通过长期的、大量的野外实践、对比鉴别,才可能得出准确的数据和科学的结论。所以国际间的合作必须是稳定、长期、可持续性的。李星学从 20 世纪 60 年代就开始他的国际合作,其中西班牙的古植物学家 Wagner 教授是陪伴他终身的科研伙伴,他们不但在学术上相互交流,在生活上也相互关心。1964 年,Wagner 教授在与李星学的通信中,除了交流文献,还十分关心其导师斯行健的健康状况,李星学由衷地感受到遥远而温暖的祝福。1987 年,Wagner 教授访问南京,李星学专程邀其去家里,彼此说不完的故事早已超越了简单意义上的国际合作。

如果说李星学与 Wagner 教授的国际合作是课题组获得的间接经验,那么他与美国宾夕法尼亚大学 Pfefferkorn 教授的交往却是笔者亲历的过程。

2006 年秋,与南古所王军研究员合作多年的 Pfefferkorn 教授携夫人来南京进行为期一个月的学术访问。当时李星学已是 89 岁的老人,当他获悉 Pfefferkorn 教授夫妇来到南京,非常高兴,立即决定在自己家里宴请他们,并坚持自己制定菜谱。李星学和刘艺珍夫妻俩提前一个星期,就开始研究菜谱,所选的菜肴必须有可操作性,还要有地方特色,特别是南京特色,还要荤素搭配,体现健康原则,也必须美味。夫妻俩头碰头商量着,时不时因为意见不一致还争论几句,最后总是以李星学的让步而达成一致,谁让他“没有生活经验”呢(夫人刘艺珍语)。李星学带着老花镜,趴在书桌上,工工整整地写下所定菜谱的名字,交于家中保姆去采购。夫人刘艺珍还是不放心,坚持自己跟着保姆去菜场,她要把关所买菜品的质量。

宴请前一天,李星学亲自打电话给笔者,希望宴请的时候能早点过去帮忙。第二天,笔者提早两个小时就赶到了李星学家里,夫妻俩已经开始忙碌了。在李星学的督战下,保姆已准备好六菜一汤,有盐水鸭、蟹黄汤包、清蒸桂鱼、芦蒿香干等等,完全符合营养、健康、美味、有特色的要求。

席间,李星学用流利的英文告诉 Pfefferkorn 教授夫妇关于这些菜肴的故事。他说,盐水鸭又叫桂花鸭,是南京有名的特产,久负盛名,至今已有一千多年历史。每年中秋前后的盐水鸭色味最佳,是因为鸭在桂花盛开季节

图 7-7 2006 年,李星学(右二)设家宴招待 H. W. Pfefferkorn 教授夫妇(南古所古植物室提供)

制作的,故美名曰桂花鸭。清朝的时候,在南京夫子庙一带常聚集大量考生。那个时候考生流行送礼,他们不送金银财宝或名烟名酒,送礼就送盐水鸭。而且,当时的慈禧太后,每年都要到此采购数百只盐水鸭和板鸭,由此盐水鸭得到一个官名——贡鸭。

Pfefferkorn 教授夫妇饶有兴趣地听着这些古老的故事,也许,盐水鸭在他们嘴里又多了一层味道。

2007 年 6 月,在南京召开了第十六届国际石炭—二叠纪地质大会,恰逢庆祝李星学九十华诞学术研讨会开幕,许多国际同行来到南京。见到昔日老友,李星学开心不已。除了畅谈学术问题,他还积极推广中国文化,希望国外友人真正了解中国地质人和地质人的乡土文化。

李星学年轻时候就喜欢音乐和戏曲,并且很有研究。他建议王军组织外宾们观看昆曲《牡丹亭》[①]。刚开始,王军有些犹豫。因为昆曲本身并不是普通话,一般中国观众听着尚且费劲,何况是没有任何语言、文化背景的外国人。李星学看出了王军的担心,笑了笑,自信地说:"老王,别担心,他们肯定喜欢!"

---

① 《牡丹亭》是昆曲中的经典剧目,是明代剧作家汤显祖的代表作,描写了杜丽娘与柳梦梅的爱情故事,体现了青年男女对自由爱情生活的追求。昆曲《牡丹亭》是中国传统文化中的精粹。

王军将信将疑地买好票，然后自己提前熟悉了一遍故事情节和昆曲的一些小常识，去剧场之前，又给外宾们讲述了一遍。古植物学家们专心聆听着，像好奇的小学生。

走进剧场，偌大的舞台两侧，挂着两个巨大的显示屏，上面是同声翻译的英文字幕。看到这个设置，王军忐忑不安的心稍微平静了一些。

正如李星学预料的那样，外宾们对于《牡丹亭》表现出了极大的兴趣，配合英文字幕，他们早已沉浸在剧情中。三弦的抑扬顿挫，唱腔的宛转悠扬，小旦的长袖善舞，人物命运的跌宕起伏……这出古老的东方剧目抓住了每个人的注意力！

至今回想起来，王军都很佩服李星学敏锐的洞察力，和他与外宾交往的独到之处。也许短时间看不到这种文化交流的效果，但从长远发展来看，这种交流的影响力注定是深刻而持久的。时隔多年后，王军对这一点深有体会。

关于南京直立人的研究

南京汤山葫芦洞位于南京东郊的汤山镇西端汤山东北坡上，距南京约26公里，近年来因发现直立人化石而闻名于世。

1992年6月，应南京市江宁县汤山镇人民政府的邀请，南京地质古生物研究所穆西南、许汉奎等人前往汤山葫芦洞考察这里出土的动物骨骼化石。经考察发现，洞内动物骨骼化石相当丰富，随即采集了一些化石标本带回研究。在随后两个多月的考察中，又采集了相当数量的哺乳动物化石标本。同年9月，这批标本经中国科学院古脊椎动物与古人类研究所徐钦琦鉴定，认为这批动物都是北京直立人伴生的周口店中更新世动物群的成员，所以，将来极有可能发现古人类化石。这个观点立即得到大家的赞同。古生物所和古脊椎与古人类所随即成立了汤山溶洞联合研究组，在汤山镇政府和汤山旅游公司的大力支持协助下，于1992年底至1993年初对溶洞内的堆积物和化石进行了多次考察和采集。

1993年3月13日，当地民工刘连生等在清理葫芦洞南侧小洞中的堆积物时，发现一具保存相当完好的头骨化石。当地政府闻听此事，立刻联系古生物所有关专家。3月18日，穆西南等人前往汤山镇观察这些头骨化石，当他们将头骨化石眉脊与颅顶上覆盖的泥土揭去，头骨即显现出清晰的粗大眉脊。他们认为这是与北京直立人相像的猿人头骨，当时便拍摄了第一批照片。后经古脊椎与古人类所专家们鉴定，认为它是属于直立人的头骨化石。3月24日，此头骨（南京直立人1号头骨）交于南京市博物馆保存。此后这一发现受到学术界和新闻媒体的高度重视，被列为"1993年中国十大科技新闻"之一。中科院、国家自然科学基金委员会以及南京市科学技术局先后通过"南京直立人及其遗址综合研究"课题立项，并给予资助。

1994年3月，在江苏省人民政府的组织下，成立了"南京早期人类文化遗址综合研究专家组"，由李星学任组长，吴汝康、贾兰坡和李伯谦任顾问，穆西南任专家组秘书。3月23日召开了第一次专家组会议。会上，江苏省副省长张怀西代表江苏省人民政府向专家组成员颁发了聘书，并强调指出，要尽快取得高水平的研究成果，让南京早期人类遗址早日成为世界公认的科学瑰宝。

图7-8　1994年2月，李星学（时任南京早期人类文化遗址综合研究专家组组长）在南京汤山葫芦洞内考察赋存南京直立人化石的地层（南古所古植物室提供）

这一年，李星学已是78岁高龄的老人了，身患高胆固醇血症、慢性胆囊炎、老年性白内障等多种疾病。但他还是毅然接受了这个重任，并多次亲临葫芦洞内考察南京直立人化石的地层，全面负责这一研究工作，协同地质学、古人类学、植物孢粉学、古气候学、地球化学等不同学科的专家学者，对南京直立人进行了综合研究。特别是他于1997年后逐渐退出了一线研究岗位，大部分精力都投入了这项研究中，并陆续完成了一些阶段性成果：①长江三角洲20年来的环境变迁。②关于南京猿人生存时期的气候探讨。③江苏南部太湖地区晚更新世以来古生物群特征及环境演化。④再论南京猿人生存时期气候的探讨。

2002年,李星学与吴汝康主编的《南京直立人》一书由江苏科学技术出版社出版。此书包含了许多学科的研究成果,大致分为:地质背景、人类头骨、哺乳动物、孢子花粉和植硅体、葫芦洞洞穴的成因及堆积演化过程、葫芦洞石笋记录的气候演化序列、地层与化石年龄测定、结论和存在问题等八个部分。其中李星学具体负责南京直立人化石的相关地质背景研究,特别对于第四纪更新世地层进行了详细描述和分析。通过研究,李星学等已初步建立了葫芦洞内沉积层序。葫芦洞内第四纪沉积自下而上可分为4段,分别由4条实测剖面代表。每段地层都含有数量不等的孢粉和植硅体化石。另外,根据孢粉特征及数量分析,南京汤山葫芦洞附近地区植被分为温带型和亚热带型;根据植硅体组成和数量在剖面上的变化,反映出古气候冷暖干湿的变化。总之,葫芦洞中更新世沉积时期气候发生周期性的冷暖变化,代表冰期和间冰期气候环境,而且冷期时间较长,暖期时间较短。同时,李星学等也提出了在南京汤山葫芦洞的地层层序和对比中,各剖面之间的精确对比和衔接关系有待于进一步廓清。而且,葫芦洞内外附近的红色泥灰岩及塌积物的时代和成因也存在分歧。

上述研究成果的公布,经历了10年的艰苦工作,为古人类的生存环境、发展演化及其与国内外已知直立人的关系对比等研究提供了重要证据,有助于研究环境演变对人类进化的影响。另一方面,《南京直立人》一书的出版,不仅促进了中外学者对古人类化石遗址的研究,也进一步推动了相关科学普及和国人文化素质的提高。经过数年的发展,南京汤山葫芦洞现已成为南京著名旅游景点,每年都接待大批中外游客。

赠誉予李星学命名的植物化石

在古生物学研究领域,首次发现的化石标本的属、种可以用其研究者的

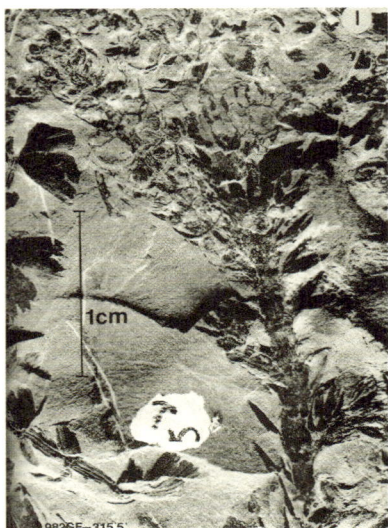

图 7-9　李氏楔叶穗 *Leeites oblongifolis* Zodrow et Gao，1991(南古所古植物室提供)

名字命名,这种做法非常普遍。根据命名法规,属、种名称也可以赠献给标本的采集者,或者是对相关属种做出相当贡献的人士。李星学在华夏植物群研究领域的卓越成就令世人瞩目,先后有国内外 5 次赠誉予李星学院士命名的植物化石属名。

1. 李氏楔叶穗 *Leeites oblongifolis* Zodrow et Gao, 1991①

1991 年,加拿大的古植物学家 Zodrow 教授和中国学者高志峰博士共同命李氏楔叶穗 *Leeites* 属,图为发现于加拿大新斯科舍州西德尼煤田的石炭纪地层中的属型种椭圆李氏楔叶穗 *Leeites oblongifolis* Zodrow et Gao，1991 的模式标本。

作者佐特鲁夫 E L. Zodrow 是加拿大一位比李星学年轻但也很资深的古植物学者,主要从事石炭、二叠纪植物及相关的地层学研究,运用地球化学手段探讨古植物群系统分类是他研究工作的一个鲜明特色。同他合作的高志峰博士是中国矿业大学与英国 University College(Cardiff)联合培养的古植物学博士,对中国华北二叠纪苏铁植物的研究做出过重要贡献。"李氏楔叶穗"是他们在加拿大新斯科舍州西德尼煤田的石炭纪地层中发现的一个楔叶类植物新属。国外发现新的植物化石,而以中国古植物学家的姓氏命名,这在中外古植物学研究史上是罕见的。

---

① Zodrow E L, Gao Zhifeng. 1991. *Leeites oblongifolis* nov. gen. et sp.(Sphenophyllean, Carboniferous), Sydney Coalfield,Nova Scotia,Canada. Palaeontographica,Abt. B, 223:61-80, pls. 1-8。

2. 李氏蕨 *Lixotheca* Yao, Liu et Zhang, 1993[①]

1993年,中国古植物学家姚兆奇、刘陆军等命名李氏蕨(*Lixotheca*),模式种为二叠李氏蕨 *Lixotheca*(*Cladophlebis*) *permica*(Lee et Wang)。图7-10标本产自河南登封中晚二叠世上石盒子组。

图7-10　李氏蕨 *Lixotheca* Yao,Liu et Zhang, 1993(南古所古植物室提供)

作者姚兆奇、刘陆军研究员均为李星学的硕士研究生,长期就职于中科院南古所,主要研究领域是我国华南的华夏植物群,对大羽羊齿类植物研究成果突出。姚兆奇曾与李星学合作发表的《华南大羽羊齿类植物繁殖器官的发现》研究成果,代表该植物发现近百年来研究进展的重大突破。

他们命名二叠李氏蕨来概括产于我国华北的原先归入称为二叠枝脉蕨的标本,而华南的原先归入二叠枝脉蕨的标本应该归入属名为天石蕨(*Szea*)。根据繁殖器官结构和形态特点,他们认为 *Lixotheca* 应归入膜蕨科,而 *Szea* 则应归入里白科。他们将属名赠与李星学的具体表述是"属

---

① 姚兆奇、刘陆军、张士:《二叠纪枝脉蕨型真蕨植物一新属——*Lixotheca* gen. nov. 》。《古生物学报》,1993,32(5):525-539。

名赠予学部委员李星学教授,他与王水先生最先记述了模式种的营养部分。"

枝脉蕨属(*Cladophlebis*)是一个使用于营养叶形态的属名,在中生代植物群中占有显著地位。作为先驱分子,它始现于二叠纪。初步统计,大羽羊齿植物群中已记述的枝脉蕨型植物有 20 多种。这些种中有的只是根据几个营养叶的局部形态建立的,因而它们的有效性还有待确证;有些种之间有着明显的共同点,应并入同种;而有的种则包罗了不同分类群的相似类型,这就需要提出足够证据后将它们分开。要做到这几点,就已知的信息资料来看,是十分困难的。而基于当前作者的研究,显著推进了枝脉蕨属(*Cladophlebis*)的分类学研究。

3. 星学花序 *Xingxueina* Sun et Dilcher,1997

1997 年,孙革等命名黑龙江鸡西早白垩世城子河组化石植物黑龙江星学花序(*Xingxueina heilongjiangensis* Sun and Dilcher)。图 7 - 11 为此模式标本清绘图。

作者孙革教授是李星学的第一位博士研究生,现任沈阳师范大学特聘教授,国际著名的古植物学家,专长于中生代植物及早期被子植物研究。20 世纪 90 年代,他率课题组首次发现迄今世界最早的被子植物"辽宁古果"及"中华古果",提出"被子植物起源的东亚中心"假说。Dilcher 教授为美国科学院院士,在被子植物的起源和早起演化研究领域成就卓著。他们联合报道的黑龙江星学花序(*Xingxueina heilongjiangensis*)化石产于我国黑龙江鸡西早白垩世城子河组。花序由数十枚小花组成,花粉具典型的被子植物特征。花序以其小形体、较粗壮的花序轴及较长的花梗,并产大量无萌发口器的被子植物花粉等为特征,与以往报道的任何早期被子植物花序不同。根据其

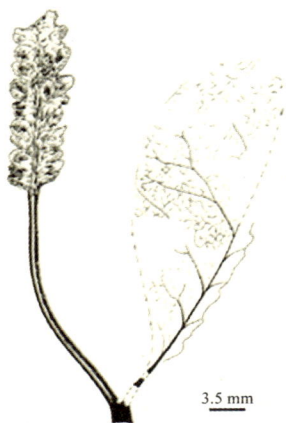

3.5 mm

图 7 - 11　星学花序 *Xingxueina* Sun et Dilcher,1997(南古所古植物室提供)

所在层位下伏海相层化石佐证,以及与以色列等地早期被子植物花粉化石的对比等,该花序的地质时代可能为早白垩世欧特里夫期(Hauterivian)晚期,或欧特里夫期(Hauterivian)晚期至巴雷姆期(Barremian)早期。星学花序在当时是已知的世界上最早的被子植物花序化石,在研究全球被子植物起源及早期演化等方面具有重要意义。作者指出"属名赠予国际著名古植物学家李星学院士,以表示对他在研究我国东北白垩纪被子植物作出重要贡献的敬意。"

4. 李氏木 *Lioxylon* Zhang et al.,2006[①]

2006 年,张武等命名辽宁北票的中侏罗世髫髻山组辽宁李氏木 *Lioxylon liaoningense*。图 7 - 12 中左图为标本的外观形态;右图标本具有内部结构保存。

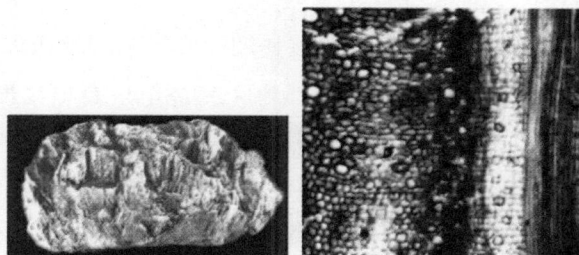

图 7 - 12　李氏木 *Lioxylon* Zhang et al.,2006(南古所古植物室
提供)

作者张武等为我国古植物学界的资深学者,长期就职于中国地质科学院沈阳地质矿产研究所,专长于中生代植物化石和陆相地层的研究,对化石木材研究也有很深造诣。所命名新属的代表新种辽宁李氏木(*Lioxylon liaoningense*)化石采自辽宁北票的中侏罗世髫髻山组,保存为矿化材料,具

---

① ZHANG Wu, WANG Yongdong, SAIKI Ken'ichi, LI Nan, ZHENG Shaolin, 2006. A structurally preserved cycad-like stem, *Lioxylon liaoningense* gen. et sp. nov., from the Middle Jurassic in western Liaoning, China. Progress in Natural Science, 16(Special issue):236 - 248。

有内部解剖特征。解剖特征表明是一种苏铁植物。作者的研究工作代表了我国首次对具有内部结构保存的化石苏铁的系统描述和研究。为表示对李星学院士对中国古植物学卓越贡献的敬意，作者命名为李氏木并指出"属名赠予中国科学院南京地质古生物研究所中国古植物学家李星学教授（The generic name is proposed to honour Chinese paleobotanist, Prof. Li Xingxue of the Nanjing Institute of Geology and Palaeontology, *Chinese Academy of Sciences.*）。

图 7-13　李氏苏铁 *Liella* Yang et Zhao, 2006 （南古所古植物室提供）

5. 李氏苏铁 *Liella* Yang et Zhao, 2006[①]

2006 年，杨关秀等命名河南临汝县宜阳中二叠世小风口组李氏苏铁属（*Liella*），模式种为奇异李氏苏铁（*Liella mirabilis* Yang et Zhao.），图为该模式种的模式标本。

杨关秀教授长期就职于中国地质大学（北京），对我国河南省西部地区二叠纪华夏植物群进行了深入研究，专著《中国二叠纪华夏植物群——禹州植物群》全面概括了其代表性成果，命名的新属李氏苏铁（*Liella* Yang et Zhao, 2006）代表了着生繁殖器官的一种奇特类型。结合近年来在我国华北二叠纪发现的许多与现代苏铁（*Cycas*）繁殖器官极其相似的化石，反映出华北华夏植物群中苏铁类植物种类极多。这进一步表明华北二叠纪是苏铁植物起源和大发展时期，曾经发生了爆发性的成种作用。关于命名缘由，作者指出"新属名 *Liella* 赠荣誉予李星学教授，他在研究华夏植物群方面做出了杰出的贡献。"

---

① 杨关秀等：《中国豫西二叠纪华夏植物群——禹州植物群》。北京：地质出版社，第 144、288 页，图版 40，图 3。

结 语

2010 年秋,李星学院士走完了他最后一段人生路,从事地质古生物工作 68 载。李星学的著作除了大量学术方面的,还有不少人物传记、历史评述、科普教育,以及记录其奋斗历程的人生感悟等。静静地读着他的一篇篇论述,宛如一次次的心灵沟通,让人体味到他恬淡的生活态度和执著的进取精神,感受李星学院士在求学、处世等多方面的谆谆教诲。在近 70 年的学术生涯中,他以孜孜不倦的求学精神和高尚的人格魅力为年轻一代树立了一个成功的典范,开启了一扇智慧的大门。

学贵有恒,业精于勤

在长期的科研工作中,李星学一直以"学贵有恒,业精于勤"为治学和工作中的座右铭来自勉。地层古生物研究工作往往需要参考古今中外的许多资料,因而多掌握一种语言就等于多一个通向知识宝库的大门。他没留过学,在中学和大学时期只学过一门英语。参加工作后,他利用各种学习机会,虚心讨教,基本具备了阅读俄、德、法语专业书籍的能力。在后来的工作中,他能够自如地运用英、俄、德、法语的专业文献资料与他持之以恒的勤奋精神是分不开的。

李星学的勤勉,无疑是他取得巨大成就的法宝。他曾在不同场合不止一次地表示勤奋是做学问和立身之本。借用古生物所孢粉研究专家欧阳舒教授对他的评述:"李先生从不以自己的资质自傲,相反,他历来用'勤能补拙'、'好记性不如烂笔头'自律。他参加学术会议,任何人作报告,哪怕是无名小字辈,他都虚怀若谷,埋头作笔记[①]。"

爱国赤子心和民族责任感

李星学从小就接受了很好的爱国主义教育,并且被所接触的先辈们浓烈地感染,对他一生影响至深。他就读的长沙雅礼中学是当时湖南省著名的重点中学,一向重视科学与爱国主义教育,经常邀请一些社会名流、专家学者做专题报告,以他们的亲身经历激发学生的学习和爱国热情。饱经战乱之苦的李星学一直在坚持不懈地探索和参与救国救民的行动。1938年,他曾参加张治中领导的"湖南省民众训练班",旨在促进"全民抗战"。在经历了一系列战乱和动荡之后,他终于悟出了"自强自立才能强大起来"和"科学救国"的道理。

考上大学以后,他陆续接受了朱森、李春昱、俞建章、张更、李学清、李庆远、丁骕等著名学者的授课,聆听李四光、黄汲清、杨钟健等名师的讲座或学术报告。这些参与奠基中国地质学事业的学者们的高度爱国热忱,为培育地质人才和发展中国地质事业而呕心沥血的敬业精神,给了青年李星学极其深远的影响。

李星学参加工作之后的导师斯行健先生也是一位具有强烈的民族责任感和爱国心的先辈。斯行健十分反对盲目崇洋,主张民族的自强自立,并身

---

① 欧阳舒:《祝贺李星学教授从事地质古生物工作五十周年暨七十五寿辰》。

体力行地将这种强烈的民族责任感融入到古生物学研究中。这种爱国精神让年轻的李星学耳濡目染。可以说，当他走入古植物学领域，能够独立开展研究工作的时候，已经在各方面经受了极大的锻炼，从而也奠定了他一生为人处世和治学的基础。"天下兴亡，匹夫有责"的民族感和爱国心给他的心灵打上了深深的烙印。

正是这种民族感和爱国心成为李星学事业奋斗的动力。几十年来，他先后赴美、英、法、澳大利亚、日本、印度、巴西、西班牙、前苏联和韩国等访问、讲学或出席国际学术会议。无论走到哪里，他都牢记自己不仅是一位古植物学者，更是一位国家和民族的使者，通过与国外进行广泛联系，了解国际学科动向，为中国古植物学走向世界，跻身于国际先进行列做努力。1996年，他还担任了即将于 2000 年在我国召开的第六届国际古植物学大会组委会主席，直接负责会议的组织实施，并撰文《中国古植物学的发展史和展望：一个世纪评述》，让国内外学者对我国古植物的研究现状与发展历史有一个较全面的了解，以促进我国古植物学在国际学术界地位的提高。正是他毕生为祖国的古植物学事业做出的突出贡献，加之在国际学术界充当了国家外交大使般的角色，国际同行也都对他充满敬仰之情。

在古生物研究领域，化石标本是进行研究的基础，每一块标本上都包含了其科研价值和古生物工作者的辛勤劳动。可是，在一些国际合作中，有些学者却将一些标本，特别是正式发表了的模式标本交由国外有关单位保存，致使一些珍贵的化石标本流失海外，李星学对此表示出极大担忧。在化石保护相关法规出台之前，他在不同场合曾多次呼吁，要加强古生物化石立法管理，并亲力亲为地参与了许多相关的活动，对制定我国化石资源保护法做出了一个老科学家力所能及的贡献。

个人志趣与国家需求

李星学与地质古生物学结缘，并最终选择古植物学颇有戏剧性。1938

年秋,已通过考核,在为选择金陵大学物理学还是同济大学医学而犹豫的李星学,在向他二舅、著名地质学家朱森先生征求意见后,最终选择了重庆大学地质系,从此与地质古生物学结下了终生的不解之缘。1942 年,大学毕业后考入原中央地质调查所,历任练习员、技佐、技士等职,先后跟随尹赞勋、边兆祥等人在四川、宁夏、内蒙古等地进行较为全面的地质矿产考察。1944 年起,师从斯行健先生研习古植物学,从此走进了古植物学及其相关研究领域。

在长期艰苦的科学研究中,他不像当代科学家那样能够主要按照自己的兴趣选择科研方向,而更多地是为了不同时代的国家需求。《华北月门沟群植物化石》、《中国晚古生代陆相地层》、《中国古生代植物》、《北祁连山东段纳缪尔期地层和生物群》等著作,都是为了满足国家经济建设或重大国际学术会议需要而撰写。为了国家利益,舍弃个人利益,是李星学多年来努力做好研究工作的主要动机。

淡泊的生活和无私的爱心

图结-1　2000 年 11 月,著名相声演员牛群作为《钱江日报》特邀记者,采访李星学夫妇并为他们摄影留念(南古所古植物室提供)

究其原因,李星学所取得的学术成就和追求科学的敬业精神,和他淡泊的生活态度和无私的爱心是分不开的。他在与同事们的相处时,平易近人,完全没有高高在上的权威情结。对待学生的疑问,总是耐心作答,毫无保留。在艰苦的野外考察中,也总是身先士卒,手把手地传授化石的采集、鉴别知识,培养学生们的实践能力。回到家里,他是一个体贴的丈夫、和蔼的父亲,尽管在不同场合,他表示自己不是个称职的丈夫,对孩子们也不够关心。直到退出一线研究岗位之后,李星学才开始有一些闲暇时间给予家人。妻子刘艺珍由于工作原因和长期家庭劳动,晚年患上了严重的风湿性关节炎,活动不便。李星学总是耐心地照顾妻子,陪她聊天散步,两人甚至像年轻人一样半夜爬起来收看世界杯足球赛,生活快乐而充实。

李星学常说:"一个人的幸福快乐不在乎他拥有的多,而在于计较的少。'多'有时是负担累赘,是另一种失落。总之,烦恼来自贪欲,快乐源于宽容安详①。"这是否就是他能够以平常心对待生活的内在因素呢?

业余爱好与终身学习

李星学的业余爱好十分广泛。除阅读报纸、杂志外,他还常常参加体育运动、欣赏音乐、集邮、集硬币、摄影等活动,他自已把这些统称为闲趣。年轻时,李星学是体育能手,对各种球类运动都颇为爱好。晚年之后,虽不能进行激烈的运动,但只要有重要体育赛事直播,几乎一场不漏地看。受其影响,妻子、儿女也是体育迷。在音乐方面,李星学的夫人曾说过,他闲暇时喜欢独自低声吟唱。李星学中学时代就自备抄歌手册,当时的抗战歌曲、电影插曲和中外著名民歌几乎都收入其中。他还爱好集邮和收集硬币。多年来,他悉心保存了大量的国内外亲友赠送、同行书信交往中的邮票以及各国硬币,不知不觉中,他已收集了 20 多本邮册和 40 多个国家、地区的硬币了。此外,家中现有的二三十本相册,是他摄影和收集相片的见证。这些业余爱好为他广博而深厚的文化修养奠定了基础。通过阅读报纸、杂志,他领略和学习时事短评、小品趣事、科技新知、名家书法、保健知识、抒情散文等等;通过剪贴整理,他收藏了许多精美书法和经世格言,用他自己的体会,"收藏"二字的内涵,就在于"收"的喜悦,"藏"的乐趣;通过集邮和硬币,包括摄影,他涉猎了天南海北的美景胜境、异域风俗人情,古今名人或名著故事等,所

---

① 李星学:《自述》。见:《李星学文集》编辑组:《李星学文集》。合肥:中国科学技术大学出版社,2007 年,第 623 页。

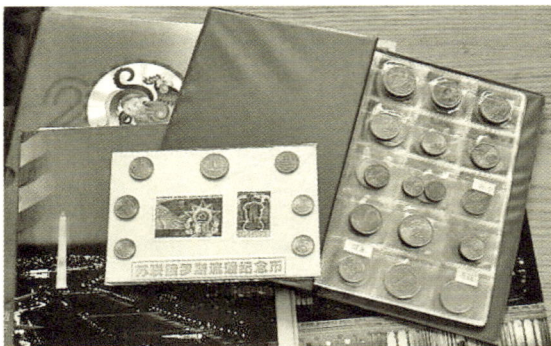

图结-2 李星学业余爱好十分广泛,收集各国硬币是他的爱好之一(南古所古植物室提供)

图结-3 李星学业余爱好十分广泛,集邮是他的另一爱好(南古所古植物室提供)

谓"方寸之间,世界万千"。

正如教育规律所揭示的,人文知识的学习和积累,可以促进发散性思维,最终实现知识的迁移,对于理工科的学习研究可起到潜移默化的推动作用。哲学、历史的学习,带给人们解决问题的新方法论,以及新的思维模式;文学、外语的学习,使人认识自我、认识外界,创设新的思维空间;绘画、音乐学习,可以折射出生活中的真善美,产生新的创作灵感。其实,如果认真研读李星学的代表作《华北月门沟群植物化石》和《中国晚古生代陆相地层》,便能够对他的深厚的文化素养领略一二,不仅是其扎实的学术研究和旁征博引对有关论题的论述,其正、反辩论和运用与驾驭文字的深厚功底也足以令人叹服。两部著作创建起来的华夏植物群的植物组合序列,提出的我国及东亚地区晚古生代含煤地层的划分对比关系,及其从古植物学角度对我国晚古生代陆相地层进行的全面系统论述,几十年来都经受了实践检验,成为从事我国晚古生代植物及相关地层学工作者案头必备的参考书。著作本身的学术内容固然重要,但能够成为经典之作,与其提出问题的独特视角和解决问题的多维思考模式,论述问题的深厚的文字功底以及丰富的实践经验都有密不可分的关系。

翻看李星学的论著名单,除了"文革"期间,他几十年来一直都有论文发表,而且在他 80 岁以后也一直保持每年都有文章发表。随着年事增高,阅读文献和掌握最新进展已非易事,但他始终关注着学术界各领域的研究进展,并坚持浏览和阅读文献。除了作为美国植物学会的终身荣誉通讯委员需要定期完成自己的有关责任和义务外,他和国内外同行们始终保持着交流和联系。作为李星学晚年接触最多的一位学生,王军经常替他回复国内外的电子邮件,因而熟知他与国内外同行联系频繁。这样高龄而活跃的同行,国内外并不多见。

80 岁以后,李星学不再从事一线研究工作,除撰写科普或评述性文稿以外,更多的精力用于提携后人,甘做年轻一代的铺路石。试想,如果没有与国际同行们长期的学术交流合作,李星学在国际学术界也就不会有这么持久的影响力。能够如此,正得益于他有一颗永远充满活力的上进心。在倡导全民终身学习的今天,李星学堪称终身学习的典范。

丰硕的科研成果与辉煌的事业历程

李星学一生独立或合作发表论著共计 140 余篇,专著 11 部。这些厚重的论著,清晰地折射出他的事业历程。

他在 20 世纪 40—50 年代期间,有若干篇论文是与斯行健教授合作发表的,那是在师从斯行健研习古植物学时期的见证。20 世纪 50 年代后期到 60

年代,大量他独立完成的成果特别是代表性著作的问世,逐步确立了自己的学术地位,从斯行健手里接过了接力棒,成为学术带头人。十年浩劫期间,一切业务工作处于停顿状态,但他克服了重重困难,坚持与同仁们共同编著完成了《中国古生代植物》一书。70 年代以后与人合作成果显著增加,并牵头完成多个国家科研任务,培养了新一代古植物学接班人。1997 年以后评述性和科普宣传性论著明显增多,则反映他仍然老骥伏枥,为了国家和民族的科普事业不遗余力。

李星学院士主要论文(专著)统计

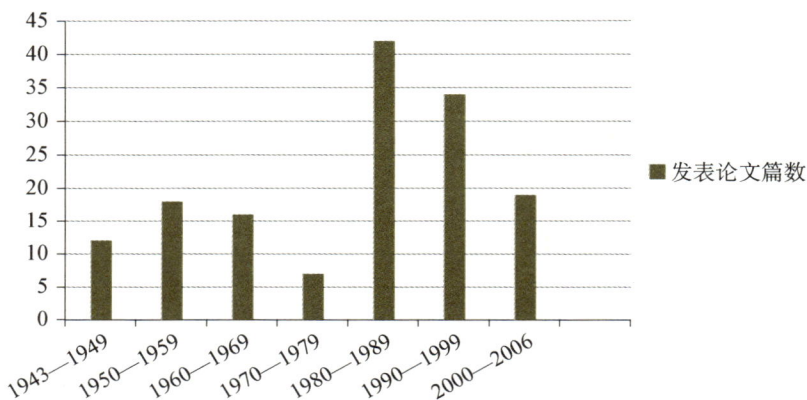

一次,我们偶然看到,美国宾夕法尼亚大学 Pfefferkorn 教授赠送给李星学一本书,是美国著名作家赛珍珠(Peal S. Buck)的名著 *Pavilion of Women*,扉页上的赠语:"To Professor Li and Mrs. Li, who have seen several periods of Chinese history, and who have made many contributions to the country and worldwide.(赠李教授及夫人,他们经历了中国历史的若干阶段,并且为中国甚至全世界做出了很多贡献。)我们恍然意识到,李星学本身就是一部浓缩的中国古植物学发展史。"李星学学术成长采集工作"必将是地质古生物学的珍贵财富,留给我们的不仅是它的科学价值,还将留给我们更多的思考。

附录一
李星学年表

1917 年

1917 年 4 月 8 日(农历闰二月十七日)生于湖南省郴县。李星学出生时名为李兴学,兄弟四人,排行老三。上学后,因老师笔误写成李星学,故一直沿用至今,为儒字辈,字礼儒,笔名行之,属相龙。

1923 年

在家乡郴州上"民国小学"。

1927 年

就读汉口江岸扶轮小学,接受正规的小学教育。

1933 年

就读于武昌博文初中。

1935 年

考入长沙雅礼中学高中部,完成高中三年学业,所在班级为高 12 班。

1937 年

春,听晏阳初博士关于"平民教育"的精彩讲演。

冬,高中毕业后,因大学不招考冬季班和日本侵略中国逼近武汉,无书可读。

1938 年

春,参加"保乡卫国"的湖南民众训练队,简称"民训"。

夏,参加全国高校统一招考后名落孙山。将卧室命名为"三三斋",即"三抓":数理化抓基础、语文英语抓多练、其他课程抓要点;"三不":不逛街、不会友、不贪睡。闭门苦读数月,考取了金陵、同济大学的物理系、医学系。

秋,受二舅朱森的影响,劝其改学地质学,并介绍到重庆大学地质系读书,从此与地质古生物学结下了终生不解之缘。

1940 年

经朱森、吴景桢介绍,加入中国地质学会,担任财务委员会助理员。

1941 年

3 月,作为中国地质学会会友,在重庆参加了中国地质学会第十七届年会,会后与重庆大学黄声求、谢庆辉、刘增乾等同学会友参加了华蓥山地质旅行。(黄汲清年谱/《华蓥山地质旅行记》)

在导师李春昱教授的指导下,完成了《川陕交界区大巴山东段的地质考察》的毕业论文。

1942 年

7 月,毕业于国立重庆大学地质系,获理学学士学位。随后考入原重庆中央地质调查所,成为中国地质学会的会员。

1942 年 8 月—1944 年 4 月任原经济部中央地质调查所练习员。

仲夏,分配到原中央地质调查所做尹赞勋先生的助手,整理笔石标本。

3 月,在重庆参加中国地质学会第十九届年会,任"南川地质旅行"领队尹赞勋先生的助理,随其先后 3 次赴南川筹办中国地质学会第十九次年会,会后参加地质旅行。

5—12 月,随边兆祥先生到宁夏、内蒙古贺兰山地区进行了一次较全面的地质矿产考察。撰写征文《踏上贺兰山缺》,发表在《东方杂志》上。搜集到的古植物标本于 1945 年与斯行健合作发表论文于《中国地质学会志》上。

2 月,在从地质调查所兰州西北分所回重庆地质调查所的路上,经甘肃天水地段,因天寒地冻,卡车侧滑,险遭翻车至悬崖下。

1944 年 5 月—1946 年 8 月,在原经济部中央地质调查所任技佐。

随北碚兼职研究员斯行健先生开始研习古植物学,从此踏上了古植物学研究的道路。

为悼念陈康先生撰写《陈康先生传》发表于《地质论评》上。

与斯行健合作完成了《甘肃延长层之一羊齿植物 *Danaeopsis*》、《甘肃通渭古生代植物》,发表在《地质论评》上;同年他们还在《中国地质学会志》发表了英文版文章。这些文章的发表为李星学独立开展在西北地区的古生代植物的研究工作奠定了基础。

与同学谢庆辉、周泰昕、陈厚逵合撰的研究论文《南川西南部之古生代地层》一文发表在《地质论评》上,荣获中国地质学会第一届陈康奖学金。

独立完成"评达拉《古植物学》",并发表在《地质论评》上。

1946 年 9 月—1949 年 4 月,在南京中央地质调查所任技士。

10 月 27 日,参加在南京中央地质调查所礼堂召开的中国地质学会第二十二届年会。

1947 年

11 月,参加台湾第二十三届中国地质学会学术年会。

11 月,经杨钟健介绍,加入中国古生物学会。

1948 年

独立撰写论文《关于古鳞木》、《浙江下白垩纪之植物化石》,发表在《地质论评》上;完成《中国古生物学会会讯》通讯稿《中国古植物之进展》等,开始广泛涉猎古生代、中生代植物群的研究工作。

1950 年

1950 年 1 月—1951 年 5 月,任中国地质工作计划指导委员会工程师。

在《科学通报》上发表《大同发现史前细石器》一文。与斯行健合作"On the presence of *Walchia* in the Upper Shihhotze Series in North China."一文,发表在 *Science Record* 上,开始对华北地层划分有初步认识。

1951 年

参加太原煤田石膏地质勘探工作。

调入中国科学院古生物研究所(1959 年起改名为中国科学院南京地质古生物研究所)任助理研究员。

1952 年

1952 年 7 月—1956 年 10 月,在南京地质古生物研究所任副研究员。

与斯行健合作完成《四川侏罗纪植物化石》一文,发表在《中国古生物志》上,填补了侏罗纪植物研究的空缺。

命名地层名称湖田段英文 HUTIAN MEN 地层单位编码 05 - 37 - 0089,地层地质年代 C2。命名者李星学、关士聪。(指本溪组底部的铁铝岩系。岩性为紫红色铁质泥岩、黄灰—灰白色铝土质泥岩及青灰—灰白色铝土岩。下与马家沟组平行不整合接触,顶以铝土矿之顶面为界。)

1 月 20 日,参加在北京召开的中央人民政府地质部全国地质工作人员会议,由何长工副部长致开幕词,李四光部长致词,南京地质古生物所赵金科发言,古生物所所长斯行健做古植物报告,学习苏联先进经验。

4—12 月,任内蒙古大青山石拐子煤田勘探队队长,率队于贺家廊洞附近工作,内容包括采集化石、地层系统研究、构造梗概、沉积岩性、煤层地质、煤质、储量,煤田开采的优缺点等,并对该队所属队员讲解有关地质知识,如探槽、填地形图及地质图等。另外李星学还进行布置深井、生活和多项工作的安排、人员分工,于年底完成勘探报告。

1954 年

在《古生物学报》上发表论文《甘肃东部五村堡层中 *Zamiophyllum* 的发现》;在《地质学报》上发表论文《内蒙古大青山石拐子煤田的地质及其间几个不整合的意义》,逐步重视地质野外经验的积累,并将实践上升到理论总结。

1955 年

1955 年春,独立写成第一篇古植物学论文《论拟织羊齿》,发表在《古生物学报》上。

《一种非常引人注意的假化石和一种不大引人注意的真化石》一文发表在《地质知识》上,是他早期的古生物科普文章之一。

《大同煤田的云冈统及其植物化石》一文发表在《古生物学报》上,首次纠正了山西北部地层划分的错误,并对云冈统及其植物化石进行了深入详细的研究。

1956 年

1956 年 10 月起,在南京地质古生物研究所任研究员。

发表《中国各主要含煤地层的标准植物化石》一书,由科学出版社出版,这部著作对普及和提高野外地质人员古植物学知识发挥了重要作用。

在《古生物学报》上发表《中国二叠纪的一个 *Cladophlebis* 新种》一文，逐步开始关注二叠纪植物群发展状况，为华夏植物群的确定奠定了基础。

在《地质学报》上发表《太原西山的月门沟系并讨论太原统与山西统的上下界限问题》一文，是《华北月门沟群植物化石》中的一部分研究成果。

1957 年

1957 年起，任南京大学地质系兼职教授。

《山东淄博煤田本溪统 G 层铝土矿的植物化石》一文发表在《古生物学报》上，对煤田开采具有重要意义。

《中国中生代重要标准化石在地层上及地理上的分布》一文发表于《中国地质学基本资料专题总结论文集》上。

在《科学通报》上发表《陕北延长层植物群》一文，对这一植物群进行了系统研究。

1958 年

1958—1984 年，担任南京地质古生物研究所古植物室室主任。

1959 年

第一届全国地层会议召开。

4 月初，古生物所组成浙西地层队，李星学任队长。向会议提交《浙西上部古生代及下部中生代地层报告》，并在大会上作报告。后 4 月 18—28 日在杭州等地举行的浙西现场会议，向尹赞勋主任等多位专家做了汇报。

4 月 13 日，收到中华人民共和国地质部《地质测量指导组工作暂行办法》开始执行文件。被推选为山西省指导小组副组长（有文件原件）。任全国地层委员会委员兼地层分会二叠纪组组长（1959—2000）。

5 月 25 日，在南京与镇江之间的龙潭进行野外地质勘探。

7 月 9 日，参加山西现场会议，并有多人如杨钟健、徐仁、黄汲清等人作关于山西地层情况的演讲，李星学也谈了关于古植物在地层中存在的规律。

9 月 17 日，陪同古生物研究所所长斯行健院士及中山植物园裴鑑教授等欢送前苏联植物学家巴拉诺夫教授。

11月30日，在京公开全国地层委员会成立专家小组成员名单，其中李星学为石炭系、二叠系的成员，侏罗系、白垩系组副组长。

在《古生物学报》上发表《中国上白垩纪沉积中首次发现的一被子植物 *Trapa? Microphylla* Lesq. 》，这是我国关于晚白垩世被子植物研究的第一篇论文。

与斯行健合著《古植物学》一书由科学出版社出版。

1960 年

10月初至11月初，去福建永安、浙江等地出差，考察晚古生代及中生代地层和古生物。

11月12—14日，参加华东区测编图会议。

《科学记录》发表了中、俄文《中国晚古生代陆相地层》一书摘要，获得一致好评。

1961 年

9月16—28日，参加在沈阳召开的东北中生代地层研究协作会议。参加会议的有长春地质学院、东北三省的煤炭地质局、沈阳地矿所及三省地质部门、地层站等数十人，会议讨论了组织形式和领导机构、研究计划和内容，其中李星学为业务指导。

1962 年

与王水等人合作完成《扬子区标准化石手册》一书，为生产实践提供了重要的理论依据。

5月22日，为国家科委地学组聘为国家科委地学组成员，并负责编写1962—1972年地学古植物学研究方面的计划。

7月31日，收到中国科学院聘书，被聘为中国科学院地质古生物研究所学术委员会委员。

9月起，和年轻同事一起跟随南京大学外语系陈老师学习法文。

1963 年

代表论著之一《华北月门沟群植物化石》一书出版。首次勾勒出华北华夏植物群的分布概况,并确立了华夏植物群的地位,引起了国际学术界普遍重视。

代表论著之一《中国晚古生代陆相地层》一书出版。

与斯行健合编《中国中生代植物》一书出版,全面系统总结了中国近百年来中生代植物研究成果,对于普及和推动古植物学科发展发挥了重要作用,并作为《中国各门类化石》系列丛书的一部分,获得 1978 年中国科学院重大成果奖和全国自然科学二等奖。

招收首位硕士研究生蔡重阳,主要从事泥盆纪植物的研究。

与王水等人合作编著《植物》,作为《西北区标准化石手册》一部分,为煤矿开采等生产活动提供了可靠的科学依据。

发表《浙江西部上古生代及下中生代地层》一文,此文为第一届全国地层会议而准备,是浙西地层现场会议的报告。

1964 年

7 月 19 日,中国古植物学奠基人、李星学的导师斯行健先生逝世,李星学是其治丧委员会委员之一,撰文《悼念斯行健先生》,发表于《科学通报》上。

《中国新发现的有关玛利羊齿的材料》发表于《古生物学报》上,首次在东亚地区发现了此类植物,并进行详细研究。

与李佩娟等人合作《植物》一文,发表于科学出版社出版的《华南区标准化石手册》上,用于指导生产实践。

1965 年

《华北晚古生代植物群的发育层序》一文发表在《中国石炭纪论文集》中。《论中国五通群植物群的时代问题》一文发表在《地质论评》上。这两篇文章运用古植物学解决了地层问题,建立了各个时代植物组合序列,为陆相或以陆相为主的海陆交互相地层的划分与对比提供了可靠的依据。

1966 年

3 月,担任《地层学杂志》编委(1966/3—2000/5)。

6 月,"文革"开始,业务工作被迫中断。由于其父在台湾,李星学政治上受到牵连,与卢衍豪、赵金科等人一起进行劳动改造,直至 1968 年 10 月。

1967 年

在南京地质古生物研究所进行劳动改造。

1968 年

10 月至次年 1 月,在江苏省金坛县后阳镇"关牛棚"。

1969 年

1969 年,开展扭转北煤南运运动,在江南包括苏南寻找煤炭资源。李星学组织古植物室古生代组力量编写了《苏浙皖晚二叠世龙潭煤系植物化石》图册,普及古植物学知识,便于广大煤田勘探地质人员应用。

9 月至次年 6 月,在赴南京六合竹镇进行劳动改造的同时,还着手进行《中国古生代植物》和《中国新生代植物》两本书的编写工作。

1970 年

下半年,从南京六合县竹镇回到古生物所,研究工作的时间相对集中。

1972 年

搜集华南泥盆纪植物和地层资料进行系统研究。

1973 年

6 月 1—27 日,和同事邓龙华去北京中科院地质所、地矿部地质所、中科院植物所、古脊椎动物和古人类所、故宫博物院、香山、科学出版社、紫竹园、地质图书馆、周口店古人类遗址、地质矿产陈列馆、自然博物馆、景山、人民大会堂及火车东站,搜集古生物标本,以备编写《生物史》做实际材料。

6月28日—7月7日，由北京去西安，在西安走访了西北地质局、陕西省煤炭局、陕西省地质局、西安煤炭研究院、西北大学地质系、陕西省博物院、碑林等，并派遣邓龙华与西安煤炭地质研究所何德长等去陕北延安、延川一带寻找、核实沈括所著的《梦溪笔谈》中有关"竹化石"之事。

1974 年

与邓龙华合作完成《泥盆纪植物》一文，发表在《西南地区地层古生物手册》上。

主编了《中国古生代植物》一书，全面系统总结了中国近百年来古生代植物研究成果，对于普及和推动古植物学科发展发挥了重要作用，并作为《中国各门类化石》系列丛书的一部分，获得1978年中国科学院重大成果奖和全国自然科学二等奖。

与盛金章合作完成《近年来中国二叠纪生物地层学的新进展》一文，发表在中国科学院南京地质古生物研究所集刊上。

与姚兆奇等人合作完成《甘肃靖远石炭纪生物地层》一文，发表在中国科学院南京地质古生物研究所集刊上。

1975 年

5月17日—9月21日，带领蔡重阳、欧阳舒对两湖、两广、滇黔和四川相关地质剖面做广泛勘查。收集陆相或海相交互早、中泥盆世地层及植物化石。先后到广西桂林、阳朔、南宁、玉林、博白、梧州信都、贺县、全州、湖南通县、后返阳朔去广州、佛山、韶关、湖南郴州、长沙、贵阳、昆明、曲靖、重庆、成都、广元等地，返回南京。历时4个多月，跑遍中国西南部疆域中有关早、中泥盆世地层剖面，搜集十余箱古植物标本。在以后的几年中，凭借此次采集到的资料，李星学及其同事、学生陆续完成了《中国西南地区早泥盆世工蕨化石——中国西南部早泥盆世植物群研究之一》，刊于《古生物学报》上，《西南地区早泥盆世地层的一个标准剖面及其植物组合的划分与对比》，刊于《地质学报》上，《中国泥盆纪植物群》刊于《地层学杂志》。

10月22日—11月5日，在山西太原参加"华北地区二叠系专题讨论会",讨论山西的山西组、太原组及石千峰组的时代划分。由于1952—1954年,李星学曾在山西研究过石炭—二叠纪的地层,并在之后又研究和撰写了《华北月门沟群植物化石》,因此他在会议上做了主导发言和主持人。

1976 年

2月,在古植物室内鉴定甘肃地质局王德旭、兰州大学地质系沈光隆等送来的植物化石标本,并撰稿关于《古生物史》中"古植物史"部分。

3月,接待沈阳地矿所黄本宏,重校《古生物史》稿。

4月,接待华东地矿所李汉民,讨论《华东图册》,鉴定兰州地质研究所王喜富标本。

6月,参加天津华北地区地层表验收审查会。

1977 年

8月,参加乌鲁木齐北方槽区古生代地层会议。

8—9月,参加在江苏饭店召开关于地层古生物的现状和远景规划会议,与会的古生物学家进行了座谈。

9月27日,参加中科院在京召开的科学会议,有19个学科、220个单位的到会代表1 063名,方毅、周培源等出席会议,讨论科学规划。

10月,参加在京召开的中科院地学部关于板块学说、大地构造、古生物学方面的研究现状及远景设想。

10月22日,参加周口店古人类科学讨论会。

与蔡重阳合作完成《中国西南地区早泥盆世工蕨化石——中国西南部早泥盆世植物群研究之一》,发表在《古生物学报》上,这是近百年来对这类植物研究所取得的突破性进展。

1978 年

《华北月门沟群植物化石》一书荣获中国科学院重大科技成果三等奖。

《中国晚古生代陆相地层》一书荣获中国科学院重大科技成果集体二等奖。

与蔡重阳合作完成《西南地区早泥盆世地层的一个标准剖面及其植物组合的划分与对比》一文,发表在《地质学报》上。

6月2—5日,美国植物学会代表团访问南京及南京地质古生物研究所,李星学负责接待美国加州大学洛杉矶分校的 J. W. Schopf 教授。J. W. Schopf 教授夫妇参观了图书馆,并做了关于前寒武纪微体古生物学进展的学术报告。

7月,由李星学、周明镇、郭双兴等去山东临朐县山旺中新世山旺组调查。

8月,任中科院南京地质古生物研究所编辑出版委员会编委。(1978年8月—1980年4月)

10月5—16日,在北京参加了中科院召开的科研工作会议,制定1979—1985年科研规划纲要、"地壳与上地幔的研究及其与成矿规律和地震成因的关系"、"青藏高原隆起成因"学术研讨会。

11—12月,在南京大学地质系讲授古植物学蕨类部分,共四讲,20小时。

1979 年

《中国泥盆纪植物群》一文发表在《地层学杂志》上,此文获得江苏省科委科技成果二等奖。

撰写完成《东亚华夏植物群中的鳞木类植物》,此项研究成果获得1979年度中科院科研成果奖。

5月,作为中国植物学家代表团成员访问美国,参加第九届国际石炭纪地层与地质大会,参观美国北卡罗来纳州立大学植物系和伊利诺伊州煤矿。

5月,被聘为《古生物学基础理论丛书》、《古生物学论著丛书》编委。

6月,当选为中国古生物学会理事(1979—1993)、常务理事(1979—1993)、《中国古生物志》编委(1979—1989)。

6—7月,为迎接第二届全国地层会议召开,撰写了《中国晚古生代陆相地层研究新进展》一文,在会议上宣读,并由日本东京博物馆自然科学杂志发表。

9 月,参加"江苏省 1978 年重大科技成果授奖大会"。

11 月,当选为第二届全国地层委员会委员。

再次被南京大学地质系聘为兼职教授。

1980 年

为第二十六届国际地质大会撰写《华夏植物群研究的新进展》,由地质出版社出版。

与姚兆奇合作《中国南部二叠纪含煤地层》一文发表在《地层学杂志》上。

当选为中国科学院地学部学部委员(院士)。

在甘肃靖远红土洼地质考察。

5 月,于南京接见美国加州大学地质学古植物学名宿 D. Axelrod 教授。

6 月,参加北京青藏高原国际科学讨论会,并到西藏日喀则考察地质。

7 月,出席在英国里丁大学举办的第一届国际古植物学大会,并提交了《中国吉林早白垩世中晚期植物群》和《亚洲华夏植物群研究新进展概要》两篇文章,其中《亚洲华夏植物群研究新进展概要》一文被列为大会的 4 篇论文主题报告之一。

由李星学主编的《中国古植物文献目录》得到国内外同行的好评。

1981 年

由李星学主编的《植物界的发展和演化》一书由科学出版社出版,这是他重要的科普论著之一,荣获 1982 年度江苏省科委科技成果奖。

《中国古植物学三十年》一文入选中国古生物学会第十二届学术年会论文集,并由科学出版社出版。

5 月 6 日—6 月 4 日,接待美国加州大学洛杉矶分校的 J. W. Schopf 教授夫妇并在南京讲学和作学术报告。

7 月,参加澳大利亚第十三届国际植物学大会,然后考察悉尼海岸地质。

9 月 12—15 日,接待英国古植物学家 W. G. Chaloner,参观东郊风景区、中山植物园、龙潭等地泥盆纪—二叠纪地层及搜集植物化石,作学术报告。

9月23—10月1日,接待法国 Yves Lemoignes 教授,考察南京古生代地层,搜集古植物标本,对所内研究设备和实验室等进行交流。

担任国际植物命名委员会植物化石委员会委员(1981—1992)。

1982 年

担任国际古植物协会(IOP)中国地区代表(1982—1985)。

《中国各门类化石》荣获国家自然科学二等奖,李星学负责编纂了《中国中生代植物》和《中国古生代植物》等部分内容。

9月,招收首位博士研究生孙革,其博士论文题目《中国吉林天桥岭晚三叠世植物群》。

10月,访问日本北海道大学等地。10月7日,与日本古植物学家木村达明教授在高知县香北沙柚木 Yonoki 附近峡谷考察地质。

11月,到日本石川县白峰村标准剖面附近考察,期间发表演讲。

《四川龙门山晚泥盆世植物的发现》一文发表在《古生物学报》上。

与姚兆奇等人合作,关于西藏晚二叠纪植物群的两篇文章《西藏北部双湖地区晚二叠世植物群》和《西藏昌都妥坝晚二叠世植物群》发表,荣获江苏省科委科技成果奖。

1983 年

4月,参加江苏省第五届人民政治协商会议,被选为委员。

被选为国际地科联石炭纪地层委员会选举委员(1983—1994)。

4—8月,为祝贺黄汲清院士80寿辰,撰写《长江下游五通组研究新进展》一文,发表于《中国地质科学院院报》上。

5月24—28日,在西安参加中国古生物学会古植物专业委员会成立大会暨首届学术讨论会。任中国古植物学会理事长(1983—1992)。

担任古植物学与孢粉学文集编辑委员会主编(1983—2010)。

担任英文版《华夏古生物志》副主编。

接见印度 Birbal Sahni 古植物研究所所长 M. N. Bose 教授。

接见日本著名古植物学家浅间一博士。

9 月,出席在西班牙举行的第十届国际石炭纪会议。

与姚兆奇合作发表的文章《东亚石炭纪和二叠纪植物地理分区》荣获江苏省科委科技成果奖。

1984 年

11 月 26 日—12 月 7 日,访问印度萨尼古植物研究所,并于加尔各答与印度自然科学院院长 A. K. Sharma 教授会谈。期间作学术报告"华夏和冈瓦纳混生植物群(The Mixed Permian Cathaysia Gondwana flora)",此文后发表于印度出版的 *PALAEOBOTANIST* 第 35 卷第 2 期。

担任南京大学地球科学系长期兼职教授。

1985 年

被选为国际地质科学联合会(地科联)冈瓦纳地层委员会选举委员(1985—2003)。

被选为中国植物学会会员和美国植物学会会员。

2 月,被任命为《古生物学报》主编(1985—2005)。

7 月,参加制定和修改《江苏省"七五"科技发展规划纲要》。

7 月,参加第十一届国际石炭纪地层与地质大会组织委员会第一次会议。

1985 年秋,率队于甘肃靖远地区观察地质剖面,筹备第十一届国际石炭纪会议野外考察路线。

1986 年

3 月 12—19 日,参加中国古生物学会第 14 次年会,讨论 C‐P 界线。

9 月 3 日,参加北京 IGCP‐224 项目第二届国际学术讨论会并宣读论文,任中国工作组古生物组负责人。

9 月 9—15 日,参加在长沙举行的"中国石炭—二叠系含煤地层及地质学术讨论会"。

10 月 12—17 日，在日本参加"东亚前侏罗纪地质演化"会议。

10 月 15 日，接见来访的美国著名古植物学家 C. B. Beck 教授。

10 月 28 日—11 月 2 日，在北京参加国家自然科学基金委地学部学科评审组第一次会议，担任国家自然科学基金委员会地球科学评议组成员（1986—1992）。

与叶美娜等人合作撰写《论东北亚中生代独特的松柏类——扇杉属 *Rhipidiocladus* Prynada》，发表在《古植物学与孢粉学文集》里，对中生代晚期这一陌生的松柏类植物进行了系统描述和分析。

1987 年

2 月 22 日—3 月 7 日，参加在苏州东山镇召开的由中国古脊椎动物学会和江苏省古生物学会联合举办的代表大会，与会代表对大地构造、第三、四纪地质及古生物学发展现状进行了讨论。

3 月 20 日，参加在北京召开的古生物学名词审定委员会成立大会，周明镇任主任委员，李星学任副主任委员。会议讨论了古生物学名词审定程序工作条例、人员组成及分工、进度。初稿于 1987 年 10 月底完成，11 月召开第一次初稿审定会。

5—6 月，与兰州大学沈光隆教授等撰写《甘肃靖远石炭系地质旅行指南》，为第十一届国际石炭纪会议野外考察指导。

7 月，带欧阳舒、蔡重阳到云南、贵州、广西等地进行考察，采集标本。

8 月，于北京与沈光隆教授会见德国古植物学家 H. J. Schweitzer 夫妇。

8 月 31 日—9 月 4 日，参加在北京召开的第十一届国际石炭—二叠纪地层和地质大会，并任石炭纪中间界线划分小组负责人，在分组会议上做了"关于甘肃东部靖远作为中国石炭系上下界线层型的建议"，此文后刊于大会论文集并荣获中科院科技进步二等奖。

1987—1992 年，连续两届担任中国古生物学会古植物学分会理事会主任。

与吴秀元等合作在《地层学杂志》上发表《甘肃靖远石炭系研究新进展》

研究论文。

9 月初,于南京地质古生物研究所参加 R. H. Wagner 教授的学术报告讨论会并发表讲话。接待美国古植物学家 Beek 教授、澳大利亚 Rigby 教授,日本木村达明教授。上述国外学者是李星学的主要国际合作者。

1984—1985 年,为研究发现于中国新疆准格尔地区的斜方薄皮木化石,历经两年多时间,陆续从国内外同行中搜集有关薄皮木的已发表的研究资料和实物标本,于 1986 年最终撰写了《论薄皮木属——据发现于新疆准格尔地区的新材料》,发表于《古生物学报》上,这一研究成果是当时这个属最新、最完整的科学文献,获得 1987 年度中科院科技进步三等奖。

1988 年

1 月,参加江苏省第六届人民政治协商会议,被选为委员。

7 月,参加在巴西圣保罗召开的第七届国际冈瓦纳大会,由 IUGS 地层委员会冈瓦纳地层分会和巴西圣保罗大学地球科学研究所共同主办。会上李星学作了"西藏南部与克什米尔地区下冈瓦纳植物群之间的生物地层对比"报告。

任中国科学院南京地质古生物研究所学术委员会主任(1988—1995)。

8 月,考察秦岭地质。

《古植物群》一文发表在《中国地层—中国泥盆系》一书中,由地质出版社出版。

1989 年

当选为中国古生物学会第五届理事会理事长。

1989 年 5 月 23 日,英国伦敦大学地质系古植物学家 A. C. Scott 博士来访南京地质古生物研究所,与其会面并交换学术著作。

7 月,在北京参加"我国地质科学近期发展战略研究"讨论会。

与吴秀元等人合著的《中国甘肃 *Eleutherophyllum* Stur 的新材料及其分类位置》、与周志炎等合著的《中国古植物学十年来研究的新进展》等文章发表在《古生物学报》上,使国内外学者对中国古植物学研究现状有了比较清晰的了解,促进了国内外学术交流。

1990 年

5 月,参加了在南京召开的古生物学会理事会议,讨论化石保护等问题。

参加了在前苏联举行的 IGCP224 次会议第五次学术会议。

8 月,与中国地质科学院郭云麟教授于俄罗斯贝加尔湖畔进行地质矿产考察。

1991 年

被选为联合国教科文组织国际对比计划 237 项目中国代表(1991—1995)。

8 月 30 日,参加南京第二届国际古生态学大会。

赠誉予李星学命名的植物化石属名:李氏穗[①](*Leeites oblongifolis* Zodrow et Gao, 1991)。

1992 年

被美国植物学会遴选为终身荣誉通讯会员。

10 月,到访韩国延世大学并会见韩国古生物学会会长李河荣博士,做了"远东二叠纪植物地理区系"、"东亚植物群简评及其植物地理区划"报告。

10 月 9 日,于韩国平原道太白山长财煤矿观察晚古生代地层。

与沈光隆等撰写了《偶脉羊齿类的始现时间和迁移扩散问题》发表在《古生物学报》上,纠正了脉羊齿类植物起源于欧洲的错误观点,并确立了中国是此类植物的起源地的新观点。

1993 年

10 月,会见澳大利亚昆士兰科技大学 J. Rigby 博士。

---

① 加拿大古植物学者 Zodrow, E. L 与中国学者 Gao Zhifeng 合作发表研究论文,以李星学名称命名一种有节类植物的孢子囊穗,以赞扬他对古植物学的贡献。

11 月 4 日，与盛金章院士出席煤炭部在河北省涿州市召开的"华北晚古生代聚煤规律和找煤成果鉴定会"，任评审委员会副主任。

参加中国古生物学会第六届会员代表暨第十七届学术年会，并荣获中国古生物学会第二届尹赞勋地层古生物学奖。

在南京汤山中新世晚期地层上发现完整的直立人头骨化石，此发现被评为当年十大科技新闻之一。1994—1996 年申请课题"南京中新世直立人及其遗址的综合研究"，李星学为课题负责人。

在《古生物学报》上发表《石炭纪一植物新属 *Reticalethopteris* gen. nov——对 *Palaeoweichselia yuani* Sze 的再研究》一文。

与吴秀元等人合著《北祁连山东段纳缪尔期地层和生物群》，由山东科学技术出版社出版，这部著作反映了李星学后期的重要学术思想。

赠誉予李星学命名的植物化石属名：李氏蕨[①]（*Lixotheca* Yao, Liu et Zhang, 1993）。

1994 年

1 月，为庆祝黄汲清先生 90 寿辰，特与西北大学沈光隆合作撰写《东南亚二叠纪植物群简评》一文。

2 月，于南京汤山葫芦洞内考察赋存南京直立人化石的地层。

3 月，被江苏省政府聘为南京早期人类文化遗址综合研究的专家组组长。

与吴秀元合著的 The Cathaysian and Gondwana floras: their contribution to determining the boundary between eastern Gondwana and Laurasia 一文发表在《东南亚地球科学杂志》上。

1995 年

发起并主持了"地质时期陆生植物的分异和进化国际学术会议"，主编

[①] 根据生殖器官类型，将二叠蕨类植物枝脉蕨的华北标本建了一新的属名——李氏蕨属（*Lixotheca*），赞誉李星学在古植物学领域的杰出贡献。

并撰写有《中国地质时期植物群》一书中、英文版,由广东科技出版社出版,1999 年荣获中科院自然科学二等奖。

担任国际地科联地层委员会石炭纪地层分会通讯会员(1995—2010)。担任全国科学名词审定委员会委员(1995—2010)。

8 月末,参加南京国际古植物学研讨会,并与南非 J. Anderson 博士(时任国际古植物协会副主席)会谈。

9 月 19—22 日,于北京香山科学讨论会上主持"生物演化历史上的重大事件"会议。

1996 年

5 月 27—29 日,参加在北京召开的国家基金委生命科学部对重大科学研究项目"中国种子植物区系研究"进行验收的讨论会。

7 月,在美国加州召开的第五次国际古植物学大会上被授予"萨尼国际古植物协会奖章"。

9 月 20 日—22 日,出席北京第 62 次香山会议"人类起源及灵长类进化学术讨论会"。

在《东南亚地球科学杂志》上发表 A brief review of the Permian macrofloras in Southeast Asia and their phytogeographical delimitation 一文。

1997 年

10 月,参加第九次院士大会,并偕同杨遵仪等 74 位院士联名呼吁制定《珍稀古生物化石保护法》。

在《古生物学报》上发表《华夏植物群的起源、演替与分布》一文。

赠誉予李星学命名的植物化石属名:星学花序(*Xingxueina* Sun et Dilcher, 1997)。

1998 年

撰文《由表及里,综合分析,内外结合,博约兼顾》发表在《院士思维》一书中。

1999 年

与王军合著的《中国古植物学》一文由中国地质大学出版社出版,对中国古植物学的发展历史、现状进行综述,具有史料研究价值。

2000 年

发表了一系列科普与治学心得的文章,其中与王仁农合著的《还我大自然——地球敲响了警钟》一书是其科普代表作。

7 月初,参加秦皇岛市第六届国际古植物学大会,担任大会主席。

2001 年

6 月,参加中国古生物学会学术年会后考察陕西华山地质。

2002 年

9 月,于成都参加中国科协学术年会。

担任吉林大学古生物学与地层学研究中心学术委员会主任(2002—2010)。

2005 年

9 月,接见美国宾尼夕法尼亚大学古植物学家 H. W. Pfefferkorn 教授夫妇。

2006 年

6 月 17—21 日,于北京参加第二届国际古生物学大会。与中国地质大学杨遵仪院士、刘东生院士、美国加州大学洛杉矶分校著名前寒武纪古生物专家 J. W. Schopf 教授、英国皇家学会会员著名古植物学家 E. Edwards 教授、美国科学院院士 D. L. Dilcher 教授、中国科学院外籍院士 E. M. Friis 会面。

2006 年 6 月 19 日,于北京参加第二届古生物学名词审定委员会成立会议,被聘任为主任委员。

赠誉予李星学命名的植物化石属名:李氏木(*Lioxylon* Zhang et al., 2006);李氏苏铁(*Liella* Yang et Zhao, 2006)。

2007 年

6 月 24 日,出席在南京东郊宾馆召开的"中国古生物学会古植物学分会学术年会暨李星学院士 90 寿辰学术讨论会"。会议同时举行了《李星学文集》出版发行仪式。会议最后,李星学致答谢辞,在答谢辞里他殷切地写下了对我国古植物学的青年学者的提示与嘱托,留下古生物学及古植物学的三个难解问题,希望年轻的古植物学者今后能解决它。

2010 年

2010 年 10 月 31 日 18 时 57 分,在南京逝世,享年 94 岁。

附录二
李星学主要论著目录

一、论文

1. 李星学. 踏上贺兰山缺[J]. 东方杂志,1943,39(19):57 – 58.

2. 李星学,谢庆辉,周泰昕,陈厚逵. 南川西南部之古生代地层[J]. 地质论评,1945,10(5 – 6):283 – 301,插图 1 – 4.

3. 李星学. 关于古鳞木[J]. 地质论评,1948a,13(1 – 2):95 – 98.

4. 李星学. 浙江下白垩纪之植物化石[J]. 地质论评,1948b,13(3 – 4):262 – 264.

5. 李星学. 中国古植物之进展[J]. 中国古生物学会会讯,1948c,(1):4 – 5.

6. 李星学. 甘肃东部五村堡层中 *Zamiophyllum* 的发现[J]. 古生物学报,1954a,2(4):439 – 446.

7. 李星学. 内蒙古大青山石拐子煤田的地质及其间几个不整合的意义[J]. 地质学报,1954b,34(4):411 – 436.

8. 李星学. 大同煤田的云岗统及其植物化石[J]. 古生物学报,1955b,3(1):25 – 46,图版 1,2,插图 1 – 4,表 1.

9. 李星学. 山西东南部山西系中 *Emplectopteridium alatum* Kawasaki 的发现及讨论[J]. 古生物学报,1955c,3(3):173 – 188,图版 1 – 3.

10. 李星学. 中国各主要含煤地层的标准植物化石. 北京:科学出版社. 1956:

1-23,图版.

11. 李星学,王水. 中国二叠纪的一个 *Cladophlebis* 新种[J]. 古生物学报, 1956,4(3):345-353,图版 1-3.

12. 李星学,盛金章. 太原西山的月门沟系并讨论太原统与山西统的上下界限问题[J]. 地质学报,1956,36(2):197-228,图版 1.

13. 李星学. 山东淄博煤田本溪统 G 层铝土矿的植物化石[J]. 古生物学报, 1957a,5(3):351-368,图版 1,2,插图 1.

14. 李星学. 中国中生代重要标准化石在地层上及地理上的分布[M]. 见:中国地质学编辑委员会编. 中国地质学基本资料专题总结论文集,北京:地质出版社. 1957b:3-7.

15. 李星学. 中国上白垩纪沉积中首次发现的一被子植物 *Trapa*? *Microphylla* Lesq[J]. 古生物学报,1959,7(1):33-40,图版 1.

16. 李星学,王水,李佩娟,周志炎. 植物. 见:王钰主编. 扬子区标准化石手册. 北京:科学出版社,1962:96-98,125-127,134-137,146-148, 150-154,156-158.

17. 李星学,王水,李佩娟,张善桢,叶美娜,郭双兴,曹正尧. 植物[M]. 见:赵金科主编. 西北区标准化石手册. 北京:科学出版社,1963:73,74,85-87,97,98,107-110,121-123,125-131,133-136,143,144,150-155.

18. 李星学,何炎,何德长,徐福祥. 浙江西部上古生代及下中生代地层[M]. 见:全国地层会议学术报告汇编,浙西现场会议. 北京:科学出版社, 1963:57-86.

19. 李星学. 中国新发现的有关玛利羊齿的材料[J]. 古生物学报,1964a,12 (2):340-347,图版 1,2.

20. 李星学. 悼念斯行健先生[J]. 科学通报,1964b,(11):1034-1035.

21. 李星学,李佩娟,周志炎,郭双兴. 植物[M]. 见:王钰主编. 华南区标准化石手册. 北京:科学出版社,1964:73,74,80-82,87,88,91,114-117, 123-125,128-131,134-136,139,140.

22. LEE H H. The succession of Upper Palaeozoic plant assemblages of North China. Compte Rendu Cingquiéme Congrés International de

Stratigraphie et de Géologie du Carbonifére, Paris, 1964a, 2:531 – 537。

23. LEE H H. On the age of the flora from the Wutung Series of China [J]. *Scientia Sinica*, 1964b,13(1):97 – 103.

24. 李星学. 华北晚古生代植物群的发育层序[M]. 见:中国地质学会编辑,中国石炭纪论文集. 北京:科学出版社,1965a:43 – 45.

25. 李星学. 论中国五通群植物群的时代问题[J]. 地质论评,1965b,23(1):8 – 12.

26. 李星学,邓龙华. 泥盆纪植物[M]. 见:中国科学院南京地质古生物研究所编著. 西南地区地层古生物手册. 北京:科学出版社,1974:248,图版 127.

27. 李星学,姚兆奇,蔡重阳,吴秀元. 甘肃靖远石炭纪生物地层[J]. 中国科学院南京地质古生物研究所集刊,1974,6:99 – 118,图版 1 – 3.

28. 李星学,蔡重阳. 中国西南地区早泥盆世工蕨化石——中国西南部早泥盆世植物群研究之一[J]. 古生物学报,1977,16(1):12 – 36,图版 1 – 5,插图 1.

29. 李星学,蔡重阳. 西南地区早泥盆世地层的一个标准剖面及其植物组合的划分与对比[J]. 地质学报,1978,52(1):1 – 12,图版 1,2,插图 1 – 3,表 1.

30. 李星学,蔡重阳. 中国泥盆纪植物群[J]. 地层学杂志,1979,3(2):90 – 95.

31. 李星学. 华夏植物群研究的新进展[M]. 见:地质部书刊编辑室编辑. 国际交流地质学术论文集(4)地层古生物. 北京:地质出版社,1980:73 – 81.

32. 李星学,姚兆奇. 中国南部二叠纪含煤地层[J]. 地层学杂志,1980,4(4):241 – 255,插图 1 – 3,表 1.

33. LEE H H. The lepidophytic plants of the Cathaysia flora in Easte Asia [J]. *Scientia Sinica*, 23:634 – 641 行之. 1981. 第一届国际古植物学会议. 古生物学报,1980,20(1):92.

34. 李星学. 忆杨钟健老师二三事[M]. 见:中国科学院古脊椎动物与古人类

研究所,北京自然博物馆."大丈夫只能向前"——回忆古生物学家杨钟健.西安:陕西人民出版社,1981:93-97.

35. 李星学,周志炎,郭双兴.植物界的发展和演化[M].北京:科学出版社.1981:1-184,表5,插图39.

36. 李星学,周志炎,宋之琛,欧阳舒.中国古植物学三十年[M].见:中国古生物学会编辑.中国古生物学会第十二届学术年会论文选集.北京:科学出版社,1981:15-25.

37. LEE H H, Yao Zhaoqi. 1981. Discovery of Cathaysia flora in the Qinghai-Xizang Plateau with special reference to its Permian phytogeographical province. In: Proceedings of Symposium on Qinghai-Xizang (Tibet) Plateau (Beijing, China), Geological and Ecological Studies of Qinghai-Xizang Plateau, Vol. I: Geology, geological history and origin of Qinghai-Xizang Plateau. Beijing: *Science Press*; New York: Gordon and Breach Science Publisher, INC. 145-148, fig. 1.

38. 李星学,王洪峰.四川龙门山晚泥盆世植物的发现[J].古生物学报,1982,21(1):87-95,图版1,2,插图1,2.

39. 李星学,姚兆奇,邓龙华.西藏昌都妥坝晚二叠世植物群[M].见:中国科学院青藏高原综合科学考察队编.西藏古生物,第五分册.北京:科学出版社.1982:17-44,图版1-13,插图10.

40. 李星学,姚兆奇,朱家楠,段淑英,胡雨帆.西藏北部双湖地区晚二叠世植物群[M].见:中国科学院青藏高原综合科学考察队编.西藏古生物,第五分册.北京:科学出版社,1982:1-16,图版1图版,插图1,2.

41. Li Xingxue, Yao Zhaoqi. A review of recent research on the Cathaysia flora in Asia [J]. *American Journal of Botany*, 1982,69(3):479-486.

42. 李星学.银杏——进化论的实证(摘要)[M].见:《进化论选集》编辑委员会编辑.进化论选集(纪念达尔文逝世一百周年学术讨论会论文选编).北京:科学出版社,1983a:176-177.

43. 李星学. 对藏南曲布组舌羊齿植物群三种新植物归属的质疑兼论曲布组的时代问题[J]. 古生物学报,1983b,22(2):130-138,插图1-6,表1,2.

44. 李星学,姚兆奇. 东亚石炭纪和二叠纪植物地理分区[M]. 见:古生物学基础理论丛书编委会编. 中国古生物地理区系. 北京:科学出版社,1983:74-82,插图1.

45. Li Xingxue, Yao Zhaoqi. Current studies of gigantopterids [J]. *Palaeontologia Cathayana*, 1983a, 1:319-326,text-fig. 1, table1.

46. Li Xingxue, Yao Zhaoqi. Fructifications of gigantopterids from South China [J]. *Palaeontographica*,B, 1983b,185(1-3):11-26,pls. 1-6, text-figs. 1-6.

47. Li Xingxue, Zhang Linxin. The Upper Carboniferous of China. In: DIAZS C M ed. The Carboniferous of the World. I (China, Korea, Japan &SE Asia). IUGS Publishing, Institute of Geology and Mineral, Espana Madrid, 1983,(16):87-121,pls. 1-8, text-figs. 19-39.

48. 李星学,蔡重阳,欧阳舒. 长江下游五通组研究的新进展[J]. 中国地质科学院院报,1984,9:119-136,图版1-3.

49. 李星学,吴一民,傅在斌. 西藏改则县夏岗江二叠纪混合植物群的初步研究及其古生物地理区系意义[J]. 古生物学报,1985,24(2):150-170,图版1-4,插图1-17.

50. Li Xingxue, Yao Zhaoqi. Carboniferous and Permian floral provinces in East Asia [M]. In: Thomas D, Pfefferkorn H W eds. Papers for the 9th International Congress of Carboniferous Stratigraphy and Geology,5. Urbana:*South Illinois University Press*, 1985:95-101, text-fig. 1.

51. 李星学,叶美娜,周志炎. 论东北亚中生代独特的松柏类——扇杉属 *Rhipidiodadus* Prynada[J]. 古植物学与孢粉学文集,1986,1:1-12,图版1-3,插图1-7.

52. 李星学,窦亚伟,孙喆华. 论薄皮木属——据发现于新疆准噶尔地区的新材料[J].古生物学报,1986,25(4):349－379,图版 1－4,插图 1－9.

53. Li Xingxue. The mixed Permian Cathaysia-Gondwana flora [J]. The Palaeobotanist, 1986,35 (2):211－222,text-figs. 1,2,table 1,maps 1, 2.

54. Li Xingxue, Ye Meina, Zhou Zhiyan. Late Early Cretaceous flora from Shansong, Jiaohe, Jilin Province, Northeast China [J]. Palaeontologia Cathayana, 1986,3:153,pls. 1－45, text-figs. 1－12.

55. Li Xingxue, Shen Guanglong, Wu Xiuyuan, Tong Zaisan. A proposed boundary statotype in Jingyuan, eastern Gansu for the Upper and Lower Carboniferous of China [M]. In: Wang Chengyuan ed. Carboniferous boundaries in China. Beijing: *Science Press*. 1987:69－ 88,pls. 1－4,text-figs. 1－3,tables.

56. 李星学,蔡重阳.古植物群[M].见:侯鸿飞,王士涛等编.中国地层(7)中国泥盆系.北京:地质出版社.1988:277－282,图版 1－6.

57. 李星学,吴秀元,沈光隆,李兰.中国甘肃 *Eleutherophyllum Stur* 的新材料及其分类位置[J].古生物学报,1989,28(3):283－295,图版 1－3,插图 1,2.

58. 李星学,周志炎,宋之琛,欧阳舒,曹瑞骥.中国古植物学十年来研究的新进展[J].古生物学报,1989,28(2):129－150.

59. Li Xingxue, Wu Xiuyuan. The succession of Late Palaeozoic and Triassic plant assemblages of East China [J]. *Journal* of *Southeast Asian Earth Sciences*, 1989,3(1－4):187－200,text-figs. 1－3,tables 1－4.

60. Li Xingxue, Wu Xiuyuan, Zhang Shanzhen, Zhao Xiuhu, Zhu Weiqing, Zhu Jianan, LAVEINE J－P, LEMOIGNE Y. Paleogeography of China in Carboniferous time at the light of paleobotanical data, in comparison with Western Europe Carboniferous assemblages [M]. In: Jin Yugan, Li Chun eds. Xie Congres International de Stratigraphie et de Geologie du Carbonifére, Compte Rendu 3. Nanjing: *Nanjing*

University Press, 1989:336 – 342, text-fig. 1.

61. 李星学.古植物学发展简史与中国古植物学发展概况[J].大自然探索,1991a,10(2):93 – 99.

62. Li Xingxue, Shen Guanglong, Wu Xiuyuan, Sun Beinian. Successional changes of Late Carboniferous autochthonous elastic swamp taphonomic phytocommunites from Xiaheyan, Zhongwei, Ningxia [M]. In: JIN Yugan, Wang Jungeng, Xu Shanhong eds. Palaeoecology of China, Vol. 1. Nanjing: *Nanjing University Press*. 1991:151 – 167, pls. 1 – 4, text-figs. 1 – 6.

63. 李星学,沈光隆,吴秀元.偶脉羊齿类的始现时间和迁移扩散问题[J].古生物学报,1992,31(1):1 – 16,图版 I - IV,插图 1 - 4,表 1.

64. Li Xingxue, Shen Guanglong. Permian phytoprovincialism in the Far East [J]. *Palaeontological Society* of *Korea*, *Special Publication*, 1992,1: 1 – 26, text-figs. 1 – 5.

65. 李星学,沈光隆,吴秀元.石炭纪一植物新属 *Reticalethopteris* gen. nov.——对 *Palaeoweichselia yuani* Sze 的再研究[J].古生物学报,1993a,32(5):540 – 549,图版 I - IV,表 1.

66. 李星学,沈光隆.东南亚二叠纪植物群简评及其植物地理区划[J].地球学报(中国地质科学院院报),1994,(3 - 4):211 – 225,插图 1.

67. Li Xingxue, Wu Xiuyuan. The Cathaysian and Gondwana floras: their contribution to determining the boundary between eastern Gondwana and Laurasia [J]. *Journal* of *Southeast Asian Earth Sciences*, 1994,9(4):309 – 317, text-figs. 1 – 3.

68. 李星学,沈光隆,田宝霖,王士俊,欧阳舒.我国石炭纪、二叠纪植物群的几个论题[M].见:李星学主编.中国地质时期植物群.广州:广东科技出版社,1995:190 – 226,图版 55 - 61,插图 6 - 1—6 - 3,表 6 - 1—6 - 3.

69. Li Xingxue, Cai Chongyang, Wang Yi. *Hamatophyton verticillatum* (Gu et Zhi) emend. , a primitive plant of Sphenopsida from the Upper Devonian-Lower Carboniferous in China [J]. *Palaeontographica*, B,

1995,235(10)：1 - 2,pls. 1 - 8,text-figs. 1 - 10.

70. Li Xingxue, Rigby J F. Further contributions to the study of the Qubu flora from southern Xizang(Tibet) [J]. The *Palaeobotanist*, 1995,44：38 - 47,pls. 1 - 3, text-fig. 1.

71. Li Xingxue. The Cathaysian flora：an overview [J]. The *Palaeobotanist*, 1996,45:303 - 308.

72. Li Xingxue, Shen Guanglong. A brief review of the Permian macrofloras in Southeast Asia and their phytogeographical delimitation [J]. *Journal of Southeast Asian Earth Sciences*, 1996,13(35)：161 - 170,text-fig. 1,table 1.

73. Li Xingxue, Wu Xiuyuan. Late Palaeozoic phytogeographic provinces in China and its adjacent regions[J]. *Review of Palaeobotany and Palynology*,90 (Special issue)：41 - 62,text-figs. 1 - 6.

74. Li Xingxue, Zhou Zhiyan, Sun Ge eds. 1996. Proceedings of International Conference on Diversity and Evolution of Terrestrial Plants through Geological Time [J]. The *Palaeobotanist*, 1995,45：181 - 456.

75. 李星学. 华夏植物群的起源、演替与分布[J]. 古生物学报,1997,36(4)：411 - 422,表 1 - 2.

76. 李星学,王军. 中国古植物学[M]. 见：王鸿祯主编. 中国地质科学 50 年. 北京：中国地质大学出版社,1999:37 - 44.

77. Li Xingxue. General history and prospects of China's palaeobotany：a century review[J]. 古生物学报,2000,39(增刊)：1 - 13.

78. 李星学. 深切缅怀中国古植物学奠基者——敬爱的斯行健教授[J]. 古生物学报,2001,40(4):419 - 423.

79. Li Xingxue, Wu Xiuyuan, Shen Guanglong, Wang Jun. The Namurian flora of Zone-E in Jingyuan and Jingtai, Gansu[J]. 中国科学院南京地质古生物研究所丛刊,2003,16:1 - 2,图版 1 - 9,插图 1 - 7.

80. 李星学,盛金章. 黄汲清先生对中国二叠系研究的重要贡献[J]. 地质论评,2004,50(3):230 - 234.

二、专著

1. 李星学. 1963a. 华北月门沟群植物化石[J]. 中国古生物志,总号第 148 册,新甲种,6:1 - 185,图版 1 - 45.

2. 李星学. 中国晚古生代陆相地层[M]. 北京:科学出版社,1963b:1 - 168.

3. 斯行健,李星学,等. 中国中生代植物(第二册)[M]. 北京:科学出版社, 1963:1 - 429,图版 1 - 118,插图 1 - 71.

4. 李星学. 中国地质时期植物群[M]. 广州:广东科技出版社,1995:1 - 542, 图版 1 - 144.

5. 李星学,吴秀元,沈光隆,梁希洛,朱怀诚,佟再三,李兰. 北祁连山东段纳 缪尔期地层和生物群[M]. 济南:山东科学技术出版社,1993:1 - 482,图 版 1 - 110,插图 1 - 41.

6. Li Xingxue. Fossil floras of China through the geological ages [J]. Guangdong Science and Technology Press, 1995:1 - 695, pls. 1 - 144.

7. 李星学,王仁农. 还我大自然——地球敲响了警钟(院士科普书系之一) [M]. 北京:清华大学出版社;广州:暨南大学出版社,2000:1 - 233.

附录三
关于专业术语的说明

　　为了保证广大读者能够理解，同时又让地质学和古生物学领域的相关读者从专业角度认可，而不至于学术上不正确，报告难免需要使用一些专业名词，包括化石植物的属种名称、所在地层的地层单位名称和该地层的地质时代名称。本书处理方式是：一方面，尽可能减少对化石属种名单的罗列，仅列出分类上具有代表性者；而地层名称及其地质时代则尽量使用它们所属的高级单位术语，以避免过于阐述细节而增加术语的使用。另一方面，对于植物属种的拉丁文名称则绝大多数换成了中文译名；拉丁文之所以有极少数未省去，是为了保持专业上的准确性和代表性，因为同一个拉丁文名称可能有多个中文译名。当然，对于专业成果的内容，我们尽可能通过提炼和转述，避免成为专业成果汇报。为了尽量减少专业内容，在李星学所发表的140余篇论文当中，其成果介绍仅选择了其中的4本专著进行了阐述，即：《华北月门沟群植物化石》、《中国晚古生代陆相地层》、《北祁连山东段纳缪尔期地层和生物群》和《中国中生代植物化石》。这4部专著在李星学学术成长过程中具有非常重要的研究地位。其他方面的论文所涉及的内容，则以成果综述的方式做了概述，包括他对泥盆纪、白垩纪植物，以及对青藏高原的古植物学的研究。

　　李星学研究的领域属于地质学和生物学的交叉学科，而作为"柏林学派"的一员,他结合地质学开展的工作比较多,故此不可避免地使用地质学专业名词。不过,这些名词虽然比较多,但实际上归根结底主要的只有两套术语。一套是关于时间、空间的名词——宇(宙)、界(代)、系(纪)、统(世)、阶(期);另一套是关于岩石地层的名词——群、组、段、层。为了行文方便,特将有关术语概述于附表1,作为附录便于读者对照理解。对附表1及其相关专业术语说明如下。

　　表格由两部分组成,左侧表格分三栏,显示了宇(宙)、界(代)、系(纪)三个层次的时间、空间术语。它们所对应的地球的绝对年龄值(用距今百万年表示)和各地球历史时期所发生的生物界的事件罗列在表格右侧外边。右侧表格显示了石炭、二叠纪这段地质时代的进一步时空划分,这是李星学主要从事的研究对象和学术成就所在。

　　左侧表格列出的宇(宙)、界(代)、系(纪)术语中,宙、代、纪表示地球历史在时间上划分状况,宙、代、纪层次依次降低,一个宙包括若干个代,一个代包括若干个纪。具体地讲,地球历史分成了太古宙(距今4 600—2 500百万年)、远古宙(距今2 500—545百万年)和显生宙(距今545百万年);显生宙包括古生代(距今545—251百万年)、中生代(距今251—65.5百万年)和新生代(距今65.5百万年);古生代包括了寒武纪(距今545—495百万年)、奥陶纪(距今495—440百万年)、志留纪(距今440—417百万年)、泥盆纪(距今417—354百万年)、石炭纪(距今354—292百万年)、二叠纪(距今292—251百万年)等。宇、界、系指分别对应于宙、代、纪的时间阶段地球所形成的岩石地层。例如,显生宙对应岩石地层称为显生宇,古生代对应的即为古生界,二叠纪对应的即为二叠系。与宙、代、纪的相互关系一致,宇、界、系的层次依次降低,一个宇包括若干个界,一个界包括若干个系,比如显生宇包括古生界、中生界和新生界;古生界包括寒武系、奥陶系、志留系、泥盆系、石炭系、二叠系等。

　　左侧表格进一步显示了石炭纪(系)、二叠纪(系)的进一步的划分(世、统,期,阶),并以李星学研究最集中的华北地层为例,罗列了"组"一级的地层单元名称。这部分术语在本报告中使用频率最高。相关含义与上述一致,以此类推。值得说明的是,古植物学研究对象和内容归根结底是保存在岩石内的化石,并根据化石来推测其所在岩石的地质年代和相关的远古环境或生态。故此,其学术论文总是要交代化石产出的岩石地层单元,即地质学上把一套特征相似的岩石给予特定名称,根据划分级别的高低包括群、组、段、层,而本书则比较多地用了"组"、"群"一级的地层单位名称。实践当中,将专业人员在野外测量描述岩石地层时所依据的地表出露之处称为地层剖面。

简而言之,本书涉及的专业术语主要为如上所述的关于时间、空间概念,以及岩石地层的两套专业名词。非专业读者仅需了解的是:"某某宙/代/纪/世/期"指的是地球历史的某一段时间;"某某宇/界/系/统/阶"指的是空间上所保留的地球在上述某一特定时间段的岩石记录;而"某某群/组/段/层"指的是一套具有特定特征的岩石地层。

我们不妨以上述本书重点介绍的李星学的四本代表性专著为例做以简单说明:《华北月门沟群植物化石》,"月门沟群"就是指一套岩石地层;《中国晚古生代陆相地层》和《中国中生代植物化石》,书名当中,"古生代"和"中生代"分别从时间上限制了研究对象"陆相地层"和"植物化石"的范围;《北祁连山东段纳缪尔期地层和生物群》,"纳缪尔期"限定研究对象地层和生物群的时间范围。

附表 1

地质年代表

宇宙	界代	系纪	距今(百万年)	重要事件
显生宇(宙)	新生界(代)	第四系(纪)	0	第四纪大冰期
			1.8	被子植物繁荣 人类的诞生
		新近系(纪)	23.8	
		古近系(纪)	65.5	哺乳动物兴盛 恐龙的全盛期
	中生界(代)	白垩系(纪)	142	被子植物繁荣 鸟类出现
		侏罗系(纪)	205	
		三叠系(纪)	251	爬行动物兴起 超级大陆形成 生物大灭绝
	古生界(代)	二叠系(纪)	292	
		石炭系(纪)	354	两栖动物 动物登陆
		泥盆系(纪)	417	
		志留系(纪)	440	植物登陆 最早的鱼类
		奥陶系(纪)	495	笔石 鹦鹉螺
		寒武系(纪)	545	生命大爆炸
元古宇(宙)	新元古界(代)		1000	埃迪卡拉动物群 最早多细胞生物
	中元古界(代)		1600	
	古元古界(代)		2500	真核藻类出现
太古宇(宙)	新太古界(代)		2800	
	中太古界(代)		3200	最早的生命
	古太古界(代)		3600	
	始太古界(代)		4600	原始海洋与陆地 地球诞生

系纪	统世	阶期	西欧地层单元(统世,阶期)	岩石地层单元(组)
二叠系(纪)	乐平统(世)(晚二叠世)(上二叠统)	长兴阶(期)	长兴阶(期)	孙家沟组
		吴家坪阶(期)	镇灰岩统(世)	上石盒子组
	瓜德鲁普统(世)(中二叠世)(中二叠统)	卡匹敦阶(期) 沃德阶(期) 罗德阶(期)	茅底统(世)	下石盒子组
	乌拉尔统(世)(早二叠世)(下二叠统)	空谷阶(期) 亚丁斯克阶(期) 萨克马尔阶(期) 阿瑟尔阶(期)		山西组
石炭系(纪)	宾夕法尼亚统(世)(晚石炭世)(上石炭统)	格舍尔阶(期) 卡西莫夫阶(期) 莫斯科阶(期) 巴什基尔阶(期)	斯蒂芬阶(期) 威斯发阶(期) 纳缪尔阶(期)	太原组 本溪组
	密西西比统(世)(早石炭世)(下石炭统)	谢尔普霍夫阶(期) 维宪阶(期) 杜内阶(期)	维宪阶(期) 杜内阶(期)	红土主组 靖远组 臭牛沟组 前黑山组

据2002年《全球地层表》改编

参考文献

文献资料及研究论著

[1] 中国古生物学会古植物学分会. 华夏之子根深叶茂[M]. 吉林:吉林大学出版社,2007.

[2] 郴州市坳上村亲戚收藏的祖传,湘南李氏通谱.内部资料(李克洪提供).

[3] 李克洪.《文忠世第—李言诗家谱》内部资料(李克洪提供). 2009.

[4] 郭传杰. 中国科学院科技创新案例(二)上下求索终有所得[M] . 北京:学苑出版社. 2004:182 - 188.

[5] 程裕淇,陈梦熊. 前地质调查所(1916 - 1950)的历史回顾——历史评述与主要贡献[M] . 地质出版社,1996.

[6] 李星学. 中国各主要含煤地层的标准植物化石[M]. 北京:科学出版社,1956: 1 - 23.

[7] 李星学. 华北月门沟群植物化石[M]. 中国古生物志,总号第 148 册,新甲种, 1963a:6:1 - 185,图版 1 - 45.

[8] 李星学,何炎,何德长,徐福祥. 浙江西部上古生代及下中生代地层[M]. 北京: 科学出版社,1963:57 - 86.

[9] 斯行健,李星学,等. 中国中生代植物(第二册)[M]. 北京:科学出版社,1963:1 - 429,图版 1 - 118,插图 1 - 71.

[10] 李星学. 华北晚古生代植物群的发育层序[M]. 中国地质学会编辑. 中国石炭纪论文集. 北京:科学出版社,1965a:43 - 45.

[11] 李星学,姚兆奇,蔡重阳,吴秀元. 甘肃靖远石炭纪生物地层[C]. 中国科学院南京地质古生物研究所集刊,1974:6:99 - 118,图版 1 - 3.

[12] 李星学. 华夏植物群研究的新进展[C]. 地质部书刊编辑室编辑. 国际交流地质

学术论文集. 北京:地质出版社,1980:73 - 81.

[13] 李星学,周志炎,郭双兴. 植物界的发展和演化[M]. 北京:科学出版社,1981:1 - 184.

[14] 李星学,周志炎,宋之琛,欧阳舒. 中国古植物学三十年[C]. 中国古生物学会编辑. 中国古生物学会第十二届学术年会论文选集. 北京:科学出版社,1981:15 - 25.

[15] 李星学,姚兆奇,邓龙华. 西藏昌都妥坝晚二叠世植物群[M]. 见:中国科学院青藏高原综合科学考察队编. 西藏古生物,第五分册. 北京:科学出版社,1982:17 - 44,图版 1 - 13,插图 10.

[16] 李星学,姚兆奇,朱家楠,段淑英,胡雨帆. 西藏北部双湖地区晚二叠世植物群[M]. 见:中国科学院青藏高原综合科学考察队编. 西藏古生物,第五分册. 北京:科学出版社,1982:1 - 16,图版 1 图版,插图 1,2.

[17] 李星学,姚兆奇. 东亚石炭纪和二叠纪植物地理分区[M]. 古生物学基础理论丛书编委会编. 中国古生物地理区系. 北京:科学出版社,1983:74 - 82,插图 1.

[18] 李星学,叶美娜,周志炎. 论东北亚中生代独特的松柏类——扇杉属 *Rhipidiodadus Prynada*[C]. 古植物学与孢粉学文集. 1986:1:1 - 12,图版 1 - 3,插图 1 - 7.

[19] 李星学. 古植物学发展简史与中国古植物学发展概况[J]. 大自然探索,1991a:10(2):93 - 99.

[20] 李星学,沈光隆,吴秀元. 纳缪尔早期植物群[M]. 李星学,吴秀元,沈光隆,梁希洛,朱怀城,佟再三,李兰. 北祁连山东段纳缪尔期地层和生物群. 济南:山东科学技术出版社,1993b:30 - 141,图版 5 - 49.

[21] 李星学,吴秀元,沈光隆,梁希洛,朱怀诚,佟再三,李兰. 北祁连山东段纳缪尔期地层和生物群[M]. 济南:山东科学技术出版社,1993:1 - 482,图版 1 - 110,插图 1 - 41.

[22] 李星学. 中国地质时期植物群[M]. 广州:广东科技出版社,1995:1 - 542,图版 1 - 144.

[23] 李星学,王军. 中国古植物学[M]. 王鸿祯主编. 中国地质科学 50 年. 北京:中国地质大学出版社,1999:37 - 44.

[24] 李星学,王仁农. 还我大自然——地球敲响了警钟(院士科普书系之一)[M]. 北京:清华大学出版社;广州:暨南大学出版社,2000:1 - 233.

[25] 吴汝康,李星学主编,吴新智,穆西南副主编. 南京直立人[M]. 南京:江苏科学技术出版社,2002:1 - 316,图版 1 - 20.

[26] 李星学. 中国晚古生代陆相地层[M]. 北京:科学出版社,1963b:1 - 168.

[27] 吴征镒.《中国地质时期植物群》之书评[J]. 植物学报,1996:671.

[28] 煤炭科学研究院地质勘探分院,山西省煤田地质勘探公司. 太原西山含煤地层沉积环境[M]. 北京:煤炭工业出版社,1987:8 - 10.

人物传记

[29] 《李星学文集》编辑组. 李星学文集［M］. 合肥:中国科学技术大学出版社,2007.

[30] 王仁农,李星学. 一部浓缩的中国古植物学发展史［J］. 人物. 人民出版社,2009:75－78.

[31] 李星学. 忆杨钟健老师二三事［M］. 中国科学院古脊椎动物与古人类研究所,北京自然博物馆. "大丈夫只能向前"——回忆古生物学家杨钟健. 西安:陕西人民出版社,1981:93－97.

[32] 李星学. 成才有路勤为径［N］. 新华日报,《八十年代》103期,1982.

[33] 李星学,朱正发.,何绍勋. 中国现代地质学家传(朱森,黄汲清)第一卷［M］. 长沙:湖南科学技术出版社,1990:223－234.

[34] 李星学. 友情深笃壮志弥坚——记黄汲清先生青年时代的一首诗［C］. 中国地质科学院编. 黄汲清纪念文集,北京:地质出版社,1998a:56－60.

[35] 李星学,盛金章. 黄汲清先生对中国二叠系研究的重要贡献［J］. 地质论评,2004:50(3):230－234.

[36] 盛金章,李星学. 黄汲清先生与中国的二叠系［J］. 古生物学报,2004:43(2):161－163.

[37] 王忱. 高尚者的墓志铭——首批中国科学家大西北考察实录(1927—1935)［M］. 北京:中国文联出版社,2005:1－700.

[38] 李星学. 勤奋是做学问和立身之本［M］. 中国科学院院士工作局编. 科学的道路(下卷). 上海:上海教育出版社,2005:1091.

[39] 李星学. 勤能补拙［M］. 韩存志主编. 新世纪的嘱托——院士寄语青年. 上海:上海教育出版社,1999:86－91.

[40] 李星学. 由表及里,综合分析内外结合,博约兼顾［M］. 卢嘉锡,吴阶平,于光远,陈宜瑜,卢良恕主编. 院士思维(卷二). 合肥:安徽教育出版社,1998b:322－332.

[41] 李星学. 踏上贺兰山缺［J］. 东方杂志,1943:39(19)57－58.

[42] 张九辰. 山水人生——陈梦熊传［M］. 北京:中国科学技术出版社;上海:上海交通大学出版社,2013:1－246.

[43] 胡宗刚. 笺草释木六十年——王文采传［M］. 北京:中国科学技术出版社;上海:上海交通大学出版社,2013:1－261.

[44] 张剑,段炼,周桂发. 一个共产党人的数学人生——谷超豪传［M］. 北京:中国科学技术出版社;上海:上海交通大学出版社,2014:1－338.

[45] 解玺璋. 梁启超传［M］. 上海:上海文化出版社,2012:1－305.

[46] 岳崇书. 忆与李星学老师在一起的日子［J］. 生物进化,2012:21(1)53－56.

学术期刊

[47] 地质论评

［48］地质学报

［49］古生物学报

［50］科学通报

［51］地层学杂志

［52］中国地质科学院院报

口述音视频资料

［53］蔡重阳口述

［54］孙革口述

［55］吴秀元口述

［56］Hermann Pfefferkorn 口述

［57］H. Kerp 口述

［58］王军口述

后　记

　　初次接到这个课题，心里充满了自信和轻松，并不曾感觉到它的分量，也没有意识到前行的路上将要面临的困难，简单地以为凭着自己的写作功底和与李先生十几年的交往，就能够成功地还原老科学家六十多年的学术成长历程。但随着查阅的资料越来越厚，走访的部门越来越多，最初的自信和轻松逐渐被一种神圣和厚重替代。我意识到把李先生奉献于中国古植物学的传奇一生浓缩在十八万多字的研究报告里，不仅需要科技史学、档案研究、古生物学等理论的支持，还需要一份挑战困难的勇气和敢于担当的责任心。更重要的是，只有当这份研究报告转换成推动中国古植物学前进的精神力量时，它才是鲜活的，所以我肩负的是神圣的使命和厚重的责任。

　　抗日战争、北煤南运、"文革"运动、煤炭开发……看似一个个毫无关系的事件，却构成了李先生学术成长过程中不可或缺的成因背景；野外考察、发表论文、出国访问、参加会议、指导学生等等工作千头万绪，却是串起李先生学术成长过程的主要脉络。怎样遵循严密的逻辑关系，把这些纷繁复杂的事件按照时间顺序安排在不同的章节，还原李先生的学术成长历史？在撰写研究报告的过程中，我一直围绕着这一关键问题，写了改，改了再写，再三修改，反复求证，期望达到自己满意。更富有挑战的是，李先生的学术成长历史，不能仅限于材料的堆积，而应该在客观事实的基础上，凝练出他个人的研究风格。在写作过程中,我努力摒弃自己非古生物专业出身的弱势心理,在仔细阅读文献的基础上,试图找出相关的研究思路、讨论过程、专家点评等等,进行分析总结。我想,这一点也应该是本书的灵魂所在。

沿着李先生的科研足迹一路走来,我个人收获了丰富的地质、古生物学知识,粗略地涉足了历史文献学、科技史学等学科,同时也被守望远古生命的那份执着和进取精神深深地感动着。

历时两年多的李星学院士学术成长采集工作已基本完成。感谢采集项目负责人张藜研究员的悉心指导,不吝赐教,不因我的愚钝和非专业而放弃。感谢专家组成员王春法、樊洪业、吕瑞花、张利洁等诸位老师提出的宝贵意见。感谢南古所周志炎院士耐心审阅后提出的宝贵意见和建议。感谢南古所资料信息中心张允白主任对本项目的鼓励和支持。感谢江苏省科协的各位领导,尤其是顾军主任的大力支持。感谢本课题小组成员的精诚合作,感谢南古所科技处、图书馆、档案室提供的帮助,感谢重庆大学档案馆的协助,感谢采集路上给过我们支持帮助的所有的人!

老科学家学术成长资料采集工程丛书
已出版(50种)

《卷舒开合任天真:何泽慧传》　　《此生情怀寄树草:张宏达传》
《从红壤到黄土:朱显谟传》　　　《梦里麦田是金黄:庄巧生传》
《山水人生:陈梦熊传》　　　　　《大音希声:应崇福传》
《做一辈子研究生:林为干传》　　《寻找地层深处的光:田在艺传》
《剑指苍穹:陈士橹传》　　　　　《举重若重:徐光宪传》

《情系山河:张光斗传》　　　　　《魂牵心系原子梦:钱三强传》
《金霉素·牛棚·生物固氮:沈善炯传》《往事皆烟:朱尊权传》
《胸怀大气:陶诗言传》　　　　　《智者乐水:林秉南传》
《本然化成:谢毓元传》　　　　　《远望情怀:许学彦传》
《一个共产党员的数学人生:谷超豪传》《没有盲区的天空:王越传》

《含章可贞:秦含章传》　　　　　《行有则　知无涯:罗沛霖传》
《精业济群:彭司勋传》　　　　　《为了孩子的明天:张金哲传》
《肝胆相照:吴孟超传》　　　　　《梦想成真:张树政传》
《新青胜蓝惟所盼:陆婉珍传》　　《情系梁菽:卢良恕传》
《核动力道路上的垦荒牛:彭士禄传》《笺草释木六十年:王文采传》

《探赜索隐　止于至善:蔡启瑞传》《妙手生花:张涤生传》
《碧空丹心:李敏华传》　　　　　《硅芯筑梦:王守武传》
《仁术宏愿:盛志勇传》　　　　　《云卷云舒:黄士松传》
《踏遍青山矿业新:裴荣富传》　　《让核技术接地气:陈子元传》
《求索军事医学之路:程天民传》　《论文写在大地上:徐锦堂传》

《一心向学:陈清如传》　　　　　《铃记:张兴铃传》
《许身为国最难忘:陈能宽》　　　《寻找沃土:赵其国传》
《钢锁苍龙　霸贯九州:方秦汉传》《虚怀若谷:黄维垣传》
《一丝一世界:郁铭芳传》　　　　《乐在图书山水间:常印佛传》
《宏才大略　科学人生:严东生传》《碧水丹心:刘建康传》